高等职业院校通识教育"十二五"规划教材

应用文写作

（第2版）

徐鸿 张隽 主编

海刚 樊洁 张长辉 副主编

王芳 段香菊 编

Yingyongwen

Xiezuo

人民邮电出版社

北 京

图书在版编目（CIP）数据

应用文写作 / 徐鸿，张隽主编. -- 2版. -- 北京：
人民邮电出版社，2015.9
高等职业院校通识教育"十二五"规划教材
ISBN 978-7-115-40269-1

Ⅰ. ①应… Ⅱ. ①徐… ②张… Ⅲ. ①汉语－应用文
－写作－高等职业教育－教材 Ⅳ. ①H152.3

中国版本图书馆CIP数据核字(2015)第193249号

内 容 提 要

　　本书以"应用为目的，服务于学生"为编写原则，模拟工作过程，注重能力与实践相结合。全书分必修和选修两部分，详细介绍求职信、个人简历、计划、调查报告、经济合同、启事、感谢信、经济诉讼文书等文种的相关内容。

　　本书必修部分模拟工作过程，模拟学生从业后接触文种的先后（求职信至辞职报告），使学生走上工作岗位后，快速适应工作环境，实现教学内容与岗位需求零距离对接。选修部分按照专业岗位的迁移、职位的升迁编排文种，服务于学生的可持续发展。

　　全书以文种为项目，且在体系结构上设计有"情景导入""布置任务""任务要求""例文借鉴""必备知识""实训任务演练""写作模板""相关链接"等学习模块。通过学习和训练，学生能够掌握相关文种的写作知识，通过一系列情景式模拟训练，学生可以掌握实际工作岗位中所需文种的写作方法，提高在社会事务活动中处理各类事务的能力。

　　本书既可以作为高职高专各专业写作课程的教材，也可以作为应用写作培训或从事应用文写作人员自学的参考资料。

　◆　主　　编　　徐　鸿　张　隽
　　　副主编　　海　刚　樊　洁　张长辉
　　　　编　　王　芳　段香菊

　　　责任编辑　　马小霞
　　　执行编辑　　蒋　勇
　　　责任印制　　焦志炜

　◆　人民邮电出版社出版发行　　北京市丰台区成寿寺路 11 号
　　　邮编　100164　　电子邮件　315@ptpress.com.cn
　　　网址　http://www.ptpress.com.cn
　　　北京天宇星印刷厂印刷

　◆　开本：787×1092　1/16
　　　印张：17　　　　　　　　　　　2015 年 9 月第 2 版
　　　字数：427 千字　　　　　　　2024 年 8 月北京第 18 次印刷

定价：38.00 元

读者服务热线：(010) 81055256　印装质量热线：(010) 81055316
反盗版热线：(010) 81055315

第 2 版前言

高等职业技术教育是我国高等教育的重要组成部分，承担着为国家培养生产、服务与管理第一线的高素质实用型技术人才的重任。应用文写作是一门公共文化素质课程，在人们的职业生涯中，起着提高必要的沟通表达能力的作用。

《中共中央、国务院关于深化教育改革全面推进素质教育的决定》指出："职业教育要增强专业的适用性，开发和编写体现新知识、新技术、新工艺和新方法的具有职业教育特色的课程及教材。"经过多年的教学经验积累，编者在教材改革方面进行了深入研究，力争开发编写出"更符合学生就业岗位需求，快速提高教学质量"的教材。

本书以"应用为目的，服务于学生"为原则，在编写过程中，充分体现能力本位思想，注重能力与实践相结合。本书通过一系列情景式模拟训练，使学生掌握实际工作岗位中所需应用文文种的写作方法，提高学生在社会事务活动中处理和解决各类事务的能力。本书具有如下特色。

一、以"实用、够用"为宗旨，企业调研定文种。应用文文种繁多，教材编者为了精选确定实用性强的文种，调研企事业单位，发放问卷给在校学生，回访毕业生，确定了必修文种；了解专业岗位的迁移、职位的升迁，又确定了动态选修文种，服务于学生可持续发展。

二、模拟工作过程，遵循认知规律。模拟学生从业后接触应用文文种的先后（求职信直至辞职报告），序化文种，使学生走上工作岗位后，能够快速适应工作环境，实现教学内容与岗位需求零距离对接。针对高职学生普遍语文基础较薄弱的现状，严格遵循学生认知规律，编排例文和习题，快速提高写作能力。

三、创新教材体系，优化资源设置。体系设计上有"情景导入"，有利于学生认识应用文文种的使用范围，营造学习氛围；"例文借鉴"贴近学生学习、生活，便于学生理解、掌握；"实训任务演练"模拟情景实战写作；"相关链接"是该文种的拓展与延伸，具有可读性、实用性和科学性。

在编写过程中，我们得到了乌鲁木齐职业大学、新疆生产建设兵团警官高等专科学校等单位的支持与合作，在此我们深表感谢。同时，我们还参考、借鉴了许多文献资料和案例文本，获得了启发，在此一并向有关人士致以诚挚的谢意！

由于编写时间仓促，书中难免有不当之处，还请各位读者批评指正，提出宝贵意见。

编　者
2015 年 6 月

目 录

上篇　必修内容

项目准备　了解应用文写作基础知识·······················2

　　任务一　了解应用文与其他文体的区别···········2

　　任务二　修正主旨和材料病误···········7

　　任务三　修改结构的失误···········12

　　任务四　修改语言错误···········20

项目一　求职···········29

　　任务一　求职信···········29

　　任务二　个人简历···········38

项目二　计划···········48

项目三　申请、证明···········57

　　任务一　申请书···········57

　　任务二　证明信···········63

项目四　调查报告···········68

项目五　经济合同···········83

项目六　活动策划书···········93

项目七　竞聘词···········104

项目八　通知···········112

项目九　报告···········124

项目十　请示···········132

项目十一　函 ··· 139

　　任务一　公函 ··· 139

　　任务二　商函 ··· 143

项目十二　总结 ··· 149

项目十三　辞职报告 ··· 163

下篇　选修内容

项目十四　日常事务文书 ··· 172

　　任务一　条据 ··· 172

　　任务二　启事 ··· 177

　　任务三　会议记录 ··· 182

　　任务四　社会实践报告 ··· 188

　　任务五　述职报告 ··· 195

项目十五　礼仪宣传 ··· 204

　　任务一　欢迎词、欢送词、答谢词 ··· 204

　　任务二　感谢信 ··· 210

　　任务三　解说词 ··· 216

项目十六　行政公文 ··· 225

　　任务一　会议纪要 ··· 225

　　任务二　通报 ··· 230

项目十七　经济诉讼文书 ··· 238

补充知识　行政公文写作知识 ··· 248

　　第一节　公文基础知识 ··· 248

　　第二节　公文的行文格式 ··· 258

上 篇

必修内容

项目准备
了解应用文写作基础知识

任务一　了解应用文与其他文体的区别

【情景导入】

12 月底，某局局长计划召开部门负责人会议，回顾一年来的工作，为此责成在办公室工作一年多的大学毕业生小林着手起草准备上报的年度工作总结。

小林文笔不错，但是没有写过公文，她把这个任务当作展示才华的好机会。她认为，工作总结不仅要有说服力，还要用生动的语言吸引人。于是，她利用休息日闭门谢客，埋头构思，拟定了写作大纲。在举例说明人和事的时候，她对某位领导的形象着力描写："他身体魁伟，前额宽大，双鬓微霜，目光深沉，那炯炯有神的双眼，传递着泰山压顶腰不弯的坚毅品格和一身正气。穿着那件好长时间没有洗过的褪色的工作服，他一天到晚地奔走在建设工地上。"为了突出领导形象，她虚构了领导不徇私情的事迹，进行了动作描写和心理刻画，还把领导狠抓工程管理而节约的 100 多万元资金改成了 1000 多万元。她认为领导的形象一定会感动不少人的。

几天后，小林信心满满地交稿了。在部门负责人会议上，局长顺便让大家传阅了这篇工作总结。看过的人不是摇头，就是撇嘴，有的没看完就放下了。局长对正在做会议记录的小林说："看得出，这几天你没怎么休息，下了很多的工夫，文笔也不错，可是有的地方像是在写小说呀。"应用文写作不同于文学创作，既不能虚构，也不能夸张，要写实际情况，要按照应用文的写作要求撰写工作总结。

【布置任务】

（1）请阅读、比较、分析《关于加快秋收进度的紧急通知》和《秋收》两篇文章，讨论交流，阐述应用文与其他文体的区别。

（2）写出过去你在学习生活中已经接触到的应用文文种，以及将来一定会用到的或有可能用到的应用文文种。

【任务要求】

（1）掌握应用文的含义、作用和特点。

（2）了解应用文与其他文体的不同。

（3）认识学习应用文的目的和重要性。

【例文借鉴】

【例文一】

关于加快秋收进度的紧急通知

各县（市）区人民政府：

今秋，由于遭受台风、秋涝影响，农作物倒伏严重，大部分田间地块存在积水，严重影响了我市秋收工作的正常进行。为加快秋收进度，确保全市粮食丰产丰收，颗粒归仓，经市政府同意，现就有关事宜通知如下。

一、提高认识，积极抢收

秋收工作时间紧、任务重，形势严峻。各县（市）区要高度重视，科学组织调配力量，积极采取有效措施，全力做好秋收工作。要采用人工收割与机械收割相结合的方式，全力加快收获进度。要积极动员组织外出务工人员尽快返乡，增加秋收人力投入，集中精力重点攻克倒伏严重地块，确保在下雪前完成收获任务，避免雪捂丢粮。

二、科学调配，提高效率

要科学调整作物收获顺序，按照先水稻，后大豆，再玉米的收获顺序，调配好人力、物力、财力，确保以最小的投入赢取最高的工作效率和最大的生产效益。

三、搭建平台，引进外力

各县（市）区要立即与外埠联系，搭建好对外协调机制的平台，积极协调外埠机械力量前来作业，增强机械实力。特别是要针对水稻倒伏严重、田地积水、履带式收割机车不足这一突出问题，着重加大履带式收割机的引入力度，全力加快收割进度。

四、强化惠农，加大扶持

各县（市）区要从产粮奖励基金或地方财政中拿出一部分资金对倒伏重、积水多、收获难的人工收割水田地块予以适当的经济补贴，充分调动农民积极性，营造和谐、顺畅的秋收环境。

五、科学组织，加强领导

各县（市）区要切实加强对秋收工作的领导，积极组织各级领导干部及技术人员立即深入到秋收一线，现场指挥指导，帮助农民解决秋季收获面临的实际困难。切实抓好秋收各项工作任务的落实，打胜秋收这一硬仗，确保粮食丰产丰收。

××市人民政府办公室

2014 年 10 月 9 日

【例文二】

秋收

时间就像汽车的两个轮子一样飞快地向前旋转着，转眼间秋收时节就要到了。九月的阳光下，饱满而金黄的稻谷害羞地低垂着头，那样子就像是一个成熟期的女子，丰满而性感，充满了诱惑。楚老汉站在田埂上，眼睛都笑成了豌豆角。他心里想，托老天的福，今年风调雨顺，至少比去年多收几百斤稻谷吧。他甚至想，幺儿上大学的学费有着落了。

正在楚老汉高兴地想着的时候，村长来到他身边，向他传达了村委会的一项决定。村里接到乡里的电话，说县长要来参加他们村的秋收，要他们选取一片稻田，一是要稻谷长得好；二是要靠近公路边；三是要集中连片，视野开阔。因此，村里经过反复研究，选中楚老汉的这片稻田。村长说，这是他们村里的大事，也是全村的光荣。

听村长这么说，楚老汉也有些激动。他说："村里选中我的地，是组织对我的信任，我一定配合好组织，完成这次光荣的任务。"看到楚老汉觉悟这样高，村长满意而去。很快，县长要来村参加秋收的事，就传遍了全村的角角落落。特别是楚老汉的地被选中为县长劳动的地方，更使很多人羡慕得不得了。

这一天，乡长带着几个人来到村里，说县长马上就要下来了，让村长领着他去看看稻田的位置。乡长对村里的安排十分满意，临走时叮嘱村长：不光是楚老汉的稻田不急着收割，他家周围稻田里的稻谷也不要急着割，一定要等县长来。听了乡长这样说，村长禁不住问：我不明白，你们要我们选取稻田那三个条件有什么深意呢？乡长微微一笑，低下声音说："稻谷长得好，说明丰收啊，说明县长领导有方嘛；靠近公路主要是考虑县长是千金之躯，他能受得了山路之苦吗？至于集中连片，是为了摄像的需要，有气势嘛。"村长听了，佩服得五体投地，说："到底是乡长啊，一件小事都安排出学问来！"

送走了乡长，村长回到村委会，立刻在广播里通知："靠近公路的稻谷，不管是谁家的，一棵也不能收割，啥时候割等乡里的通知！"于是，大家都怀着幸福而激动的心情等待着县长的到来。可是十天过去了，二十天过去了，县长还没有来。楚老汉有些沉不住气了，就找到村长，说："县长到底啥时候才会来啊？这稻谷可是我的命根子呢，我幺儿还得靠它交学费呢！"村长也是急得像要跳墙的狗一样，看见楚老汉气冲冲的样子，把眼一瞪，说："县长啥时候来，我管得了吗？你的党性哪里去了？说这样的话！"其实村长心里也没底。

又过了几天，眼看着天气要变化了。村长终于忍不住给乡里打了个电话，问县长到底啥时候下来。乡政府办公室一位同志说："县长突然有急事到外地出差去了，秋收的事明年再说吧。"听完这话，村长差点没气晕过去，他说："既然是这样，你们应该早点告诉我们啊，如果抢收不及时，稻谷烂了可怎么办。"那人回答："我们也是刚接到的通知，有牢骚找县政府办公室发吧！"说完，也不等村长说话，电话就放下了。村长嘴里吐出了一个脏字，愣愣的，手里的电话半天也没放下来。

无奈之下，村长只好把村里八大组织成员召集起来，一起商量对策。大家在一起骂了一番娘后，最后决定第二天组织劳力为楚老汉家抢收稻谷。

然而，天不尽如人意，就在这天夜里，下了一场暴雨。已经熟透了的稻谷经暴雨的袭击，估计不会好到哪里去。

【必备知识】

一、应用文的含义、作用

写作是人们用语言符号把感受、认识主观世界和客观世界的思维结果有选择地记录、表述出来的精神性活动。

应用文写作是写作学科的一个重要分支，它以应用文书（应用文）为学习和研究对象，是以实用性为明确目的的写作。应用文书是应用文写作的文字表现形态。

应用文是国家党政机关、企事业单位、社会团体或个人在工作、学习和生活中使用的，用以处理公私事务、传播信息、表述意愿而撰写的具有一定惯用体式的实用性文章。

应用文的使用非常广泛，几乎涉及各个领域、各个部门、各个阶层以及每个个人。例如，科研单位的人员，需要用学术论文；政府机关开展工作，需要用公文；工商企业经营，需要用合同、商务信函等；打官司，需要用诉状……相对于其他文体来说，应用文的使用频率要高得多。许多人可以一辈子不写小说、剧本、诗歌和散文，但在工作、生活与学习中却免不了要写应用文，小到写请假条、借条，大到计划、总结、论文或经济报告等。教育家叶圣陶指出："大学毕业生不一定能写小说诗歌，但是一定要能写工作和学习中实用的文章，而且非写得既通顺又扎实不可。"

可以这么说，应用文使用的范围，已经到了无所不在的程度。应用文是任何企事业单位和个人日常工作、生活中不可缺少的一个重要工具。随着信息社会、知识经济时代的发展，应用文与社会发展、人们生活之间的关系越来越密切，使用频率也越来越高，发挥着越来越重要的作用。

二、应用文的特点

1. 直接的功用性

直接的功用性即实用性，实用性是应用文最大、最本质的特点。它为解决实际问题或达到某种目的而写，对象明确。这也是它区别于其他文体的主要标志。写一篇请示，是为了向上级请求指示或批准办理某一事项；写一篇民事诉状，是为了解决所发生的纠纷。而文学作品则不同，文学作品以审美为宗旨，关注的是人的精神与灵魂，内容上重创新，形式上不拘一格，多数作品都是超越功利性和实用性的。

2. 内容的真实性

文学作品的真实是艺术的真实。它源于生活，而又高于生活。应用文则为解决实际问题而写，真实是应用文的生命。一切从实际出发，按照客观规律行文，事实确凿可信，统计数据准确无误，有根有据，这是应用文书写作对真实性的基本要求。

3. 思维的逻辑性

思维的逻辑性，是指在撰写应用文时，要讲究逻辑。体现在文章的结构上，要求条理清楚，段落之间具有明显的逻辑关系；陈述的事项界限清晰，不交叉；内容前后讲究因果，材料能够证明观点。

虽然应用文在撰写过程中也有运用形象思维的时候，但多数文种是以具体的事件（或问题）为中心的，在阐述观点，分析前因后果、现象和本质时，采用的多是逻辑思维的方式。例如，写请示，要讲清请示事项和请求批准的原因；写总结，则应在陈述具体成绩和存在问题的基础上，分析说明取得成绩和存在问题的原因；科技论文的结论，则来自于对材料的分析和对问题的推断等。

4. 格式的稳定性

格式是在长期的写作实践中形成的，如果逐渐为大家所接受，约定俗成，就成为惯用格式；如果格式被法定固化，就成为规范格式。应用文多数有惯用格式，如国家行政机关公文具有规范格式。应用文格式的稳定性，使不同的文种清晰醒目，便于写作、阅读、承办、归档、查询、利用，达到行文的目的。而文学作品一般没有固定的格式规定。可以说，格式的稳定性是应用文特有的属性之一。

三、应用文的写作要求

概括而言，应用文的写作要求是：内容真实具体、适应时代和阅读对象、符合规范格式、文字浅显简洁。

四、提高应用文写作能力的方法

应用文写作如此重要，与人们工作和生活的关系如此密切，使许多人想尽快提高写作的能力。这个愿望是良好的，也是不难达到的。同其他能力的提高一样，应用文写作能力的提高也须经历一个实践积累的过程。想一口吃成个胖子是办不到的。但也不能将此视为畏途，而失去信心。要想提高应用文写作能力，主要可从以下几个方面努力。

（1）加强自我综合素质修养，提高自己的理论思维能力。要想写好应用文，就要能对客观事物进行准确的分析与判断，能够正确把握客观事物的本质。不少应用文，特别需要写作者有较高的理论思维能力。例如，要写好一个总结，就不能停留在对事实的罗列上，而是需要从事实中提炼出观点，要做到有较强的理论色彩。一个理论思维能力不强的人是很难写好总结的。

（2）学会积累素材，特别要训练在较短时间内搜集资料、整理资料的能力。应用文建立在客观真实的基础之上，要靠事实说话，这就需要有志于写好应用文的人平时就善于积累各种相关的素材。并且在特定的情况下，要在较短的时间内搜集、整理素材。例如，要写好一篇调查报告，就特别需要此种能力。

（3）多阅读一些优秀的应用文，从中分析、体悟应用文写作所应注意的要点和相关的技巧。简单地说，就是"多看"。学习应用文写作，在很大程度上，就是要学会"依葫芦画瓢"。那些成功的应用文，在立意、选材、用材、布局谋篇上，都提供了很好的样板，初学者要动脑筋去分析别人的长处，要能"悟"出一些方法与技巧来，这样能较快走向成熟。

（4）反复进行写作实践，从实践中不断提高应用文写作的能力。这就是说，学应用文写作，最后要落实到"多写"上。毛泽东同志提出了"从战争中学习战争"的光辉思想，这对学习其他一切知识都是有指导意义的。我们应"从写作中学习写作"。只阅读写作理论知识，不动手写作，是绝对学不好应用文写作的。要把"勤动手"放在学习应用文写作的第一位。

如果我们做到了上述四点，提高写作能力就指日可待了。

【实训任务演练】

1. 阅读下面两段文字，运用学习的有关知识，指出哪个属于应用文，哪个不属于应用文。

（1）中央有关部门规定，选聘对象为30岁以下应届和历届毕业的全日制普通高校专科以上学历的毕业生，重点是应届毕业和毕业1~2年的本科生、研究生，原则上为中共党员（含预备党员），非中共党员的优秀团干部、优秀学生干部也可选聘。另外，参加人力资源和社会保障部、团中央等部门组织的，到农村基层服务的"三支一扶""志愿服务西部计划"等活动期满的高校毕业生，本人自愿且具备选聘条件的，经组织推荐可作为选聘对象。各省（区、市）此前已经选聘到村的大学生"村官"，通过组织考察推荐，可转为选聘对象。

选聘工作坚持公开、平等、竞争、择优的原则，严格按照中央有关部门确定的选聘条件和发布公告、个人报名、资格审查、考试考察、体检、公示等基本程序进行。

（2）我最想感谢的人是我的老师，但我不只感谢一位老师，而要感谢所有教育我的老师，是你们陪着我们走过了整整六个春秋。在这六年里，我们学到了很多，也懂得了很多。在你们的指导下，我们学到了有用的知识、应有的技能、做人的道理。我能清清楚楚地记得：语文胡老师那精彩绝伦的授课，数学王老师为我们把心中的疑惑解答，英语刘老师那手漂亮的好字和标准的发音，美术魏老师那丰富的想象力和完美的艺术表达……老师们用知识浇灌着我们心灵的幼苗。在通往成功殿堂的道路上，我们用老师教给我们的知识过五关、斩六将。在这里，我也代表全班同学谢谢你们。

2. 阅读下列两段文字，分析两段文字的不同。

（1）《红楼梦》中的王熙凤是这样出场的：这个人打扮与众姑娘不同，彩绣辉煌，恍若神妃仙子：头上戴着金丝八宝攒珠髻，绾着朝阳五凤挂珠钗，项上戴着赤金盘螭璎珞圈，裙边系着豆绿宫绦双衡比目玫瑰佩，身上穿着缕金百蝶穿花大红洋缎窄裉袄，外罩五彩刻丝石青银鼠褂，下着翡翠撒花洋绉裙。一双丹凤三角眼，两弯柳叶吊梢眉，身量苗条，体格风骚，粉面含春威不露，丹唇未启笑先闻。

（2）而在一篇调查报告中，介绍一位工程师时，却用的是另一种语体："张××，男，现年四十二岁，一九六二年清华大学机械系毕业，可阅读英、日外语专业资料，工作勤勤恳恳，积极努力。近年来，工厂的几项重大技术课题都有他参与或是在他主持下攻克的，被公认为'全厂一号技术尖子'。"

【相关链接】

应用文写作与文学写作的区别

1. 社会作用不同

应用文：治理国家、管理社会、规范行为。

文学：服务社会、教育人民、感化行为。

2. 适用范围不同

应用文：相当广泛，而且有很具体的对象。

文学：显得宽泛，但是无确定的具体对象。

3. 思维方法不同

应用文：逻辑思维。

文学：形象思维。

4. 修辞方式不同

应用文：科学修辞。

文学：艺术修辞。

5. 语体风格不同

应用文：准确、简明、平实、得体。

文学：鲜明、生动、精练、含蓄。

任务二　修正主旨和材料病误

【布置任务】

指出下列文章在表达主旨方面所存在的问题。

一、抓制度建设，完善工作机制

近年来，教育局的工作任务十分繁重，压力也很大，我们始终把班子建设放在首位，一方面加强学习教育，提高整体素质；另一方面认真执行集体领导下的个人分工负责制。在党委领导下，明确班子成员各自所承担的行政分工和党风廉政建设职责，做到事事有人管、人人有责任。同时努力营造讲实话、办实事、求实效的工作环境，增强班子的协调合拍程度。"班长"与班子成员之间，班子成员相互之间在工作上互相通气、互相补台、互相协作，有问题摆在桌面上，通过思想交流，消除隔阂；对不宜简单摆在桌面上的问题，个别谈心、个别消化。"班长"信任放手，班子成员也能自觉维护"班长"的威信和班子的团结，正确处理好集体领导和分工负责的关系，想大局、办大事。

二、抓班子建设，提升凝聚力

以建立健全相关的制度为保障，规范完善、贯彻执行民主集中制的工作机制，不断提高执行民主集中制的自觉性和约束力。如坚持完善集体领导、集体议事决策的工作制度，完善党风廉政建设责任制、党委班子成员分工包校制度等。积极探索建立决策责任制，明确党政主要领导班子成员对每项重大问题的决策各自承担的责任。

【任务要求】

（1）理解主旨（主题）的概念和作用，掌握主旨的要求和显示主旨的主要方法。

（2）理解选择材料的标准，掌握选择材料的常用方法。

【必备知识】

主旨与材料概述

一、主旨的概念和作用

主旨，又称主题、题旨、立意等。主旨就是通过文章的具体材料所表达的中心思想、基本观点或要说明的主要问题，它表现了作者对客观事物的评价和态度。

主旨的作用，主要表现在以下两个方面。

1. 主旨是文章的灵魂和生命

主旨决定着应用文质量的高低、价值的大小、作用的强弱和影响的好坏。主旨的正确与否、深刻与否，决定着文章的质量、作用、影响和价值。

2. 主旨是文章的统帅，处于支配地位

每一篇应用文的材料取舍、布局谋篇、技巧运用，乃至拟定标题、遣词造句等，都受到主旨的制约，并服从于主旨的需要。

二、主旨的要求

应用文的主旨，一般来自三个途径：来自单位领导、来自工作实践、来自党政机关文件。

1. 要符合党和国家的政策、法令

主旨是应用文书的灵魂，必须与党和国家的法律、法令、方针、政策相符合。否则，就不可能在治理社会、管理国家的实践中发挥有效的积极的作用。

2. 要符合机关领导意图

机关领导意图，就是机关领导对办公的基本目的、基本要求和基本主张。不符合领导意图的文稿，领导理所当然不会签发。

如何领会和把握机关领导的意图呢？

（1）在领导交代撰写任务时，撰写人一定要认真地听、记、想，对不明确或遗漏了的问题要及时地问清楚，务求弄清楚领导的意图。

（2）在收集材料和分析材料的过程中，不断地领会领导意图。特别是若发现领导的意图存在偏颇、疏漏、矛盾甚至错误的时候，撰稿者应及时地和领导一起斟酌、推敲，乃至修正。

3. 要单一、鲜明，有很强的针对性

单一，就是一篇应用文只有一个主旨，不能有两个或两个以上的主旨。鲜明，就是主旨肯定什么、否定什么，赞扬什么、批评什么，提倡什么、制止什么，要明确，不能含糊。

三、显示主旨的主要方法

1. 标题点旨

用标题概括点明主旨。

2. 开宗托旨

在应用文中明白、准确地表达主旨的句子，称主旨句。主旨句常以介词结构"为了……"作为特征。在正文开头用主旨句来显出写作主旨，即开门见山、开宗明义。通知、通报、通告、报告、规章文书等常用此方法。

3. 篇末点旨

在应用文正文的结尾"卒章显志"，点明写作主旨，即为篇末点题（旨）。

4. 呼应显旨

在正文的开头和结尾前后呼应，以突出主旨。这种写法多是开头提出与主旨相关的问题，篇末呼应之。

5. 转换揭旨

在内容重大转换处揭示主旨，即片言居要。

6. 小标题显旨

把主旨分解成几个部分，每个部分用一小标题来显示。也有一些主旨不是以小标题形式出现，而是以段旨句的形式出现。

四、材料的概念和作用

应用文的材料，是指为了写作应用文而选取的，用于提炼、确立、表现写作主旨的事实和观念。它包括的范畴有两类：一是作者在写作前搜集、积累的各种事实、数据、意见、观点、经验、问题，以及上级有关指示精神等；二是经过选择，写进文稿中的表现主旨的所有材料。

材料的作用，主要表现在以下三个方面。

1. 材料是写作的前提

材料是构成文章内容的物质基础，是写作活动的前提。

2. 材料是形成主旨的基础

材料和主旨同属于文章内容，但主旨从材料中形成，材料是引发感受、提炼观点、形成主旨的基础。主旨是对全部材料思想意蕴的高度概括。

3. 材料是说明主旨的支柱

材料不仅是形成主旨的基础，还是说明主旨的支柱。没有材料的支撑，主旨根本无法确立。没有恰当的、能够说明问题的材料的支撑，主旨即使树起来了也立不牢。

五、选择材料的标准

1. 确凿

确凿，即真实、准确，是指写进应用文里的材料，必须做到既真又准，确凿无误。

2. 切题

切题，是指写进应用文里的材料，必须有针对性，能紧扣写作主旨，有实用性，能具体显示或说明观点。

3. 典型

典型，是指写进应用文里的材料，应该是深刻地揭示事物的本质，又具有代表性与说服力的材料。

4. 新颖

新颖，是指写进应用文里的材料，必须有强烈的时代感，能够表现客观事物的发展变化趋势，反映客观事物的最新面貌，以及现实生活中人们最关心的那些新人、新事、新思想、新成果和新问题。

六、材料处理的常用方法

1. 类化法

这是按材料的共同属性和特征，将纷繁的材料进行梳理和归并，使之显示出"类"的特点。这个工作的关键在于确定一个能反映事物本质特征的、与分类目的相适应的、始终一贯的标准，没有标准的分类是没有多少意义的。应用文写作中，用这种方法可以找出各"类"间的内部联系，从而逐渐提炼出有价值的小观点甚至全篇的主旨。这种类化后的材料因其具有重要的类别特征而极具使用价值。

2. 筛选法

这种方法强调对材料的选用不能停留在一般的认识上，必须像掘土找矿、沙里淘金那样，反复地多次地鉴别、筛选，力求从纷繁的材料中找到那个最切合主旨的切合点。

3. 浓缩法

把有价值但又非常详尽纷繁的材料加以压缩，使之更为紧凑简要、更突出精华的处理材料的方法。用这种方法处理材料要采用留主干、抓要点、除细节、科学抽象等方法，以提炼出对表现事实或说明观点最有价值的内容。

4. 截取法

截取法，是指选用一个完整事件的片断或一个完整事物中的部分去表现观点的一种删繁就简的处理材料的方法。用这种方法，不求事件的连贯、事物的完整，只求能言简意赅地说明问题和阐明观点。

运用截取法要注意以下几点。

（1）要服从应用文书写作主旨的需要。从写作目的和材料本身的实际（如在文稿中的地位与作用、本身的构成与被读者接受的程度等方面）综合考虑。

（2）不能断章取义，扭曲原意。

（3）要注意上下文衔接过渡的自然顺畅及表述角度的前后一致。

七、合理安排材料

合理安排材料，是指在应用文写作中，要根据表现主旨的需要，按照一定的思路合乎逻辑地、和谐地组织材料，使材料与观点形成一个有机的整体。

应用文书写作安排材料的方法主要有以下几个。

1. 先亮观点，后举材料

这是先用层、段、条概括出观点，然后列举理论材料或事实材料来陈述观点的方法。用这种方法安排材料的优点是观点鲜明，引人注目。

2. 先举材料，后亮观点

这是先列举事实、数字或说明根据，然后推导出结论、归纳出观点的方法。这种方法的优点是由事到理，说服力强。叙事性应用文书或文中叙事性较强的片段写作，常用此法。

3. 边举材料，边亮观点

这是一边举材料，一边亮观点的夹叙夹议的写作方法。这种方法的优点是既摆事实又讲道理，行文层层深入，使人便于理解。应用文书中叙事说理较强的部分常用此法写作。

【实训任务演练】

1. 阅读、分析、判断下列段落主旨和材料的组织形式。找出表达主旨的句子，并思考它们是如何选择、安排材料的。

（1）调查发现，不同年龄和具有不同文化程度的北京人对职业声望的理解也有所不同。从年龄上看，年轻人（18～30周岁）承受风险能力强，接受知识和新鲜事物较快，所以他们倾向于选择一些高收入、高风险、工作方式灵活、具有挑战性的职业。与其他年龄段的北京人相比，他们认为律师、企业管理者、新闻记者与编辑等职业的声望更高，其比例明显高于其他年龄段的北京人；而认为中小学教师的职业声望最高，其比例则低于其他年龄段的北京人。但是从总体上看，年轻人对不同职业声望的判断与总体的排序一致，这或许可以说明年轻人虽然喜欢冒险，但是他们对职业的选择在很大程度上仍遵循着社会主流。

（2）文化程度高的北京人中认为科技人员和大学教师的职业声望最高的比例分别为77.5%和50.5%，而小学文化程度的北京人选择这两项的比例仅分别为41.6%和31.2%；相反，小学文化程度的北京人中认为医生、律师、中小学教师是声望最高的职业的比例分别为67.8%、39.4%和30.7%，而大学文化程度的北京人选择这三项的比例仅分别为40.7%、28.6%和19.5%。可见，不同文化程度的北京人在判断不同职业的声望时有较大差别。

2. 应用文写作必须选择真实、切题的材料，通过材料体现主旨，材料和观点要统一。请阅读下列材料，分析材料和观点是不是相符，如果不相符，怎样修改？

（1）打开任何一台电脑，你都会在图标中发现腾讯那只胖胖的、可爱的小企鹅。腾讯成立于1998年，2001年开始盈利，2003年腾讯收入7.35亿元，利润3.222亿元，分别比2002年增长了1.8倍和1.3倍。2008年前3个月，腾讯收入更是达到了100%的快速增长。从公司成立以来，腾讯一直专注于即时通信领域，无论在工商业高潮还是低谷，它都一如既往地提供即时通信服务，虽然遭遇过收费风波，但最终在这个领域还是挺下来并入市成功。

6月16日，腾讯股份有限公司在香港联合交易所正式上市交易。当日下午3时，腾讯股价由每股3.7港元的发行价上涨到4.525港元/股，上涨幅度高达22.29%，腾讯公司的市值随之超过50亿港元。

总之，腾讯股份有限公司在竞争中求生存，生产盈利能力逐年下滑。

（2）农禾种子公司的收入稳步增长。2011年该公司又一次轻而易举地获得了西北地区第一大种子培育和供应商的称号，它在西北五省种子市场所占的份额几乎是排名第二的××种子公司的2.5倍。

2011年，农禾种子公司的收入为301亿元，比2010年的268亿元增长13%；净收入为56亿元，比2010年的31亿元增长81%。2012年，农禾种子公司提出的营收预期是增长15%。

任务三　修改结构的失误

【布置任务】

阅读下面这篇短文，指出文中存在的结构问题。

高校心理咨询机构的老师告诉记者，"网络成瘾症"目前在高校的"发病率"正不断攀升，让学生感到痛苦、无助，这一现象引起多方的关注。

一、网络成瘾的"治疗"方法

哪些人容易患上"网络成瘾症"？专家认为，那些性格内向、焦虑倾向严重、不善于与人交往的学生可能性较大，一些自律能力较差的学生也会不知不觉地染上此症。专家为此开出的"药方"是改善环境，心理治疗。包括以下两方面内容。

一是学校要为学生创造实现自我价值的环境。目前高校不少学生是从大一就开始患上了"网络成瘾症"的。因为他们进入新的学习环境和人际交往领域后，一旦不合群而产生失落感，就往往以网络为寄托。因此，高校对大学新生，要特别关注他们的这一转型期，帮助他们解决各种困难，鼓励他们利用课余时间为社会服务，或参加勤工俭学活动。

二是自己一旦上网成瘾，应该尽快寻求心理辅导。"网络成瘾症"常常与某方面的心理缺陷有关。有的学生渴望胜人一筹，但在现实生活中难以实现，便到网上寻求心理补偿；有的在人际交往中遇到问题，不知所措，便向网友倾诉，但根本解决不了实际问题；还有的学生在中学时被管得太紧，有逆反心理，进了大学，便在网上拼命释放"玩性"。对这些心理缺陷，心理咨询师会对症下"药"的。

二、网络成瘾的原因

1. 新奇性、高科技性和知识性。网络游戏利用高科技，创设模拟情境，具有极强的新奇性和知识性，也增加问题难度，唤起大学生不断向上的探求欲望，从智力、技巧和灵活性等方面对手与脑的协调配合进行了训练。网络游戏还包含丰富的学习内容，网络游戏可以通过对学习内容的设计满足这种需求。

2. 满足排解孤独感和真实情感交流的需要。强烈的互动性是网络游戏的一个重要特点。现在的学生，很多都是独生子女，而大多数网络游戏中的任务大多是需要若干网友一起合作完成，他们不仅可以交流，而且可以互相帮助。在网络游戏中结识一些朋友，可以排解学生的孤独感。网络游戏能够为学生消除心理上的受挫感、压抑感或者受压迫感，从而获得心理上的解放和自由，在网络游戏中能够获得一种在现实生活中无法获得的平等感和自由感。

3. 自我表现与自我实现的需要。网络游戏之所以能长期吸引学生，关键在于它们往往可以极大地满足学生期望获得成功、胜利，得到他人认可、追随、崇拜等心理需求，让学生有机会实现在现实生活中无法实现的梦想和愿望，获得强者、王者的生活体验。

三、网络成瘾的现状与危害

1. 上网成瘾荒废学业。一位学生这样描述自己的"症状"：平日里无精打采，一上网就处于亢奋状态。每天虽然告诫自己不要泡网吧了，可一到傍晚，还是不由自主地走进网吧，一玩就玩到了凌晨，想停也停不下来。刚进大学时成绩还不错，后来"红灯"越挂越多，差点被开除，学校最后同意让我试读一学期。爸妈为了管住我，甚至在学校附近租了房子住下来。

如何解释这一现象？高校心理咨询师指出：网络成瘾，使不少大学生的人际交往能力减退，他们往往沉溺在虚拟世界里，逃避现实世界。上网排遣心理困惑虽然可行，但过分依赖网络却是舍本求末。大学时期，是重要的人格发展期和社会关系建立期，如不注意培养自己的人际交往能力，反因上网成瘾而萎缩，今后如何直面社会，参与各种交流、合作、竞争，就成了问题，将来很难适应工作环境和社会环境。

2. 人际交往能力减退。有位学生告诉记者，他心情不好时，常常上网发帖子，召来了许多共鸣者，大家发发牢骚，还相互安慰一番。久而久之，他也觉得自己对网友依赖过度，虽然知道许多现实生活中的问题靠网络是解决不了的，但不知道怎样面对面地与他人交流沟通，释疑解惑。

"真可惜！"一些高校分管学生工作的老师感叹：现在因成绩不合格而退学、试读或留级的学生中，由于网络成瘾而荒废学业的占70%以上。大量的时间花在网上，哪有精力和时间来读书？从中学到大学，学习环境和方法的变化很大，学生如果不能把握自己，上网成瘾，浪费了宝贵的学习机会，人生的轨迹恐怕就大不一样了。

【任务要求】

（1）理解思维、思路的含义、思路与结构的关系。
（2）掌握应用文书写作的思维特点和常用思路。
（3）掌握应用文写作的结构方式。

【必备知识】

思维　思路

一、思维与思路的基本含义

心理学对思维含义的表述为：思维，是具有意识的人脑对于客观现实的本质属性和内部规律做出的自觉、间接和概括的反映。

思路，是思维活动的运行轨迹。

文章思路，就是作者构思文章时，有规律、有条理、有方向、连贯的思维过程的"路线"。文章的思路，应当是作者整体思维、系统思考的结果。

语言学家张志公先生在《怎样锻炼思路》一文中做了说明："作者的思路是他对客观事物怎样观察、理解、认识的反映。思路不是凭空产生的，是以客观事物为基础的。客观事物反映在作者头脑里，经过观察、理解、认识的过程，形成了他对这件事物的印象、看法、态度或感情。把这些印象、看法、态度或感情理出个头绪来，就是所谓的思路。按照这个思路写成文章，就是所谓组织结构。文章的结构组织是否严密，表明他对所写的客观事物是否形成了鲜明的印象、看法、态度或感情。"

二、应用文写作的思维特点

一般来说，应用文书写作有以下思维特点。

1. 构思行文主要运用逻辑思维

文艺创作主要采用以形象组合为主体的形象思维，而应用文写作则主要采用抽象思维即逻辑思维。所谓逻辑思维，是一种舍弃具体表象，依靠概念、判断、推理而进行的思维活动，它要在思维过程中实现由形象到概念、由具体到抽象的转变，并以抽象的概念来揭示事物的本质，表述认识的结果。

构思行文过程中逻辑思维运用具体表现为以下几点。

（1）选题立意的过程，主要是对材料的提炼、升华过程，要凭借逻辑思维来实现。

（2）在围绕主旨选择材料时，要判断材料有无价值，筛选出"必然有用"的材料组织进文章，这个过程，也主要是凭借逻辑思维来完成。

（3）安排结构，作者也是按照应用文特定的要求和比较稳定的惯用格式，按照一定的逻辑顺序来组织内容的。

（4）下笔行文，主要是靠严谨的、理性的逻辑思维驱动笔端。

强调应用文以逻辑思维为主，并不排斥以形象思维为辅，而且有时还要借助灵感思维。

2．思维主体注重群体思维

应用文写作客观上须注重群体思维。应用文代机关立言，反映集体的意志、领导的意图，它构思、成文、制发的整个过程，已经集中了领导和群众的众多意见、主意，不再只是某人的个人意愿，而是集体劳动的成果、群体思维的结晶。当然，这并不排斥应用文的撰写要充分发挥个体思维的积极性。

3．思维走势以定向思维为主

应用文写作思维的定向，从宏观看，应服从党和国家的大政方针；从微观看，要服从于机关单位领导的意图、群众的意愿和工作实际。应用文写作的构思行文以定向思维为主，但并不排斥思维的创造性。

4．思维过程常有一个由被动思维向主动思维的转化过程

应用文撰写者常常是"奉命而作"，思维起点常常是被动思维。倘若一味被动思维，又会缺乏写作积极性，甚至影响写作质量，贻误工作。因此，在应用文写作中，又必须努力、尽快地实现由被动思维向主动思维的转化，即由"要我写"变为"我要写"。

三、思路对应用文结构的作用

应用文书写作的思路，主要沿逻辑线和时空线展开。

思路是文章的脉络，而结构是思路的外在表现，或是思路的物化。为了完整严谨、条理清楚地组织应用文书的结构，准确、鲜明地表达思想，就要先把思路理清理顺。应用文，要求作者能将思路非常清晰、缜密地表现出来。

（1）对于公文来说，其结构与作者或者行政机关领导的思想，是相对应或相统一的。在一篇公文中，发文机关要求什么、要求做什么、怎么做这一类问题，都必须符合逻辑、符合时空并在结构中得到反映。

（2）对于法规与规章文书，章断条连式或条文并列式结构，是作者思路鲜明、具体而条理化的体现。

四、应用文写作的常用思路

（一）归纳和演绎思路

1．归纳

归纳，是从两个以上个别的、特殊的事物或道理的共同属性中，推出同一类事物或道理的普遍性结论的推理方法。它是从个别到全体、从特殊到一般的思维方法。应用文写作运用这种思维方法便形成了归纳思路。

归纳又可采用以下几种方法。

（1）完全归纳法。即穷究同类事物中所有个别事物的共同属性，推出普遍性结论的方法。这种方法不允许漏掉任何一个性质相同的个别事物。

一般来说，运用归纳法来认识客观事物时，完全归纳法最可靠。但实际上，只在少数情况下才能做到完全归纳。在应用文写作中，实际上较少用完全归纳法。

（2）简单枚举法。即根据对某类事物部分对象的概括，推出一般性结论的方法。这实属不完全归纳法。

简单枚举法运用起来虽然方便，但它极容易出现轻率归纳，以致以偏概全，使结论出现片面性、绝对化等错误。

运用这种归纳方法，要注意下面两点。

① 一方面，不要轻易下结论；另一方面，如果要下结论，也不必因个别事物未能归纳而迟疑不决。可选择如"一般情况下""大体上""在一定条件下"等限制词语，以表明其相对性，留有余地。

② 不要仅仅注意同类事物的数量或表面相似处，而忽略了同类事物的本质属性，使结论偏离事物本质。要注意对重要的归纳对象或结论进一步深入分析，充分考虑到时空变化后的情况，使归纳的结论更正确、更深刻。

（3）科学归纳法。即由某类事物部分对象与某种属性有必然联系，推出这类事物都具有这种属性。它是以科学实验和科学分析的结果为主要依据，从研究同类事物的少数对象与某一属性之间必然的内在联系中，从探求现象之间的因果关系中，概括出普遍性结论。它比简单枚举法可靠，但其结论仍要受实践的检验。科学归纳法考察的对象要有典型的代表性，才能使结论正确。

2. 演绎

这是从普遍性的前提推出特殊个别性结论的思维方法。它与归纳的思维方向正好相反，是从全体到个别、一般到特殊。在说理性较强的应用文书中，较多运用演绎法。

应用文写作运用演绎法时，作为根据、前提的一般性结论必须正确无误，才能进行直接演绎。如果作为前提的一般性结论只是相对正确，那么在推理过程中，在肯定其大多数事物或道理的同时，也要考虑到个别事物的特殊性，才能避免结论的片面性。

3. 归纳和演绎的关系

归纳和演绎既是两种方向完全不同的对立的思维方法，又是互相依存的辩证统一体。归纳是演绎的基础，演绎的前提常常是依靠归纳而获得的。可以说，归纳的结论就是演绎的前提，离开归纳，演绎不可能进行。而归纳也离不开演绎，归纳时对个别事物的选择要达到准确、典型，得依赖演绎对这些个别事物进行检验，决定弃取。即根据尚未确定的、假设的一般去寻找、考察个别，才能正确地进行归纳；而归纳得出的一般结论，也要靠演绎去验证，去推广扩大。

（二）总分思路

总分思路是运用综合和分析两种思维方法所形成的文章思路。分析就是把事物分成若干部分，分别加以研究，即由总到分，化整为零。对实体事物进行分解，对抽象事物进行分类、剥离，就是剖析。综合则是把事物的各个部分联合起来，从整体上加以考察，也就是由分到总，集零为整。综合的过程，就是对实体事物组合、对抽象事物概括的过程。

分析和综合也是互相依存、互相联系、互相转化的。分析是综合的基础，没有分析，认识不可能具体深入，也就无从综合。综合是分析的前导，没有综合，不能统观全局，就可能只见树木不见森林，分析就缺乏方向和目标。分析重在发现事物的本质，分析不是目的，而是认识事物的手段。分析之后，还要把事物的各个部分放到事物的整体中，放到各个部分的相互联系、作用和矛盾中，放到事物的运动、变化中去考察它们的地位、作用，从而去把握其本质。而综合也不是现象的罗列，不是事物各个部分机械地相加，而是要按照事物各个部分间的有机联系，对事物各个方面作全面的、本质的反映，从而从整体上把握事物的特征。这也是分析的目的。

1. 善于分类和归类

把较为复杂的集合性事物中特征相同的类型划分在一起就是分类。

分类、归类时要注意以下两点。

（1）分类要尽可能全面、深入。分类可以一次分类（也称一级分类），也可多次（多级）分类，即把事物分成若干大类之后，再对每个大类继续划分，实现多级分类。所谓全面，即不论是一级还是多级分类，每次分类都要尽可能周全，不要有遗漏，尽可能使分出来的各方面内容与事物的本来面貌相符合。所谓深入，就是根据事物的实际情况和写作意图，对对象能够分类的，应尽可能多级分类，以便于深入说明、深刻分析。事实上，分类级数少，易看出事物全貌；分类级数多，易深入分析出事物的本质属性。

（2）分类标准要正确、灵活。对事物分类时，既可以事物表象等非本质属性为标准进行分类，也可以事物本质属性为标准分类。但每一次对同一层级分类都要用统一的标准，以保证分类的正确。

对于较为复杂的同一事物，可以根据需要从不同角度，依照不同特点进行分类。

分类标准的灵活性还体现在分类的相对性上。事物联系的相对性，决定了事物差异的相对性。有时在对事物分类时，要划分得绝对分明是办不到的。有些具有特殊性而难于归入某一类的事物，可以归并为"其他"一类。

2. 学会纵剖和横断

剖析和分解则是对相对独立的事物进行解剖，解剖分割后的每一部分都不具有原来整体事物的性质了。运用剖析和分解，可以深入事物内部结构研究事物，从而更深刻地认识事物的本质。

纵剖就是纵向剖切，即依时间的先后，将事物的发展过程和发展情况分成若干阶段，逐段考察和分析。对于本身存在时间阶段和发展进程的事物，写作时可采用纵剖的方法。横断则是横向分析，即将事物内部的各个侧面、各种因素分成若干部分，逐一考察和分析。对各种要素处于并列关系的事物，写作时则常用横断的方法来分析。

3. 注重定性分析与定量分析

定性分析是对分析对象的各种因素及其性质做出断定和分析。定量分析是对分析对象及其各种因素间的数量关系加以判定和分析。前者注重对事物质的断定，后者注重对事物量的判定。而任何事物都是质和量的统一体，因此，要尽可能将定性分析与定量分析结合使用，这样才可以使分析更加深入、准确，在表达上也更加直观，更有说服力。

（三）因果思路

因果思路是运用探因和寻果的思维方法形成的文章思路。

应用文写作采用因果思路时，要做到以下两点。

（1）要全面分析导致结果或现状的原因。在诸多原因中首先抓住主要的、根本的原因，同时也不忽视次要原因。要实事求是地、全面地分析事物的内因和外因，不能只抓一点不顾其余，防止片面性和绝对化。

（2）要深刻地分析产生结果的原因。要深入分析，从原因中去探究产生原因的原因，这就是所谓的"因因分析"，要力求"打破砂锅问到底"，揭示出最深层的、最根本的、最起作用的原因，这样才有助于抓住事物的本质。

（四）比较思路

比较思路是运用比较和鉴别的思维方法形成的一种文章思路。

（1）时间比较。它是在历史形态上的比较，通过比较能发现同一事物或不同事物在不同时期呈现出的差异，这称为纵向比较（纵比）、历史比较。

（2）空间比较。它是在现实既定形态上的比较，通过比较能鉴别出不同事物在同一时期不同空间中呈现出的异同，这称为横向比较（横比）、现实比较。

（3）方案比较法。又称为综合比较法或优选法。就是在同等条件下，综合考虑到时空等多方面因素，将几种方案、几种情况进行全面比较，鉴别出最佳方案、最正确的情况。

运用比较思路时要注意：任何比较都要注意事物的可比性，即比较的标准（简称比标）要一致。要注意抓住事物的本质特征进行比较，以便更深刻地认识和把握事物的异同和性质。还要注意比较的灵活性，根据实际情况和写作需要，从多角度、多方面对事物作比较，以便更全面、更准确地认识事物。

（五）递进思路

递进思路是运用递进思维方法形成的一种文章思路。递进思维是认识事物或事理由浅入深、由表及里、从低到高、从小到大、由轻到重，层层递进、循序渐进的一种思维方法。运用这种方法，可以深入地、清晰地阐释某些比较复杂的事理，说明某些比较复杂的关系，有助于深刻认识事物的本质属性，使文章有一定深度。

运用递进思路时，各层次间要环环扣紧，先写哪一层次，后写哪一层次，顺序不能随意调换、中断。

【必备知识】

应用文的结构

一、应用文结构的要求

应用文书结构的要求主要有以下 4 个方面。

1. 要反映客观事物的本质联系和规律

客观事物本身有它的存在形式，有它的特点，有它的运动规律。文章表现的对象是客观事物，其结构形式应取决于内容，体现客观事物本身的内在本质联系。应用文写作也是如此。

2. 要服从表现主旨的需要

文章的结构安排，就是要把内容材料组合成一个统一的有机整体以表现主旨。因此，内容材料的详略先后、层次段落的划分等，都必须紧紧围绕主旨，让主旨贯穿全文始终。

3. 要做到层次清楚、思路清晰

层次的划分与段落的安排，具体展示出作者的思路与文章的结构。应用文写作中，要特别注意根据主旨的需要安排好层次段落，以清晰地展示作者的思路。

4. 要适应不同文种的体式特点

应用文不同的文种都有相对稳定的结构体式，应用文一般都具有严格的体式规范。应用文的结构安排需适应体式的规范要求。

二、应用文书的结构类型

应用文的结构类型，是指应用文的文章结构在外部形态上所表现出的形式。

1. **篇段合一式**

正文全文内容包容在一个完整的自然段内，即一个段落就是一篇完整的文章。这种形式常用于内容单一的应用文，否则，难以把写作的目的缘由、事项、结语三个层次都融进一段。

2. **两段式**

这是内容简单、篇幅简短的应用文常用的形式。这种外部结构形式一般用于以下几种情况。

（1）把篇段合一式中的结语部分单独列为一段，成为两段式。即行文的缘由和行文事项为一段，希望、要求等结尾语句为一段。

（2）把三段式中的结语部分省略，写作目的缘由、行文事项各为一段。

（3）在转发、发布性文书中，将转发、发布对象、态度，即批准、同意转发、发布有关文件的名称列为一段，把转发、发布的执行意见、要求列为另一段。

（4）在答复性文书，如复函、批复等文种中，将表示收到对方文件写为一段，且多为独句段，将答复事项及结尾另列为一段。

（5）没有开头、结语部分，而将主体内容列为两段。

3. **三段式**

这是短篇应用文一种比较规范的外部结构形式。正文把写作目的及缘由、事项、文章结语分为三个层次。

4. **多段式**

它用于内容稍多、篇幅稍长的应用文，总共有4个自然段以上。一般是开头概述情况、说明缘由、目的或依据，结尾单独成段或省略结尾段，主体部分内容稍多，分别写为若干段，各部分都不分条列项。要注意文章各部分的逻辑关系，给人以清晰、简明的印象。内容多、篇幅长的应用文，一般不宜采用多段式，宜采用分部式或总分条文式。

5. **条文式**

法规、规章和职能部门的一些行业文书，不少都使用了这种形式。全文从头到尾都用条文组织内容，显得眉目清楚，排列有序，简洁明了。应用文中的条文式结构，一般可采用以下两种。

（1）章断条连式。适用于内容多、篇幅长的法规、规章。这种结构以章为序划分为有关法规、规章的层次，各章下的"条"不依章断开另起开头，而是连续编号。这便于执行承办时援引有关条文。章下可分条，极少数还在章下分节，节下再分条。章、节、条均用小写汉字数目表示，如第一章、第一节、第一条。条下有的分款，款不带序数，一个自然段就是一款；条下有的列项，项冠以带括号的汉字数码，如（一）、（二）等。项下可分目，目冠以阿拉伯数字，如1、2等。

（2）条文并列式。适用于内容不太多、篇幅不太长的法规、规章和其他应用文。条下的款或项、目独立成段。段间内容具有相关性。

6. **总分条文式**

这是应用文书用得较多的一种外部结构形式，公文、规章、合同等文书常采用这种结构。文章开头部分（即引言部分）先总说：或概述情况，或说明写作目的、依据、原因，或阐明主旨，或摆出结论。后文则分条文分述有关内容，每条或说明事物的一个方面，或围绕主旨阐述一个问题，或分析事情的一个原因，或提出一项要求、措施、办法等。条文的层级结构序数，像条文式的写法一样。有的在分条之后还有一个总说的结尾，形成"总说—分说—总说"的结构。安排条文的要求，与条文并列式结构一样。

7. 分部式

按这种结构形式，通常把文章分成几个大部分，每个部分就是一个层次。为了做到眉目清楚，每个部分可用小标题或者序号列出，但多用序号加小标题的形式。小标题或者作为层的旨句概括该部分中心，或者提示该部分的内容范围。这种结构形式容量较大，眉目清楚，头绪分明，适用于内容较多、篇幅较长的应用文。工作总结、理论文章、调研文章等类文种常用这种结构。它常体现为应用文基本结构形式纵式结构中的递进式结构，写作时一定要注意前后各部分由浅入深或者由实到虚、由表及里的逻辑顺序，以及各部分间的逻辑联系。

8. 贯通式

贯通式是围绕中心，按时间顺序、事物发展顺序或者事理深化、认识顺序，抓住主要线索，逐层分析、叙述说明，比较完整地说明一个事项、一项工作、一个道理。它不分条文，不用小标题，前后贯通，按自然段安排层次，以自然段落组成全篇。这种结构适用于内容比较单一的叙述性，或者说理性为主的应用文。

9. 表格式

这是应用文书不同于其他文体所特有的一种结构形态。不少经济管理的职能部门，如工商行政管理部门、税务部门、专利管理部门等机构，以及不少企业，如银行、保险公司及厂矿、公司等单位，他们制发的各种专门文件，大都采用表格式。表格式的应用文通常有以下两种形式。

（1）由职能机关或企事业管理部门事先印制好有关文件表格式规范文本，将有关内容分项列出，设计好项目和应填写内容，事先编制成表格文书，各项之后留下足够空白，让使用单位和人员按规定填写。有的规范文本甚至连文书处理过程中的有关程序如审查意见和审批签名盖章都印制在有关文本上。表格文书一般要注明表格的填写要求和注意事项。如申报专利、商标的有关文书，有些行业的专用文本如税务征管文书、财务会计文书等，都采用了这种形式。有时，这种文书还填写一式若干份，以利存查、验收。这种形式的文书方便了填写、处理和保管，是一种值得推荐的形式。随着应用文处理过程中计算机等办公自动化设备的应用，表格式应用文会越来越多。

（2）单位临时撰制的表格式文书。这是有关职能管理部门或者企事业，为反映某一地区、行业或者企事业的某些情况，根据写作目的，将有关统计数据编制成表格。这样显得简明、直观，比只用文字叙述说明效果更好。一般要对统计数据加以适当的说明，对其中主要的、突出的数据，以及变化明显的数据加以必要的分析，使表格式文书的效果更好。有时，一份文书中还从不同角度编制几个统计表格，使反映的情况、说明的问题更加全面、客观。

10. 不成文式

这是应用文所特有的一种外部形态，特别是告启类文书常用此文式。它不像一般文章那样有完整的结构内容，开头、结尾、层次、段落、过渡和照应都不一定齐备或有明显标示，从其外部形态来看也不像传统的文章样式，语言表述方式也有其特殊性，通常运用图文相间的形式或者图表形式。典型的不成文式多是一些广告、海报等告启类文书，有的还图文相映，很有吸引力。它同表格式文书一样，看似不成文，没有传统文章的形式，但表达效果常常比成文还好。

运用不成文式需要注意的有以下两点。

（1）告启事项要周全，要传递完整、有用的信息；

（2）采用灵活多样的形式，重点明确，不要因图害意，让图画冲淡、掩盖了主要内容。

【实训任务演练】

1. 阅读并思考：该求职信的结构是否合理？该如何调整？

处于人生精力最充沛时期的我，渴望在更广阔的天地里展露自己的才能，期望在实践中得到锻炼和提高，因此我希望能够加入贵公司以进一步提高自己。感谢您在百忙之中给予我的关注，给我一片蓝天，还您一份惊喜。我将热切期盼您的回音。

作为一名会计学专业的学生，我热爱这个专业，并在大学四年的学习生活中为其投入了巨大的热情和精力。求学期间，我主修商业会计专业，并参加过计算机操作技能的严格训练，这使我有能力在贵公司这样一家专业化水平比较高的单位任职，能熟练运用计算机处理各种会计业务。此外，人际关系和心理学方面的训练，将有利于我与公司客户建立融洽的业务关系。

昨日阅毕《××日报》，获悉贵公司招聘会计三名，我毕业于××财经学院会计专业，自认对于此项工作尚能胜任，故大胆投函应征。

我曾在百货公司做过业余会计工作，在实践中受益匪浅，随后还在该公司任财务分析员，时间长达两个月。其他关于该项工作的任职资格，请见随信附上的个人简历。

2. 阅读并思考：这些数据材料在文中起着怎样的作用？这样的层次安排是否合理？怎样修改？

据统计，2012年我公司实现销售113.3亿元，同比增长3%；进出口总额9215.8万美元，同比增长5%；实现销售91.4亿元，同比增长6%；实现利润总额15411万元，同比增长20.8%。

2012年是××公司开拓进取、稳健发展的一年，也是深化改革、积极调整的一年。一年来，公司在省总公司和董事会的领导下，按照总公司"能上则上，优化协调"的经营方针和"强基础，上水平，求卓越"的总体要求，围绕年初制订的工作计划，针对较为不利的外部环境，审时度势、顺势而为，齐心协力、迎难而上，取得了良好的经营业绩，完成了股东会、董事会确定的资产保值增值目标，经营规模在国内机电汽车流通行业中继续保持领先地位。

2012年我公司还上缴税金9666万元，同比增长2.45%；公司销售利润率为1.68%，净资产收益率为17.92%；销售汽车60353辆、摩托车65133辆，分别比上年增长7.6%、12.9%；销售钢材15.1万吨，同比增长9.1%；实现期货代理交易额910.1亿元，同比增长42.55%。

任务四　修改语言错误

【布置任务】

指出下面短文在语言运用方面的问题，并予以修改。

各位同学，告诉大家一个不幸的消息，我的钱包丢了！就在昨天晚上，我印象中好像是丢在食堂的饭桌上了。那是我的好朋友送给我的生日礼物，对我至关重要！我的钱包很可爱，纯皮材质尽显高贵与大方，细细的纹理杂而不乱，宛如一幅抽象画，幽蓝色的外表透露出孤傲深邃的气质，只需望她一眼就会被深深打动，和她一见钟情！可是这个钱包是我的，谁捡到了就还给我吧！求求大家了，祝好人一生平安！

联系人：×××　　电话：×××××××

【任务要求】

（1）了解应用文对语言表达方式的基本要求，掌握应用文语言的特点，学习常用语言表达方式并熟练运用。

（2）能够正确使用应用文说明、叙述、议论的表达方法。

【必备知识】

应用写作应当使用规范的现代汉语，语言应当准确、简洁，这一基本要求体现在词语和句子两个层面。词语是语言中能够独立运用的最小的表意单位，是应用文意义表达的基石。句子是词或词组构成的能够表达完整意思的语言单位，是应用文意义表达的主要手段。

一、应用文词语使用要求

1. 词语内涵必须明确

几乎所有语言中的词语都存在多义现象，汉语中多义词更是数量众多。多义词一方面会增强语言的灵活性，但另一方面也会妨碍意义的准确传递。应用文没有独立的词汇系统，所使用的词语基本是以常规词汇为主，因此，不可避免地会受到多义的干扰。应用文所使用的词语，在特定的语境关系中，其内涵、义项必须准确明晰，不可造成歧义或意义模糊。要做到这一点，主要通过以下几种方法。

（1）对近义词认真筛选。近义词尽管词义相似，但存在许多细微的差异。在应用文中，尤其应当注意辨别相似词语之间的差异，如"送到"和"赠送""错误"和"失误""违法"和"犯罪""跑走"和"逃走"等。

（2）采用专业词语。专业词语往往在专业文章中使用，应用文如果涉及一些特殊领域，也应当使用该领域的专业术语。专业术语的特征是词义内涵明确，可以增强文章的准确性。

在应用文中可以根据不同需要，采用专业词语，如金融题材文章可以使用"外汇""证券""税收"等术语；贸易方面的文章中经常使用"流通""经营""购销""利润"等术语；交通方面的文章使用"抢道""超员""超载""混载"等专门词汇。应用文写作者在平时需要注意积累相关专业的词汇，以便写作时能够得心应手地运用。

（3）采用特定词语。特定词语是在某些特定情境或场合中对特定对象的指称，例如，对人的指称在不同场合所用词语不同，在医院中用"患者"，在商业场合用"顾客"或"消费者"，在学校用"学生"，在交通运输中用"乘客"，在税务系统中用"纳税人"，在旅游服务中用"游客"等。这些特定词语如果使用合理，能够增强应用文的表意准确性。

（4）恰当使用限定词语。所谓限定词语也就是定语或状语，是对中心词的修饰和限定，能够有效消除中心语可能造成的歧义。

2. 规范使用简称和略语

简称和略语可以提高表达效率，使语句结构紧凑。恰当地使用简称和略语可以增强文章的简洁性。使用简称和略语应做到以下几点。

（1）使用规范化简称和通用略语，并且要在同一篇文章中或不同文件中保持一致，如"'三个代表'重要思想""八荣八耻""节能减排"等。

（2）使用系统或部门内部特定的简称略语，在文件中第一次出现时应当先使用全称，并注明简称或略语，如"我公司所属企业还存在着高能耗、高污染、低效益（以下简称'两高一低'）的现象"。

3. 合理使用文言词

在应用文写作中可以合理使用文言词，如兹、悉、拟、系、鉴等。这些词汇能够增强应用文语体的庄重性、严肃性。

4. 不宜使用语气词、感叹词、儿化词等词语

应用文中一般不宜采用语气词、感叹词、儿化词等词语，这些词语口语化倾向比较明显，仅在演讲稿等有限的几种文体中使用，其他文体极少采用。

此外，应用文也不宜使用描绘性、形象性的词语，这些词语追求形象化和艺术性，与应用文庄重严肃的文体风格不协调。

应用文尤其排斥口语词和方言词，这些词汇难以进入正式的普通话书面语词汇系统，会对不同地域的读者造成理解困难。

5. 应用文的数量表达规范

应用文中的数字、部分结构层次序数和词、词组、惯用语、缩略语、具有修辞色彩语句中作为词素的数字必须使用汉字外，其余应当使用阿拉伯数字。文中若有计量单位，必须使用国家法定计量单位，如"千米""千克"等。

应用文中的数字需要使用阿拉伯数字的情况主要有：份号，保密期限，标题和发文字号中的年份与序号，正文中的年份、统计数字、数据、百分比等，层次序列号的三、四层[第一层"一"，第二层"（一）"，第三层"1"，第四层"（1）"]，附件数量，人员名单的人员数字，印刷时间，印刷份数等。

应用文中的数字需要使用汉字的情况主要是：结构层次序数（一、二层），词或词组，惯用语（如"三七二十一"），缩略语（如"'三个代表'重要思想"）等。

二、应用文句子使用要求

1. 句式完整

应用文的句子一般为主谓完全句，主语和谓语齐全，句子结构比较完整。可以适当运用附加成分复杂的长句，增大信息量，例如："在今年这场规模空前、历史罕见的抗洪抢险斗争中，武警部队坚决执行党中央、国务院、中央军委的决策指示，按照国家防汛抗旱总指挥部的统一部署，全力以赴参加抗洪抢险。先后出动支队和建制团 220 个，投入兵力 5 万多人，排除险情 3500 多起，加固堤坝 938 千米，抢修公路 278 千米，抢救、转移群众 3.6 万多人，抢运物资价值 4.5 亿多元，为保护国家财产和人民生命安全做出了重大贡献，涌现出一大批英模单位和个人。"

2. 句式简洁

在表达信息清晰准确的前提下，应用文的句子力求句式简洁，结构清晰可辨。

可利用联合短语作句子成分，把若干相关的意思凝聚在一个句子里，使句子结构紧凑，语言简洁，如"在 21 世纪，国家的综合国力和国际竞争能力将越来越取决于教育发展、科学技术和知识新水平"一句中，"取决于"后面由联合短语作宾语。可恰当地、经常地使用"的"字短语。"的"原为结构助词，"的"字短语为名词性成分，省略了表示客观对象的词语的中心部分，既简洁又明确，可代指人或事物，可以作主语、宾语。例如，下面为某规章制度的节选。

有下列行为之一的，不得评为"优秀"等级。

（1）无故缺勤累计 3 天的。

（2）请假累计 10 天的。

（3）工作中存在严重失误的。

（4）被客户多次投诉的。

在主语十分明确的情况下，可以省略词语的中心部分。

3．语气贴切

句子语气首先应当切合文种和受文对象，下级写给上级的文体应体现尊重上级、恳切陈述的语气；不相隶属或级别相同的单位之间往来的文体应当体现婉转谦和的语气；发给下级的文体必须体现明确、决断，但又体恤下情的语气。句子语气还应当切合主题，如政令严肃、贺信（电）热烈、哀悼沉痛、申请恳切等。

某些应用文体（欢迎词等）需要当场宣读，这就要求句子切合特定情景氛围，如欢迎词体现热情好客，而欢送词则要体现恋恋不舍之情。

4．文风朴素庄重

应用文杜绝溢美之词，反对套话、大话、空话、假话，一般不使用夸张、比拟、双关等修辞手法。

三、应用文的表达方式

应用文的语言表达必须体现出应用文语体的特点和风格。应用文语言具有明晰、准确、简朴、庄重、得体的特点。

语言表达方式，古人称为"笔法"，今人称为表现手段。语言表达方式是运用语言介绍情况、陈述事实、阐述观点、总结经验、探索规律、表达情感的具体方法、手段。

应用文的表达方式主要有叙述、议论、说明、描写和抒情 5 种类型。叙述是反映对象运动变化过程的表达方式；议论表达的是作者的思想观点与理性认识，是对某一事物或问题发表见解，表明自己的观点和态度的表达方式；说明表达的是某种知识，即对一个事物或事理的科学认知，把事物的形状、性质、特征、成因、关系、功用等进行清楚的解说；描写反映的是事物的外貌和形态，生动再现事物的状貌、情态；抒情表达的是作者的内心情感。应用文主要使用说明、叙述、议论这 3 种表达方式。

1．说明

（1）说明的定义

说明，是用简洁明了的文字，对事物或事理的各种属性，如性质、特征、形状、成因、结构和功能等，进行客观的解释和介绍。在应用文中，说明是主要的表达方式之一。应用文中的说明，常与叙述同时使用。

（2）说明的种类

① 定义说明。定义说明是对事物的本质属性做简要说明的方法，其重点是讲明事理以及事物的本质。

例如，《电子出版物出版管理规定》第二条对什么是电子出版物做出这样的定义说明："本规定所称电子出版物，是指以数字代码方式，将有知识性、思想性内容的信息编辑加工后存储在固定物理形态的磁、光、电等介质上，通过电子阅读、显示、播放设备读取使用的大众传播媒体，包括只读光盘（CD-ROM、DVD-ROM 等）、一次写入光盘（CD-ROM、DVD-ROM

等）、可擦写光盘（CD-RW、DVD-RW 等）、软磁盘、硬磁盘、集成电路卡等，以及新闻出总署认定的其他体形态版。"在定义说明中，判断词"是"的前、后项是可以互换的，互换后对所定义的内容并无影响。

② 分类说明。分类说明是将事物按一定的标准划分成不同类别，并对各类别加以说明的方法。

例如，《2009 年国家留学基金资助出国留学人员选拔简章》就"申请条件"中的"基本条件"和"类别条件"进行了说明。在说明"类别条件"时，用分类说明方法对"高级访问学者""访问学者""硕士研究生"等做了详细介绍。

这种说明方式既可以让读者了解某一事物的概貌特征，又可以使事物的各个部分得以清晰的展示。在使用分类说明时，要注意每次分类只能选用一个标准，不能多标准。

③ 举例说明。举例说明是列举具体的例子来说明事物特征的方法，其作用是把比较抽象、复杂的事物和事理解说得更加具体而明晰。通常有典型举例和列举性举例两种。前者能使被说明的事物更为具体、清楚，后者能使被说明事物的范围更清楚。

例如，在建筑技术上，有好多创造，在起重吊装方面更有意想不到的办法。如福建漳州的江东桥……

举例说明要求所选例子真实、具体，有代表性，否则不能达到变抽象为具体、变复杂为简明的目的。

④ 数字说明。数字说明是用确凿的数据来说明事物和事理。

例如，一张单层 DVD 光碟一般半径为 60mm，去掉中间的 23mm，那么这张 DVD 光碟的面积为 $96cm^2$，单层 DVD 光碟的数据存储量约是 4.3GB，约合 4617089843 字节，所以平均每平方厘米存储的数据量是 48094686 字节。

用数字来说明事物，能更科学、精确、简捷地勾勒出事物的客观面貌，给读者十分具体的印象。

⑤ 比较说明。比较说明是将相似或不同的事物进行类比、对比来说明事物的特征的方法。

在应用文中，比较说明常常与数字说明同时使用。通过数字对比反映出量的变化，将客观事物的变化特征给予鲜明的展示。

例如，"生命在于运动"，这是生物界的一个普遍规律。人的机体，用则灵，不用则衰。脑子用得勤的人，肯定聪明。因为这些勤于用脑的人，脑血管经常处于舒展状态，脑神经细胞会得到很好的保养，从而使大脑更加发达，避免了大脑的早衰。相反，那些懒于用脑思考的人，由于大脑受到的信息刺激较少，甚至没有，大脑很可能就会早衰。这跟一架机器一样，搁在那里不用就要生锈，经常运转就很润滑。

在使用比较说明时，应考虑比较的事物之间要有可比性，比较的标准应一致。

在应用文中，除经常使用上述几种说明方法外，还常用"图表说明""引用说明"，在特殊情况下还使用"比喻说明""描写说明"等。

（3）应用文说明的特点

应用文说明的特点主要有以下几个方面。

① 应用文行文时往往是说明与议论、叙述结合使用，只用"说明"一种表达方式的情况较少。即使是以说明为主的一些文种，也多离不开议论、叙述。各种表达方式结合使用，这样可以相辅相成，相得益彰，使表达清楚、有力。

② 多种说明方式常常同时使用。如数字说明和比较说明结合运用，可以从定量、定性

两个方面把工作、生产、经济活动情况的历史、现状和发展变化解说得更为具体、确切，增强人们对事物认识的直感。

③ 应用文在使用说明时，更讲究说明的客观性、内容的科学性和语言的准确性。

2．叙述

（1）叙述的定义

叙述，是有次序地将人物的经历、言行和事件的发生、发展变化的过程叙说出来的一种表达方式。完整的叙述一般有六要素，即时间、地点、人物、事件、原因、结果。

叙述在写作中的使用频率很高，不论非文学作品还是文学作品都离不开它，是基本的表达方式。它主要用于背景的交代，介绍文章涉及的人、事、单位的概况，记叙事件的发生、发展、结局，以及为议论文提供事实依据等。

（2）叙述的人称

人称是指作者叙述的观察点、立足点，主要有以下 3 种。

① 第一人称叙述（我，我们），能给读者真实、亲切的感受，这是主观性叙述。

② 第二人称叙述（你，你们），有直接对话的亲临感，让读者感到像面对面地交流。

③ 第三人称叙述（他，他们），可不受时空和是否亲身经历的限制，因而叙述面较广，用法较自由，属于客观性叙述。

应用文中，3 种人称大都各自单独使用。如撰写总结、拟订计划，必须采用第一人称；而调查报告主要使用第三人称。在有些文种中，有时 3 种人称须同时使用，如涉及第三单位的来函、去函、情况通报，会出现"我们""你们""他们"。

（3）叙述的方法

① 顺叙。顺叙是按照人物经历或事件发生、发展的自然时序进行的叙述。

② 倒叙。倒叙是把事件的结局或事件中最突出的片断提到前面来叙述，然后再以顺叙的方式进行的叙述。

③ 插叙。插叙是在叙述主要事件的过程中，因为需要，暂时中断叙述主线，插入与中心事件有关的内容的叙述。

插叙可以对人、事、景物做说明、补充和解释。

（4）应用文叙述的特点

应用文叙述的特点主要有以下 3 点。

① 以概括叙述为主，一般不使用具体叙述。应用文的叙述要求概括、粗线条，着重事件的整体勾画，不要求具体、详尽。着眼于借以显示原委，表明事理。掌握这种叙述方法的关键在于对事件要有整体而又清晰的认识，否则难以把握好取舍详略的尺度。

② 以顺叙为主，讲求平铺直叙，注重事件的过程性特点，以符合人们的认识规律，能让读者尽快了解所叙内容。

③ 常与其他表达方式结合运用。如夹叙夹议、叙事论理、叙述说明等。

3．议论

（1）议论的定义

议论是作者就某个问题、事件进行评论、分析，表明自己的立场、观点和态度的一种表达方式。

（2）议论的构成

完整的议论由论点、论据和论证构成。

① 论点。论点是议论价值的体现，是作者的观点、主张和态度，常常由作者直截了当地提出。论点分为中心论点和分论点，中心论点是文章论述的核心，也称作基本论点、大论点。分论点是围绕中心论点、支撑中心论点的小论点。

② 论据。论据是论点成立的理由和依据，即证明论点的材料。论据包括事实论据和理论论据。

事实论据指客观存在的情况、数据、事实等。理论论据指被实践证明了的正确的理论，如科学原理、定律、公理、格言、警句等。论据支撑论点，论点统率论据，两者相辅相成。

③ 论证。论证是组织和运用论据证明论点成立的过程与方法。论点是核心，论据是基础，论证是连接论点和论据的桥梁。

（3）议论的类型

若从证明论点的方式来分，议论的类型有立论和驳论两种。

① 立论，又称证明，是针对问题或事件，运用论据从正面证明自己的见解和主张。

② 驳论，是通过反驳对方观点，证明对方观点错误，从而确立自己观点正确的论证方法。

立论和驳论是相辅相成的，其划分也并不是绝对的。在立论文章中，常有驳论，要确立一个观点、主张，便意味着否定、批驳与之相对立的观点。破与立是辩证统一的，只不过在运用时有所侧重而已。

（4）论证的方法

应用文常用的论证方法有5种。

① 例证法。例证法是用事实作论据，直接证明论点的方法。

运用例证法应做到选用的论据无论是具体事例、统计数据、概括的事实，都要真实典型，为论点服务，有说服力，防止以偏概全。量要适度，不能太少，亦不可过多，以免冲淡论点。

例如，米糠和麸皮含有大量维生素。这个问题，我国古代著名的医学家孙思邈早就注意到了，曾经用米糠和麸皮治疗那些患有维生素缺乏症的病人。现代科学也证明了这一问题，经化学分析，米糠和麸皮中含有较高的维生素 C、维生素 B 和维生素 E。

② 引证法。引证法是引用经典性言论、党和政府的文件、科学上的公理和定理、格言、谚语来直接证明论点正确性的方法，具有极大的权威性和鲜明的理论性。

引证法在应用文中被广泛使用。在使用这种方法时，要完整、准确地把握原意，不能断章取义。在引用原文时，要做到引用的语句、标点都完全正确。只有这样，才能使引证为文章增强表现力和说服力。

例如，列宁曾经说过："忘记过去，就意味着背叛。"因此，我们不能忘记先烈们为解放全中国的浴血奋战，不能忘记为探索社会主义建设规律所走过的曲折道路，不能忘记改革开放以来的奋斗历程。

③ 对比法。对比法是将性质相反、相对或有区别的事物进行比较、对照，以证明论点的论证方法。应用文写作运用对比法时，要注意事物之间是否具有可比性。

例如，我们党执政以后，特别是在新的历史条件下，能不能成功地解决党内监督问题，尤其是对高中级干部的监督问题，是加强党的建设需要解决的一个重要问题。从党的建设的实践看，这方面既有经验也有教训。哪个地方、部门，什么时候党内监督工作抓得比较紧，民主集中制执行得比较好，个人专断、滥用职权和"有令不行、有禁不止"的情况就比较少，消极、腐败现象也会受到抑制，出了问题一般也能得到及时解决。反之，监督工作薄弱，民主集中制受到破坏，权力被滥用而又得不到制止，往往就会出问题，甚至出大问题。

④ 因果法。因果法是通过分析事理，揭示论点和论据之间的因果关系来证明论点正确的方法。

因果分析是说明的重要方法，因为事物发展没有无因之果，也没有无果之因，因果联系是事物的客观联系，采用这种论证方法，便于阐明道理，说明原因，指明发展趋势。

例如，我们系统内的大多数老企业，多年来负担很重，有的厂福利性开支竟占年收入的20%。有些老厂，离退休人员工资占全厂年收入的30%以上，这些企业的亏损是体制造成的。有些企业没有市场意识，产品几年不变，质量低劣，大量库存积压，造成投资无法回收，从根本上说，这些企业的亏损也是体制造成的。因此，我们要走出困境，就必须要深化体制改革。

这里用因果分析的方法，分析了企业亏损的原因，从而证明了"必须深化体制改革"这一论点。

⑤ 喻证法。喻证法是用设喻来论证论点的方法。在议论文中，设喻可以使论点更易懂、更风趣、更容易获得读者的认同。喻证法能化抽象为具体，化艰深为浅显，化枯燥为生动。运用喻证法必须注意以下三点。

第一，以小见大，就近取譬。要精选生活中细小的、人们熟悉的事物作为设喻的喻体。喻体如果不是读者常见熟知的，就达不到喻证的目的。

第二，喻体不求形似，求神似。作为喻证的喻体与作为比喻的喻体不同。比喻的喻体是为了强调特征，描绘事物，侧重形似，以形比形；而喻证的喻体是为了阐发观点，以正视听，力求神似，以义取形。一定要对自己所要论证的对象和用来设喻的事物之间的对应关系进行细致入微的体味与揣摩。

第三，精剖喻体，丝丝入扣。例如，调查就像"十月怀胎"，解决问题就如"一朝分娩"。

（5）应用文议论的特点

应用文议论的特点主要有三点。

① 常常采用不完整论证，以简化论证过程，直接表明论证结果、立场、主张等。

② 多以正面论证为主，旗帜鲜明地表明观点。

③ 往往与其他表达方式结合使用，夹叙夹议是最常见的方式。这样既可以节省叙述、说明的笔墨，又使言论适宜地突出矛盾的焦点、问题的中心，使文章的篇幅、行文节奏得到较好的控制。

【任务实训演练】

一、改正语言错误

1. 截至目前，原有纳税单位和个人绝大部分已按规定申请登记……
2. 今年"秘书学"科目的及格率与往年一样。
3. 限李增良自公告之日起一年内与本院联系。
4. 对肇事者应严肃处理，以教育大家，否则，其歪风坏习将继续蔓延，后果不堪设想。
5. 交货地点：××市机械厂附近。
6. 卖方承担大部分短途运费。
7. 图书馆最近买了许多文学书籍，还买了一些诗集和电视剧本。
8. 江面上一片漆黑，只有一丝亮光。
9. 由于改进了生产技术，我们公司生产的机器人的产量和数量也有了很大提高。
10. 以上说的这些意见，如果不妥，就请转发给和这项工作有关系的单位贯彻执行。

二、表达方式练习

下面各段文字运用了什么说明方法？

1. 人体生物能发电还有其他形式。当一个人坐着或站立时，就会持续产生重力势能。此时，若采用特制的重力转换器就能将这种重力势能转换成电能。美国有一家公司将发电装置埋在行人拥挤的公共场所，外面是一排踏板。当行人从板上走过时，体重压在板上，使与踏板相连的摇杆向另一个方向运动，从而带动中心轴旋转，使与之相连的发电机启动。

2. 与大豆、油菜和麻风树等油料植物相比，微藻的生长周期短，从出生到可以制油仅需一个星期左右，而大豆等油料植物一般需要几个月。此外，微藻的含油量高，油脂产率高，单位面积产油量是大豆的数百倍，每公顷可年产几万升生物柴油。此外，利用滩涂、盐碱地、荒漠，以及海水、荒漠地区的地下水等，可以大规模地开发"微藻油田"，微藻不会与农作物争地、争水。

3. 早在1860年至1890年，美国不合理地过度开发西部处女地9000万公顷，大片焚烧草原，盲目垦荒导致发生了1934年5月震惊世界的沙尘暴。这场沙尘暴从土地破坏严重的西部刮起来，很快就发展成一条长2400千米、宽1500千米、高3千米的一个巨大黄色尘土带，连续3天，横扫了美国三分之二的土地。当时大气含尘量每立方千米高达40吨左右，3亿多吨土壤被卷入大西洋。这一年美国毁掉耕地4500亩，16万农民倾家荡产，逃离了西部大平原。

三、表达方式练习

下面各段文字运用了什么论证方法？

1. 人有意气，才能摧不垮，压不倒，追求不泯，意志不衰。还记得舞台上那尊慈祥、博爱的千手观音吗？邰丽华，虽是聋哑人，但她有意气，手臂练得青肿了，脚底磨出血泡了，她始终坚持练习。最终，她用手指勾勒了人性的美好，用舞姿诠释内心的感觉，感动中国，感动你我。若无意气，她怎会从不幸的低谷达到艺术的巅峰？

2. 秦始皇之所以能"吞二周而亡诸侯，履至尊而制六合"，是因为他在父亲的刻意安排下，羁留异国，饱经磨难，终成雄才大略。世界著名文豪小仲马，之所以能写出震惊世界的名作《茶花女》，是因为他从父亲大仲马的身上继承的不是万贯家财，而是敏锐的观察力和细致入微的描写人物的能力才获得成功的。事实告诉我们：以本事处世，则事业可成，功名可就。相反，身继巨富，而无本领者，则只能是事业无成，乃至国破家亡。秦二世胡亥继承了秦始皇留下的"践华为城，因河为池，据亿丈之城，临不测之渊"的万世之业，可谓遗产之巨了，然而仅仅三年，便落得个"身死人手而七庙隳"的为天下人耻笑的下场。究其原因就是胡亥自己没有经天纬地的治世之才。历史上的后主刘禅及李煜不都是鲜明的例子吗？

3. 真理无需打扮，哪怕写在枯黄的纸张上，描摹在贫瘠的沙土中，甚至变成粗俗的谚语，它也会生辉。谬误，即使被刻上佛的银盘，铸入宫殿的金鼎，甚至冒充神的启示，也是黯然无光的。

项目一
求　职

【情景导入】

　　在竞争激烈的社会，要想赢得工作、获取就业机会或为自己寻找一个发展的空间，必须善于推荐自己，而撰写求职材料便是一种必须掌握的写作能力。求职材料包括求职信、个人简历、佐证材料三部分内容。一份漂亮的求职材料就像一位出色的使者，可以在你和用人单位见面之前，给人留下深刻的印象，从而增加你面试的机会。最近中华英才网的调查显示：34%的参与调查的人事经理表示非常重视求职材料，54%的人事经理表示将求职材料作为重要参考。因此，在你即将走上工作岗位的时候，必须精心设计求职材料。

任务一　求　职　信

【布置任务】

　　下面是一封求职信，阅读后请回答下列问题：该求职信用语是否得体？应怎么修改？结构上欠缺些什么？应怎么补上？哪些内容是多余的？请删去。

××服装厂：

　　前天接到我的老同学××的来信，说贵厂公开招聘生产管理员。我是××学校企业管理专业的毕业生，在校读书时，学习成绩优秀，爱好体育运动，是学校篮球队的成员。贵厂就设在我的家乡，我想，调回家乡工作正合我的心意，而且生产管理员的职务，也和我所学的专业对口。不知贵厂是否同意，请立即给我回信。

　　此致

敬礼

×××敬上

2014 年 8 月 10 日

【任务要求】

（1）了解求职信的特点和写作要求。

（2）掌握求职信的写作步骤和格式要求。

（3）能在具体的应聘环境中选择合适的语言表达自己的优势。

（4）能根据招聘信息和自己的实际情况撰写成功的求职信。

【例文借鉴】

【例文一】

求职信

尊敬的领导：

您好！非常感谢您在百忙之中审阅我的求职材料。世有伯乐，然后有千里马。我相信您就是伯乐。

我叫李海，是××××技术学院××分院××专业的应届毕业生。在校三年，我用自己的勤奋、踏实、热情、上进度过了充实、丰富多彩的大学生活。自入校以来，我就深深地意识到社会竞争的激烈性和残酷性。我努力学习专业知识，从各门课程的基础知识出发，努力掌握其基本技能技巧，深钻细研，寻求其内在规律，并取得了良好的成绩，多次获得国家级、学院级奖学金。在校期间，我不断充实自己，全面发展，以锐意进取和踏实诚信的作风及表现赢得了老师和同学的信任与赞誉。我有较强的管理能力、活动组织策划能力和人际交往能力。从2013年起我一直担任分院学生会主席，曾担任班长等职务，作为学生干部，我工作认真，踏实肯干，得到学校领导、老师、同学的一致认可和好评，先后获得院"优秀共青团员""优秀学生干部"，自治区"优秀学生干部"等荣誉称号。作为学校《星空》文学社的社员，我认真写作，积极投稿，2012年11月获得自治区"陶行知征文"比赛三等奖。2012年我光荣地成为入党积极分子。我性格乐观，热情正直，有良好的人际关系，拥有广泛的兴趣爱好，坚持体育锻炼，使自己始终保持在最佳的状态。

作为21世纪的大学生，我非常注重各方面能力的培养，积极参与社会实践。曾在苏宁电器从事导购员，在肯德基从事星级训练员的工作，增加了自己的社会阅历，体会到了生活的艰辛。我一直很重视专业实践与科研能力的培养，在校期间，参加过金工实习、电子实习，并在2013年参加了××公司的实习，参与了制造、安装、调试等全过程，不仅提高了自己的实践能力，工作业绩也得到公司领导及员工的好评。我与同学合作参加了××××设计。一系列的实践及科研使我具备了较强的理论联系实际能力，为走上工作岗位打下了扎实的基础。

伴着青春的激情和求知的欲望，我即将走完三年的求学之旅，美好的大学生活，培养了我科学严谨的思维方法，更造就了我积极乐观的生活态度和开拓进取的创新意识，丰富的实践经历、扎实的基础知识和开阔的视野，使我更了解社会；在不断地学习和工作中养成的严谨、踏实的工作作风和团结协作的优秀品质，使我深信自己完全可以在岗位上守业、敬业，更能创业！您的过去，我来不及参与；但您的未来，我愿奉献我毕生的心血和汗水！

再次致以我最诚挚的谢意！殷切期盼您的回复！

此致

敬礼

求职人：李海

2014年3月12日

【评析】这封求职信格式规范，内容充实。开头部分，谦恭有礼，直截了当，给人以良好的第一印象。主体部分，条理清楚，层次分明。这封求职信的特点在于不仅对校内的学习、工作、生活情况进行了详细的"摆事实，讲道理"，还增加列举了社会实践与专业实践，体现了职业院校学生参与实践的重要意义。全文始终都能用确凿的事实和典型的事迹来说话，有案可查，有证可对，给人以真实可信之感，具有很强的吸引力。

【例文二】

求职信

尊敬的领导：

您好！

我叫王灵俊，是××职业技术学院的 2011 届毕业生。就我的现状而言，就好比是一辆刚下生产线等待市场考验的小轿车。我认为一个优秀的营销者就好比是一辆一流的轿车，总能让人们喜欢它，进而信赖它，最后愿意为它埋单。人如其名，从我的名字不难看出我是一辆具有相当大市场前景的新款轿车。

"王"象征着"王牌"的品质，无论是谁要想在市场上站稳脚跟，品质永远是关键。经过大学的三年学习，我已经熟练地掌握了有关汽车的各方面专业知识。这就好比一辆车拥有一台品质卓越的发动机，无论面对什么样的路况、什么样的环境，发动机总能源源不断地输出最大动力。

"灵"在汽车上一则可指车内装潢设计十分人性化，便于驾驶者自如操作灵活掌握。二则指汽车在行驶中无论调头还是转弯，抑或是其他动作，对它而言都是那样的轻松、灵活。我是一个有很强团队合作意识的人，能够很好地处理好与同事的关系，故而便于领导指挥管理。除此之外，交际能力较强，面对复杂的人际关系，我能很自如地做好"转弯"抑或是"调头"工作。

"俊"则是指汽车拥有非凡的外观，所到之处总能赢得人们的喜爱。我虽然没有非凡的外表，但我是一个具有较强亲和力的人，容易让人接受，进而得到他们的信赖和喜欢。

虽然我具备了一辆一流汽车的潜力，但是我的行驶经验远远不足，需要一名优秀的驾驶员不断地训练我、改进我。而贵公司是一位难得的优秀驾驶员。如果贵公司能给我一次为您效劳的机会，相信我将会成为一辆名副其实的"王""灵""俊"式轿车，为贵公司开拓更广阔的市场。

热忱期待着您的回音！

此致

敬礼

求职人：王灵俊

2014 年 5 月 12 日

【评析】这是一封比较有特色的求职信，求职者将自己的专业和求职意向挂钩，产生了较强的阅读引力。字里行间也显示出求职者流畅的文笔和敏捷的才思。不足之处在于对自己的专业掌握情况介绍不够深入，无法用实际的事例让用人单位更好地了解其能力，不免有点华而不实的感觉。

【例文三】

求职信

尊敬的领导：

您好！今日阅读报纸，获悉贵公司招聘兼职网页编辑人员。本人渴望在更大的平台有更大的进步，自信符合应聘要求，写此信应征兼职网页编辑职位。

我叫××，今年 28 岁，××××年 6 月毕业于××××大学××专业，一直在《健康指南》杂志社担任编辑工作。主要负责校对、改写以及长篇撰写项目。我编辑的版面曾被杂志社评选为优秀版面，编辑的文章曾多次被多家杂志转载刊发。××××年我所在的杂志社荣获"全国百强杂志"荣誉称号。毕业以来，我从未间断过学习。能够主动地补充新知识，让我能够轻松承担起岗位工作，迅速进入新的角色。通过不断学习，我不但拓宽了视野，也提升了学习能力。

我对计算机有着非常浓厚的兴趣。我能熟练使用 FrontPage 和 Dreamweaver、Photoshop 等网页制作工具。通过互联网编辑业务博客，编写上传跟工作有关的读后感、优秀版面和设计理论知识等，提高自己的写作能力。从一名刚入职的大学生到今天，不到四年时间我已对编辑的工作有了一定的了解和熟悉。经过三年的工作，时刻磨砺自己，使我熟悉纸质媒体的编辑工作；通过设计对话栏目与名人面对面的采访和交流，我具备了较强的沟通能力。经过出版者工作协会的正规培训和杂志社的工作经验，我相信自己有能力担当贵公司所要求的网页编辑任务。

杂志社编辑业务的性质，决定了我拥有灵活的工作时间安排和方便的办公条件，这一切也在客观上为我寻找兼职的工作提供了必要的帮助。基于对互联网和编辑事务的精通与喜好，以及我自身的客观条件和贵公司的要求，我相信贵公司能给我提供施展才能的另一片天空，而且我也相信我的努力能让贵公司的事业更上一层楼。

××公司一直是众多年轻人的梦想之地，公司完善的管理制度、先进的营销理念、完备的培训机制、广阔的晋升空间是我最看重的，做一个优秀的编辑工作者一直是我的梦想，我相信××公司是我梦想实现的地方。我愿与贵单位同事携手共进，共创辉煌！

此致

敬礼

××敬上

2015 年 6 月 1 日

【评析】这是一份已有工作经历，寻求新岗位的求职信。本文突出强调了自己丰富的工作经验，展现了个人的优势，明确求职的有利条件，表达了渴望应聘成功的强烈意愿。全文文从字顺，结构清晰。

【必备知识】

一、求职信的概念和作用

求职信是向用人单位谋求职位的书信，这是踏入社会、寻求工作的第一块敲门砖，也是求职者与用人单位的第一次"短兵相接"。如何让你的才能、潜力在有限的空间里展现出夺人的光彩，在瞬间吸引住用人单位挑剔的眼光，这封求职信极其关键。

求职信在求职者与用人单位之间架起了一座桥梁，通过文字媒介直接沟通两者的关系，避免了许多中间环节。求职者可以直接地推销自己，介绍自己之所长；用人单位也可以直接地了解对方，选用本单位之所需。通过求职信，一位求职者可向多个用人单位推荐自己，可以较快地找到理想的工作；一个用人单位也可以从多位求职者中认真挑选，慎重录用，及时找到较为满意的人才。

二、求职信的特点

（1）自荐性。求职者与单位或雇主之间从未谋面，互不相识，现在要做"纸上的会见"，要善于自我推销。所以，求职信是对自我进行立体描绘的写真画像，要向用人单位全面介绍自己的各个方面，充分展示自己的各种才能，努力推销自己，让用人单位认为，这个岗位非我莫属，向他们显示："也许我是最适合的人选。"

（2）针对性。求职者应对单位或雇主有所了解，对所求取的职位有所了解，对自己的条件有所了解，针对自己的实际能力和雇主所需职位的要求，投其所好。正所谓"知己知彼，百战不殆"。另外，还要针对不同企业的不同职位，求职信的内容要有所变化，侧重点要有所不同。要使用人单位认为你的才能和经历与所聘的职位要求相一致，也许你不是"最好的"，却一定是"适合的"。这样，求职信就起到了敲门砖的作用。

（3）竞争性。择业择人是双向选择，求职就是竞争，是一场见不到硝烟的"战争"，尤其是那些知名度高、实力雄厚的大公司、大企业，人才竞争格外激烈。要在竞争中取胜，必须突出自己的优势，在求职信中应将自己的长处淋漓尽致、实事求是地体现出来，以求在竞争中取胜。

三、求职信的类型

（1）应聘式求职信。即求职人根据用人单位招聘人员的条件向用人单位进行自我介绍而谋职的书信。

（2）非应聘式求职信。这是不知晓对方单位是否有用人需求而径自投递过去的求职信。

四、求职信的结构

求职信与一般书信的格式大体相同，只因写作目的不同，写法略有差异。一般有标题、称谓、正文、结尾、落款等内容。

（1）标题。在首行正中写"求职信"，字体略大些，要醒目。

（2）称谓。标题下空一行顶格写用人单位名称及领导人姓名，领导人姓名后应写上其职务或尊称。一般可泛称为"领导"；也可称其职务，如"×经理""×处长""×主任"等；或称为"××先生""××女士"；还可在称呼前冠以"尊敬的"词语，以示尊重之意。写称谓要郑重其事，讲究分寸。不可直呼其名，也不要称"各用人单位"。

（3）正文。求职信的正文也就是主体部分，一般包括三部分内容：说明原因及表达感谢、推销自己、表达认识及表明态度。

（4）结尾。可以写祝颂语作结，也可以表示对用人单位诚挚的敬意、谢意与祝福。如"祝您工作愉快，事业发达""祝贵公司兴旺发达"。

（5）落款。签署求职人姓名及详细日期。姓名前可写上"求职人""求职者"或"应聘者"，但不必加任何表示谦卑的词语。也可注明本人单位或学校的名称。

五、求职信的主体部分

求职信的主体即正文有三部分：说明原因及表达感谢、推销自己、表达认识及表明态度。它是全文的核心内容。

正文首先应简单说明求职的原因，例如，有的刚毕业欲谋职；有的为了学以致用，发挥所长；有的"为家乡效力是我最大的心愿"……如明确对方招聘的职位，则应说明信息的来源。如"近日阅《福州晚报》，敬悉贵公司征聘会计一名……"或"昨日从福建电视台广告节目中得知贵公司急聘商检人员一名，十分欣喜……"等，同时要对用人单位或单位领导的关注表达感谢。然后才进入第二个环节来推销自己。

其次，推销自己。即在信中具体介绍自己的学历、资历、专长等，如"我是××学院××专业2010届的毕业生"，先写在校的表现及所取得的重要成果，目的在于突出学习好，能力强。学习好，如"在校三年间能勤奋学习，连续两年被评为'三好学生'，4次获得学院二等奖学金"；能力强，如"担任班级生活委员"或"担任学院学生会副主席""任学院文学社记者兼分院团委会干事"。

有的人没当过任何学生干部职位，也未获过任何荣誉，可写除专业外的各种考试情况。如"在校期间，除圆满完成大专三年的学习课程外，还兼修国家大专自考的某专业，并已通过几门考试……"，或"在校期间，已取得国家计算机×级，省珠协的珠算等级测试能手，××的合格证书……"，或取得会计证、导游证等，这些都是证明你能力水平的硬件。

如果是应聘某一职位，则是针对这职位的特点和要求，有主有次地介绍自己如何有能力胜任。

介绍专长时只选择主要的一两项简单说说即可。有的人说"还擅长书法、绘画、写作、演讲"，并获过奖项，这些均可纳入你的专长里，但点到为止。至于文体特长方面，除非对方有特别的要求，否则介绍多了反而适得其反。

此外，要注意考虑自己有没有比别人更有利的条件，以便增加录用的机会。如有驾驶执照，懂一两门外语或熟悉当地的语言等，有时这些小细节反而成为你胜出的资本。

最后写实践工作经历，如在校外"利用课余时间从事××商品的推销工作，有一定的工作经验"或"利用假期在××公司兼做打字员"等，以事实说明有一定的社会实践能力和组织管理能力与工作经验。

无论如何，推销时要适当，且不卑不亢。过于谦卑，自贬身价，会给对方以碌碌无为的不良感觉；过于高傲，狂妄自大，会给对方以轻佻浮夸的恶劣印象。这些介绍是对方审视你是否能录用的重要依据之一，应详细、具体、真实。

最后，表达认识及表明态度。即简单阐述你对单位的认识，以拉近与用人单位的距离，争取亲和感，同时表达你对进入公司或对某一职位需求的迫切程度。

对单位的认识可写其发展前景，或厂史、宗旨，意在说明你对单位的重视，强调这个单位是最适合你发挥才干之所。如"贵公司在短短的5年间从众多乡镇企业中脱颖而出，绝非偶然，而是靠领导高卓的远见及员工强大的凝聚力，才使××产品名扬海内外，在市场经济浪潮中独树一帜。这正是青年人锻炼、发挥才能的好时机、好场所，我愿在毕业后到贵公司效力，不知贵公司尚有职缺否？"表明态度可以是"我自信能胜任贵公司征聘的职务，故毛遂自荐"。

六、求职信格式的要点

1. 求职信要求真务实

写求职信务必本着实事求是的态度，切不可弄虚作假。有些毕业生为了增加自己在人才市场的竞争力，弄虚作假，自欺欺人，涂改自己的学习成绩，夸大自己的特长，在是否当学生干部一栏自封几个头衔，在奖惩一栏凭空捏造几项荣誉，这些错误思想和做法都很不可取。

2. 求职信要突出个性，巧妙包装

成功的求职信成功之处在于在坚实的基础上通过独具匠心的构思，别具一格的包装，达到不同凡响的效果。求职信内容切忌陈词滥调，要推陈出新；切忌千篇一律，要标新立异；

切忌面面俱到，要短小精悍。

3. 求职信要掌握分寸，措辞得体

首先，写求职信应做到正确介绍自我，对自己的特长应有恰如其分的评价，对自己的未来应有切合实际的打算。其次，写求职信应态度谦虚，语气委婉，同时要表现出信心，做到自信而不妄自尊大，自谦而不妄自菲薄。再次，注意点面结合，适当多摆事实而少下结论，通过自己的叙述让人事经理下结论，形容词要用比较级，不要用最高级，如"很好""十分优秀"等。最后，称呼应为尊称，用"您""阁下""先生""女士"等。

4. 求职信要有的放矢

写求职信应讲究分寸。首先应该了解自己想去的单位的情况，且尽可能多地搜集该单位的信息资料并消化吸收，求职信中可写点对单位的印象、认识及看法，表达自己对加盟到该单位的渴望和对该单位真诚的关心，你对该单位历史、现状、未来的认识或对领导投其所好的关心将赢得单位对你的好感。其次，到不同性质的单位、岗位去应聘，求职信的内容应有不同的侧重，切忌不分青红皂白写一个版本到处投递。求职信应根据不同工作性质、对人才能力素质的不同要求介绍自己的特点。

5. 求职信要言简意赅

求职信的内容控制在两页之内。文字要反复推敲，看意思是否表达清楚，用语是否得当，文法及标点力求准确无误。

【写作模板】

框图模式	求职信文字模板
称谓 ↓ 正文 ↓ 校内部分 ↓ 校外部分 ↓ 结尾 ↓ 落款	求职信 尊敬的领导： 　　您好！感谢您×××××××××××××××××××××××××××××××。（表达感谢） 　　我是××学院×××专业毕业生×××。在大学学习期间，我努力学习各门功课，并取得了良好的成绩，×××××××。（个人身份介绍、成绩、自学情况、专长、社会工作、社团活动、性格、爱好、特长） 　　作为新时代大学生，我非常注重社会实践，曾在×××××××，还在××××××××××。通过社会实践，我×××××××××。为了把理论和实践相结合，我曾在×××××从事专业实践，还在×××××××××××，通过这些工作，×××××××。（社会实践与专业实践对自己的帮助） 　　本人期盼能成为贵公司的一员，从事×××××××。如果贵公司给我机会，我会用×××××××。（表达求职意愿） 　　期望您能给我一次面试的机会。我静候您的佳音。 此致 敬礼 　　　　　　　　　　　　　　　×××敬上 　　　　　　　　　　　　　　　××××年×月×日

【实训任务演练】

一、下列是摘自大学生求职信中的语句，如有不妥，请改正。

1. 很抱歉打搅您了！非常感谢您在百忙之中抽出宝贵的时间来阅读我的这份求职信。

2. 本人和许许多多寻找工作的大学生一样，也想谋求一个职位。本人相信，别人能做到的，本人也能做到，并会做得更出色。

3. 本人爱好广泛，专业知识扎实，动手能力强，在校期间受过多次表彰和奖励。本人相信能愉快胜任贵公司提供的职位，我的实力会证明您的选择是正确的。

4. 本人并不在乎职位的高低，只要是贵公司的一个和本人所学专业相符的岗位即可。

5. 本人资质平常，学业成绩中等，不会弹琴也不会唱歌，不会下棋也不会绘画，在校既没有当过学生会干部，也没有获得过奖学金，只是一名普通的学生。

6. 您一定从成绩表上看出了我的几门功课成绩不是很高，其实我学得很好，事实上比有些分数比我高的同学学得还好，可能是我不会讨好老师，分数才低了些。您知道，分数不能代表一切。

7. 是您的聪明才智和英明领导才有了贵公司今日的辉煌。能成为您的属下和贵公司的一员，该是多么的幸运呀！

8. 古人云：千里马常有，而伯乐不常有。相信您这位伯乐定会相中我这匹千里马。

9. 如蒙录用，本人必效犬马之劳，为公司增光添彩。

二、指出下面这封求职信写作上存在的问题，并对其进行修改。

尊敬的总经理先生：

当我从《扬子晚报》的广告栏里得知贵公司需要一名计算机编程人员，我马上想到，也许我就是你们所要寻找的人才。所以，我就写信毛遂自荐了。

当前计算机的技术正在突飞猛进地发展，用日新月异这个字眼来形容是一点也不过分的。奔腾处理器问世才几年，就已经完成了从第一代到第四代的进化，硬盘容量从 10M 飞速发展到几十个 G，新开发的软件更是令人看得眼花缭乱，而网上的世界更精彩。时至今日，我们无法设想，一个现代化的企业能够不与计算机网络发生关系，不依靠网络收集市场信息和发布新产品诞生的消息，一个具有现代管理理念的 CEO 会忽视计算机在企业中的应用，或轻视计算机人才的储备。

其实，我在这儿无须饶舌，像个老婆子那样地絮絮叨叨。有幸的是，我看到贵公司正是追赶时尚，紧跟时代潮流的一个现代化的企业，您总经理先生正是一个信息时代的弄潮儿。所以，我一想到能到你的麾下来工作，就感到心潮澎湃，热血沸腾，万分荣幸！

我毕业于××大学计算机系，攻读的是计算机应用专业。我现在持有 2 级程序员证书，我精通计算机软件领域的所有最新技术，至于制作网页、管理网站、维护 ERP 系统，对我来说更是小菜一碟，不在话下。我在软件制作方面的本领，不仅令我的同学佩服得五体投地，而且还让指导我毕业设计的老教授叹为观止。有人甚至当面称赞我是"一个专为计算机而出生的天才"。

当然，我在工资待遇方面的要价也不低，我希望见习期间的月薪不低于 4000 元，否则一切免谈。如果您对我感兴趣的话，可以打电话 1391688×××，或发电子邮件，以便约定时间面谈。

　　此致

敬礼

求职人：任仕林
2012 年 9 月 2 日

三、根据求职信的写作要求，结合自己所学的专业，撰写一封求职信。

【相关链接】

为毕业以后要投入的那个社会做准备

不管你学习什么专业，我提供的以下建议对你来说均可以适用，而最终实现的目标是至少在你毕业的时候很容易找到一份自己还比较喜欢和基本胜任的职业。请你记住，虽然你在大学校园，你时刻要为毕业以后要投入的那个社会做准备。

一、至少实习三次或者兼职三次

实习让你了解真实的社会需要，也让你比较了解相对爱好的工作。你可以在大一到大三的三个暑期实习，也可以在平时就寻找获得兼职或者非坐班实习机会——有很多创意和设计类工作是不需要坐班的。建议你的实习与兼职不要集中在一类工作中，也不要仅限于与自己学习的专业对口的岗位。

二、三年中至少认识 150 个可以联系的陌生人

建议大学生都可以印自己的名片，在今天这个规模社交的社会中，名片也许是不多的可以与人保持联系的途径，而你如果给出名片就有了理由要求人家给你名片。一般而言，你每给出 100 张名片可以收回 30 张左右名片，其中你可以大致与 10% 的人保持联系。大学三年，在听讲座、参加志愿活动、与朋友交往认识其他朋友中，你至少要发出 500 张名片，大致回收 150 张，你可以和其中 15 人成为比较熟悉的朋友，发展 4～5 人成为你的良师益友。

三、组织和参与 3 个以上学生社团、学生社会实践活动或者学生社会公益发展项目

当你代表或者作为组织成员的身份与你的个人是两个不一样的人格形象。不见得每个人都是团队活动能手，但是不要丧失与放弃发展自己组织人格的机会，而且很大程度上，社交机会和信息获得与组织行为有更密切的关系。

四、读 240 本课外书

我们普通人按照一个半月读一本书的普通速度，一辈子也就是读 500 本书左右，而我们要学会用快读法在大学里读完 240 本书，平均每学年读 60 本书，大致相当于每一周读一本书。有很多种快读的方法，其中最好的一种方法是一组朋友一起分工读书，然后用邮件分享读书要点。我们公司最近就用这个方法让员工用 4 个月读完 110 本书。

五、考察至少三个从未去过的地方

我说的是考察，就是了解一个地方的人情风情，而不只是旅游景点。认识风情也是一种增长见识的方式，可以扩大跨文化的能力。地方距离越远越好。也可以把朋友关系发展起来，这样一来可以交换行住资源，降低旅行成本。

六、尝试学习掌握 10 条人情世故

我总结了现在依然流行的 36 条人情世故，在百度上很容易检索出来，我们每一个同学只要尝试学习掌握 8～10 条就很好了。"90"后与"00 后"普遍不掌握人情世故，在这方面获得的技能会让人们感到我们特别容易相处，而得到大家的认同。

七、每周尝试写一篇博客

把博客当成自我总结与反思的工具，也把博客当成观察社会生活与周围人群的工具。博客的写作可以使我们拥有流利的笔头表达能力与思维分析能力。如果我们每周至少写一篇博文，我们三年就能写180篇博文，如果你能把这样的博文精选一些编成一本成长日记附在你的求职材料后面，我相信你会显得非常独特。

八、尝试一次创业

你可以尝试一次学生创业，这可以是在淘宝网上开个小店，也可以在自己有兴趣或者专长的领域尝试创办公司，还可以尝试创办一个致力于社会服务的学生公益团体。如果让我再给个具体的目标，你要在大学3年至少赚到过5000块钱。

我可以说，这8个指标你要是实现了一个，你就已经有个不错的开端，而且在同学中显示出特色；实现了3～5个指标就会表现得很突出，而且找个工作根本不是问题；如果你能同时实现这8个指标，你就是无可辩驳的优秀人士，并且在迈出校园的时候就已经非常接近于一个成功的职业人士。

任务二　个 人 简 历

【布置任务】

阅读下面的材料，指出它存在的毛病并改正。

姓　　名：××　　　　　　　　性　　别：女
年　　龄：18　　　　　　　　身　　高：良好
学　　历：大专　　　　　　　政治面貌：共青团员

个人鉴定：

性格开朗、活泼。为人诚实稳重。有一定的管理能力，对工作认真负责，有一定处理问题的能力。

学习经历：

毕业于××职院中文系，文秘专业。

其他培训情况：

（1）参加过普通话、计算机培训。

（2）能熟练地操作计算机、运用Office等一些应用软件。

工作经历：

（1）自初中以来，每个暑假都有打暑假工，当过餐厅服务员、网管、话吧管理员。

（2）在校3年，一直在学校机房当管理员。

求职意向：

文秘、文员、助理、销售员。我相信，以我的工作经验和能力，一定能把这些工作出色地完成。

【任务要求】

（1）了解个人简历的形式和基本内容。

（2）能够用计算机制作一份精美的个人简历。

【例文借鉴】

1. 图表式个人简历

个人简历

姓　　名		性　　别		照　　片
民　　族		籍　　贯		
出生年月		政治面貌		
专　　业		身　　高		
特　　长		爱　　好		
联系电话		电子邮箱		

教 育 经 历

★2004 年 9 月至 2007 年 7 月就读于××省××市××××中学
★2007 年 9 月至 2010 年 7 月就读于××省××市××××中学
★2010 年 9 月至 2013 年 6 月就读于×××××××学院

所 获 证 书

★全国计算机等级一级证书
★高等学校英语应用能力 B 级证书
★国家计算机二级证书
★全国秘书资格三级证书
★全国导游员资格证书

获 奖 情 况

★2010 年 10 月获院级"优秀军训学员"称号
★2010 年 12 月获院级"优秀团员"称号
★2011 年 5 月获院级"优秀学生会干部"称号
★2011 年 5 月获学院田径运动会男子组 1500 米第二名
★2012 年 3 月获国家级"励志奖学金"
★2012 年 5 月获院级征文大赛一等奖
★2012 年 9 月获院级"优秀实习生"称号
★2013 年 6 月获自治区"优秀毕业生"称号

学 生 工 作

★2011 年任班级团支部书记
★2012 年任学院学生会宣传部部长
★2013 年任学院萌芽文学社社长

社 会 实 践

★2011 年 2 月在××肯德基从事星级训练员工作
★2011 年 7 月在××市××××酒店从事服务员工作
★2011 年 9 月在××市××××商城从事导购工作
★2012 年 2 月在××市××××超市从事收银员工作
★2012 年 7 月在××市××××旅行社从事导游工作

专 业 实 践

★2012 年 8 月在××市××公司从事文秘工作
★2013 年 3 月在××市××局从事宣传工作
★2013 年 5 月在××市××公司从事行政助理工作

自 我 评 价

★ 专业功底比较扎实，拥有丰富的工作经验
★ 工作责任心强，组织协调能力强
★ 对生活充满热情，积极进取，为人稳重，诚实守信

求 职 意 向

行政助理、人事文员、高级秘书

【评析】这份大学生图表式求职简历，介绍了求职者的特长、爱好、在校期间的学习、获奖以及自我评价等个人基本情况，不尚空谈而注重以事实说话。结构清晰，信息具体。

2．分栏式个人简历

个人简历

姓　　名：　　　　　　　　　　性　　别：

出生年月：　　　　　　　　　　民　　族：

籍　　贯：　　　　　　　　　　身　　高：

专　　业：　　　　　　　　　　政治面貌：

爱　　好：　　　　　　　　　　特　　长：

教育背景：

_____年至_____年　就读于_____

_____年至_____年　就读于_____

所获证书情况：

英语水平

计算机水平

职业资格证书

自学情况

获奖情况

_____

社会实践：（和专业无关）

_____年____月至_____年____月_____公司从事_____工作

_____年____月至_____年____月_____公司从事_____工作

专业实践：（和专业相关）

_____年____月至_____年____月_____公司从事_____工作

_____年____月至_____年____月_____公司从事_____工作

（以上为个人简历的核心内容，应聘者可以着重叙述此项，并根据个人工作情况不同而重点突出说明工作具体内容与经历，尤其是与求职目标相关的工作经历；一定要说出最主要、最有说服力的工作经历和最具证明性的为公司获取的利润和相关成绩，语气要坚定、积极、有力。写工作经验时，一般是先写近期的，然后按照年代的顺序依次写出。最近的工作经验是很重要的。在每一项工作经历中先写工作日期，接着是工作单位和职务。在这个部分需要注意的一点是，陈述了个人的资格和能力经历之后，不要太提及个人的需求、理想等）

个人能力：（如计算机能力、组织协调能力或其他）

有较强的组织能力、活动策划能力和公关能力，例如，在大学期间曾多次领导组织大型体育赛事、文艺演出，并取得良好效果。

有较强的语言表达能力，例如，中学至今，曾多次作为班级、分院、学院等单位代表，在大型活动中发言。

有较强的团队精神，例如，在同学中，有良好的人际关系；在同学中有较高的威信；善于协同"作战"。

自我评价：

_____（描述出自己的个性、工作态度等）

例如，活泼开朗、乐观向上、兴趣广泛、适应力强、勤奋好学、脚踏实地、认真负责、坚韧不拔、吃苦耐劳、勇于迎接新挑战等。

求职意向：

从事贸易、营销、管理及活动策划、宣传等方面工作。

【评析】这份分栏式个人简历，既能在大学生的求职过程中使用，也适用于"跳槽"更换工作的人士。重点突出说明工作具体内容与经历，尤其是与求职目标相关的工作经历。层次清晰，内容简洁。

【必备知识】

一、个人简历的概念

个人简历就是一个人的简明扼要的履历。一般采用一览表的形式，所以也叫简历表或者履历表，它是求职者和在职员工在求职或转换工作单位的过程中，向用人方证明自己具备某项工作资历与条件的一种专用文书。

个人简历与求职信的写作目的及作用是完全相同的，都是求职者为了推荐自己，以便寻找一个合适的工作岗位，能更好地实现自己的人生价值；同时，这类文书也有利于用人单位发现人才，使用人才。具体来说，个人简历能使招聘单位有一个初选的依据材料，一份完备的个人简历会给招聘者留下深刻的印象，使求职者易于获得复试或面试的机会，促使求职者应聘成功。所以说，对于求职者来说，个人简历必不可少，必须认真写作，绝不可草草了事，马虎应付。

二、个人简历的种类

个人简历一般分为两类：一般性的个人简历和有针对性的个人简历。

（1）一般性的个人简历。它全面地介绍自己的履历、特长、优势、爱好、兴趣等，可以投放给任何一个用人单位或者求职者尚未确定的用人单位。这种简历能否在求职中奏效，全凭用人方对求职者的资历背景感兴趣与否而决定。

（2）有针对性的个人简历。它是求职者在通过各种渠道得知某用人单位的需求和认真分析了自己的条件后，决定向某用人单位投送的简历。这种简历要在个人一般性简历基础上，把自身所具备的、为用人单位所需的条件，尽可能地做重点说明。

三、个人简历的特点

个人简历的本质旨在证明自己具备某些资历，是自我推荐、推销的必备资料，写得成功与否，在一定程度上直接影响求职应聘的成败。个人简历具有明显的自身特点，具体如下。

（1）完备性。简历要求有完整的个人履历，以及履历表所要求的全部内容，以供招聘单位全面地了解自己、认识自己。

（2）条理性。前面的完备性是指个人履历的内容，条理性则是指对简历写作方式的要求。求职信是用书信形式写作的，而个人简历则通常用表格形式表达。因此，要求把个人的履历、爱好、特长、兴趣等分门别类地进行清晰而准确的表述，使招聘单位人员一目了然地了解你的经历、实力、优点、特长，特别是符合招聘单位急需的专门技术和特长，以求顺利地被录用。

四、个人简历的基本格式、结构和写作

个人简历的基本格式一般为表格式。表格式具有层次清楚、一目了然的效果，所以常常被广泛采用。

从形式上看，一份完备的简历包括封面和正文两部分。

1. 封面

封面是简历的外在包装，主要写清楚姓名、单位即可，内容虽然不多，但它是简历表的门面，因此，一定要闪亮登场。设计要精致、版式要美观大方，字号字体和颜色的选择都要恰当适宜，图案和文字的搭配应相得益彰。特别是要具有一定的创意，给招聘单位留下美好的第一印象。

2. 正文

一份完备的简历正文，应具备以下几个方面的内容。

（1）身份简历。包括姓名、性别、年龄、民族、婚否、健康状况、政治面貌、主要社会关系、联系地址及邮编、联系电话和 E-mail 等。

（2）教育背景。包括就读大（中）专学校、所学专业、所获学位、开设的主要课程和学习成绩以及相关的培训、特殊的训练等。对于刚走出校门初次求职的大学毕业生，可以在简历中列出自己曾经学习过、进修过的与求职应聘单位、岗位直接相关的专业课程及达到的水平，来补充证明自己在某专业知识、技能方面具有相应的能力，让用人单位迅速地判断求职者的学历背景与应聘工作岗位的关联性，从而决定取舍。

（3）工作实践经历。包括在校期间的勤工俭学、兼职打工、实习期间有针对性的工作实践、就业之后的工作经历、参加过的社会活动等。特别要写明以上实践过程中所取得的成绩、效果、创造等。目前，许多招聘单位优先招聘有实际工作经历、经验的人员，因此，在撰写简历时要注意阐述自己曾经从事过的各项工作及成果，努力挖掘自己在这些方面真正具有的实践经验，以突出自己的经验和能力，提高被录用的概率。

（4）个人的兴趣、爱好和特长。包括个人所学专业技术特长和一般特长，如外语、计算机、普通话或特殊方言、写作能力、书法绘画、车船驾驶技术，以及其他方面特殊的能力和爱好、兴趣等。这些内容不要忽略，有眼光的招聘者非常重视求职者这方面的特长。人们常说，有兴趣爱好的人，有特别执著的精神，兴趣和爱好会是成功的一半。

（5）可以根据需要写入一些其他内容，如各种获奖、自我评价及人生理念、自己的理想和奋斗目标、对招聘单位事业的发展建议和展望以及良好祝愿，加深单位对自己的印象和好感，会有助于自己求职的成功。

五、个人简历写作的基本要求

1. 内容要真实

个人简历最重要的就是要求内容要真实，即如实地表达自我的经历，不要遗漏大学阶段及其以后任何一段经历，不能弄虚作假、伪造学历和经历，不要夸大自己的能力和业绩。

2. 表述要全面

简历虽简，但要使招聘单位在最短的时间内了解自己的基本情况，对自己有个比较清晰的印象，就要在简历的写作中注意内容的全面和完整，要完全符合写作格式内正文部分的要求。

3. 重点要突出

由于不同的单位、不同的职位有着不同的要求，所以写作简历时要进行认真分析，有针对性地进行设计和准备。简历要求全面，但绝非面面俱到、主次不分。

4. 评价要客观

评价即自我评价；客观，即自我评价时要实事求是，客观公正，既不要虚夸自己的优势、能力、特长、业绩和成果等，也不要过度谦卑、妄自菲薄。

5. 篇幅要简短

招聘人员面对大量的求职书、简历而工作又异常繁忙，加之大多数简历格式内容大同小异，所以，对每份简历都会进行粗略的一次性阅读并筛选，一般不会超过两分钟。写作简历，不宜太长，而应当言简意赅，表达流畅，既要全面，又要突出重点。简历的简明，决定了其语言文字的准确规范、文风的庄重朴实，忌用描绘、抒情、议论和引经据典。

6. 简历上要写上求职的职位

求职简历上一定要注明求职的职位。不要只准备一份简历，要根据工作性质来有侧重地表现自己，如果你认为一家单位有两个职位都适合你，可以向该单位同时投两份简历。

7. 适当表达关注及兴趣

在简历中适当表达你对招聘单位的关注和兴趣，这会引起招聘人的注意和好感。

8. 版面设计美观大方

优秀的版面设计应当做到：颜色适宜醒目，款式美观大方，字体大小适中，字行疏密得当，目录正文主页标志明显，段落条理清晰，读之赏心悦目。

9. 在文字、排版、格式上不要出现错误

用人单位最不能容忍的事是简历上出现错别字或是在格式、排版上有技术性错误以及简历被折叠得皱皱巴巴、有污点，这会让用人单位认为你连自己求职这样的事都不用心，那工作也不会用心。

总之，撰写一份令人满意的简历并非易事，作为一个严肃的求职者，一定要下工夫，把自己精心打造的个人简历呈现在招聘者的面前。

六、个人简历中应避免的语言

（1）我对……非常感兴趣。如果你没有兴趣，当然不会应聘。

（2）随信附上履历，供您参考。履历不是给对方参考的，又是做什么的呢？因此，"供您参考"完全可以去掉。

（3）我认为、我觉得……这些牵涉个人感受、情感的语句，与公事无关，少说为妙。

（4）我精力充沛。难道有人会说：我天性懒惰吗？此类问题，最好用实例说明，可以说："在公司业务繁忙时，我可以连续工作 7 天，每天工作 12 小时。"

（5）请查收履历。如果你没有把履历藏起来，不必告诉对方查收履历。

（6）薪金待遇可以协商。薪金问题，回避为宜，这个问题留待面试之后再说。

（7）请接受我的履历。如果对方正在读你的履历，难道他还有其他选择吗？

（8）我的专长可应用于……这样说太空泛，用事例说明你的专长在对方的空缺职位上大有用武之地。

【写作模板】

个人简历文字模板

姓　　名		性　　别		
民　　族		籍　　贯		
出生年月		政治面貌		照　　片
专　　业		身　　高		
学　　历		目前所在地		
特　　长		爱　　好		
联系电话		电子邮箱		

教 育 经 历

所学专业课程

所 获 证 书

获 奖 情 况

学 生 工 作

社 会 实 践

专 业 实 践

自 我 评 价

求 职 意 向

【实训任务演练】

一、下面是人事部工作人员就求职简历的一些看法，阅读后请根据个人简历的写作要求，指出简历制作中应注意的问题。

新的一年，又到了招聘的时候，公司需要增加新鲜血液，我在人事部面对如山样的简历大叫恐怖。匆匆一眼，心中已经有数。

我看简历，注意看那人的笔迹，大学读完了，那个字写得如果还是小学生水平，我情愿放弃。字都写得那样了，做人也认真不到哪里去的。有些人简历上的字都是用计算机打印出来的，没有手写的字体，没关系，还有第二关面试，还是要写字。

那些相片上头发长长的男士，容易让人误会是女孩子的，尽管简历上吹嘘得再好，放弃。公司注重形象，尽管不需要天天打领带穿白衬衣，但至少，您该让人看得舒服一点吧。摆酷的地方自有它的场所，而不该是面对着工作的时候。

有一份简历，在几个同事间传阅，每一个人都喷喷做声。真的是高才生啊！每科成绩85分以上，还获得过无数大大小小的奖项，都是自己手写的，而且也是盖上了学校的证明事实属实的大印章。再认真看，那所谓的学院大字旁边还有一行小字，竟然是××学院的函授分校下的一个点。不是说函授的就差，正规的我是相信的。但那下面又下面的，我们都太清楚这其中的内幕。

公司因为效益还不错，福利很好，每年来应聘的人无数。如果在简历上出彩一点，会更容易让人把它挑出来好好看看。这不是说需要像当前所谓流行的那些还附带写真相片的另类简历。如果不是模特公司，我想需要有实力员工的公司都不会真的把它当一回事情的，最多就是看着笑笑而已。

还有一个封面的问题，基本上如果是相同一所学校的，那么都差不多是一样的，大概都是在同一家复印店做的吧。再翻开里面，全都是五六页纸，一张给公司领导的表决心，然后就是表格、成绩单、得过的证书。唉！怎么就没有点新意！

二、下面是一封求职者的简历，指出其存在哪些问题，并修改。

个人简历

姓名：陈××

联系地址：广州市中山三路×××号

联系电话：（略）

求职目标：经营部、营销部、广告部、管理部

资格能力：2011年7月毕业于××商学院商业管理系，获商业管理学学士学位。所修课程主要有：商业经济、商业管理、市场营销、商业传播、广告学、公共关系学等。选修课程有：零售企业管理、消费者行为和计算机原理与应用等。在校期间学习成绩一直优秀，撰写的毕业论文曾受到奖励，并在全国多家报刊上发表。

工作经历：2010年6月至现在皆在××市百货公司负责市场营销及有关管理工作。

社会活动：求学期间曾担任××协会主席，曾在××市营销管理论坛上代表协会发表演讲，并在该论坛2010年5月举行的会议上当选为年度"明日之星"。

其他情况：1989年出生，未婚，能熟练运用各种现代办公设备，英语会话能力强，书写能力略逊。爱好旅游、打网球、摄影。

三、请按照简历的写作要求，给自己写一份求职简历。

【相关链接】

毕业生求职，这些准备你都做好了吗

一、毕业生求职前的心理准备

面对择业，大学生应调整好择业心态，做好充分的心理准备，积极参与竞争，勇敢地迎接挑战。

大学生择业要知彼知己。知彼就是要了解择业的社会环境和工作单位，正确认识面临的就业形势，了解社会需要什么样的大学毕业生。知己就是实事求是地评价自己，对自己有个正确的认识。要客观、正确地认识自己德智体诸方面的情况，自己的优点和长处，缺点和短处，自己的性格、兴趣、特长。要明了自己想做什么和能做什么，社会又允许你做什么。只有这样才能保持良好的择业心态。

良好的择业心态主要有哪些表现呢？一般讲应包括以下几点。

（1）选择适当的就业目标。一个人的择业目标应和本人具备的实力相当或接近。

（2）避免理想主义，及时调整就业期望值，不刻意追求最满意的结果。

（3）避免从众心理，一切从自身的特点、能力和社会需要出发，不与同学攀比。

（4）克服自卑、胆怯的心理，树立自信心，树立敢于竞争的勇气。

（5）不怕挫折。遇到挫折，不消极退缩，采取积极的态度，勇于向挫折挑战。

二、毕业生求职前的书面材料准备

书面材料包括求职信、个人简历、成绩单及各种证书、已发表的文章和论文、取得的成果等。

三、毕业生获取就业信息的有效途径有哪些

搜集需求信息是毕业生择业的前提。其方法和渠道主要有以下几个方面。

（1）国家主管部门和学校组织的供需见面会、招聘会以及供需信息交流活动等。毕业生通过参加这些活动，可以了解较多需求信息。

（2）学校"走出去"，有目标地去一些单位"推荐"毕业生；"请进来"，邀请用人单位介绍其需求，广泛联系需要毕业生的单位。然后，将这些需求信息提供给毕业生。

（3）在国家就业方针、政策、计划指导下，在学校允许择业的范围内，毕业生可以采取以下方式：①直接到目标单位自荐；②寄发求职信；③请亲友协助等方式联系单位。

（4）通过报纸、杂志、广播电视以及互联网获取社会需求信息。

（5）通过教学实习活动、社会实践了解社会需求。

（6）通过参加人事、劳动部门组织的人才、劳动交流活动了解社会需求。

进入新学期，毕业生们开始了漫长的求职路程。但在行动之前，你应该仔细思考一下如下的问题，切记要"三思而后行"。

四、大企业，还是小公司

去大企业，还是小公司，是一个比较头疼的问题。去大企业，你的各项薪酬和福利可能会得到较好的保障，但个人发展的机会较少些。虽然这些大企业声称自己的机会如何如何多，

但毕竟那里人才济济，如果你不是特别的优秀，很容易被埋没。小公司可以给你一个相对宽松的发展空间，特别是一些被称为"知识型小巨人"的高新技术企业，虽然它们的规模不会很大，但它们的知识密集程度和超高速发展是其他企业没有办法比拟的。

选择"鸡首"还是"凤尾"一定要考虑清楚，去小公司之前，要对它进行深入了解，认定其有发展前途之后，再做选择也不迟。

五、本地，还是外地

应届毕业生的毕业去向一般分为三个地点：①首府及周边区域；②生源所在地；③毕业学校所在地。毕业后到底在什么地方工作，要综合多方面的因素，如所学专业在当地是否有发展前途、父母的意见等。只有确定了希望去的地方，才能有选择地与招聘单位联系和洽谈。

六、专业，还是兴趣

如果你学的是当下热门专业，如设计、电气工程、法律等，你能比较容易找到与专业相适应的工作。如果你学的是较冷门的专业或者长线专业，在选择工作时，要考虑是坚持自己的专业，还是根据自己的兴趣求职。有时你可能不太清楚本专业当年的就业情况，你可以向学校就业主管部门查询往年的情况，如果你的专业往年一直不太好就业，就要考虑根据自己的兴趣求职了。当然，如果你非常热衷你的专业，并且在学校学习时成绩还算优秀，你也可以坚持自己的专业。

七、还有哪些特长

在你准备自己的应聘材料时，除了将你本专业的能力进行表述外，还要注意让招聘单位了解你在其他方面的特长，例如，你的写作能力如何，语言表达能力如何，你是否在一些较大型的比赛中取得名次，你进行过哪些社会实践等。你的特长正是别人不具备的东西，招聘单位很可能是因为你的这些特长，而对你格外关注的。所以，在求职前，你应该认真地想一想：我还有哪些特长？

项目二
计　　划

【情景导入】

　　美国有位富家子弟，继承了他父亲几个大型企业的遗产。虽然他一年从年初忙到年末，企业却逐年亏损。不到几年，濒临破产。后来他不惜重金，聘请了一位企业顾问。这位顾问劝他说："你每天一早起来，就先把当天要干的事情按重要程度、急缓程度列出来。排在前面的 20%的事情，无论如何要做完。至于 80%的事，就看你的心情和精力如何，决定是否要做。"他照办了。很快企业便重新焕发了活力，并扭亏为盈。而他较以前轻松多了。

　　"凡事预则立，不预则废。"每天提前 15 分钟计划好一天的工作内容，花片刻时间思索一下你的工作，可寻求出各种增进工作方法的灵感，定会使你获益匪浅。

【布置任务】

　　大一的新生，刚刚走进大学的校园，一切都是全新的，一切都是陌生的，如何使自己尽快适应新的学习环境？如何使自己的学习更有规律？……现在针对自己的情况，写一份学习计划。

【任务要求】

　　（1）了解计划的框架结构。
　　（2）掌握计划的写作方法。

【例文借鉴】

【例文一】

2013—2014 学年第一学期学习计划

　　新学期，新起点，为了过好充实、高效的大学生活，全面提升自身综合素质，根据本学期课程安排，结合自身实际情况，特制订如下学习计划。

　　一、学习目标

　　1. 力争在本学期一次性通过英语四级考试。

　　2. 英语精读、应用写作、语音主修课，期末考试成绩均要达到 80 分以上。

　　3. 普通话要达到二甲水平，并且拿到二甲证。

　　4. 提高计算机录入速度，由 1 分钟 30 个字提高到 1 分钟 60 个字，尽量学会用五笔录入法录入。

二、措施步骤

1. 上课认真听讲，做好笔记。做到"今日事，今日毕"。按时按质地完成学习任务与作业。

2. 参加英语四级培训，提高英语学习成绩。购买英语四级资料，坚持每天读半小时英语，听半小时英语听力，做半小时的阅读理解，一周写一篇英语文章，以提高英语各方面的能力。

3. 多花工夫和时间，学好英语精读这门课程。要坚持按时默写单元后的单词，做到课前预习，课后复习，做好作业。早自习朗诵英语文章，试着背诵。上课积极举手回答问题，提高口语能力，也可以锻炼自己的胆量。

4. 多写、多练，提高写作水平。应用写作这门功课，除了上课认真听讲，做好笔记，牢记各种应用文体的写作特点、基本格式和写作技巧之外，平时还得多练、多写，能勤练笔。要坚持每周写一篇周记，周末一有空就到图书馆去借写作书籍看，多看一些与写作有关的书。有不理解的或有困难就到网上去查相关的资料或者向老师请教。

5. 仔细揣摩、模仿，发好语音。语音这门功课，不要轻视，认真听讲，把音发准，把课文读得漂亮。平时多看一些英语影片，学习模仿他们的发音，以进一步提高口语能力。

6. 多说、多练，说好普通话。每天坚持练习 1 小时的普通话，把音发准，熟读课本。每月练习写三篇话题作文并背诵。

7. 争取学习机会，加强计算机操作练习。每周至少上 1 次网，练习打字的速度。平时去了解一些计算机操作的知识，并学会应用。

希望我能朝着自己的目标前进，按照自己制订的计划前行！

×××

2013 年×月×日

【评析】这是一篇规范的计划，标题含有计划的时间、内容和文种。正文目标明确，措施得力，步骤合理，不枝不蔓，层次清楚，具有较强的可行性和操作性，对第一学期的学习有很好的指导作用。

【例文二】

××机械制造股份有限公司营销部 2014 年度工作计划

为了认真贯彻公司董事会 2013 年 12 月 15 日下发的公司《2010—2019 年企业发展规划纲要》精神，更好地完成或超额完成公司下达的任务，遵照"纲要"中对营销部的要求，结合本部门的工作实际，特制订 2014 年度工作计划如下。

一、年度工作目标

（1）巩固已有的销售市场。

（2）全力以赴做好西南基地建设、市场调查及销售网点建设。

（3）努力开拓西北市场。

（4）积极参与全国有影响的工业产品展销会。

二、具体工作安排及措施

（1）2 月初邀请 2014 年度主要的客户，参加公司组织召开的"红岩牌凿岩机产品质量意见恳谈会"，征求客户对我公司产品的意见和建议，并把意见和建议及时反馈给公司有关职能部门，以便及时制订有关改正措施，进一步提高产品质量和售后服务水平，巩固已有的营销市场。

（2）2 月中旬遵照公司人事处的决定，拟订赴西南基地的销售人员名单。考虑到西南基地的重要性，人员安排上，除经理外，原则上以原西南组人员为主。

（3）2月下旬，赴西南销售人员完成本部的工作交接，并到"西南基地筹委会"办公处报到，由筹委会安排具体工作。

（4）3月初完成新销售人员的招聘面试工作。人员确定后派出实践经验丰富的销售人员到新员工培训班当新员工岗前培训教育的教员，以确保他们在上岗后能马上进入角色。

（5）3月中旬确定新销售人员的帮带师傅和工作安排。拟定赴广州参加"春季广交会"人员名单，并做好赴会的前期准备工作。

（6）3月下旬，参加"广交会"。

（7）4月初，挑选有一定业务能力的业务员进驻西安，开设公司驻西安办事处，争取在4月中旬展开工作。

（8）5月下旬各销售点及办事处负责人回公司汇报工作情况。

（6—12月略）

××机械制造股份有限公司营销部（印章）

2014年××月××日

【评析】此文基本符合计划的写作规范。结构上，"为什么做""做什么""怎么做""什么时间完成"几要素都写到了，且按时间顺序罗列了一年中应做的具体事情及采取的一些措施，显得有条不紊，重点突出，只是"采取的措施和方法"略显简单了些，而这点恰是阶段性工作计划中最主要的内容。

【例文三】

广西×××农资有限公司2014年工作计划

2014年是全面贯彻落实党的十七届三中全会精神的第二年，是发展现代农业的提速年。本公司将立足新形势，把握新机遇，攻坚克难，拼搏奋进，努力开创农资销售跨越式发展的新局面。为了顺利完成总公司下达的销售任务，现拟订我公司2014年度工作计划如下。

一、工作目标及任务

努力超额完成总公司下达的全年销售各类复合肥13万吨的销售目标。

二、主要工作及措施

1. 加强基础管理，强化量化考核指标

（1）对各项工作均事先予以量化，奖罚分明，使一切均有章可循、有章可查，季度考核与年终考核相结合，业绩直接与奖金挂钩，做到奖罚分明。

（2）坚决杜绝老好人思想，加大跟踪力度，强化监督职能，及时记录，适时引导，定期检查。做到善始善终，杜绝虎头蛇尾现象发生。

2. 明确各项工作分工，挂牌承包各区域市场

（1）改变少数人硬性分派的做法，使员工共同参与制订相应的实施方案，择优选用。

（2）明确各自的责、权、利，定期考核与年终考核相结合，并与同期收入、年终奖金相结合，对成绩优异者给予奖励，不能按计划完成的，每下降一个百分点，按比例减少同期收入。

3. 建立市场网络，规范客户管理，加大市场开发力度

（1）理顺、整理现有资源，将客户、市场按升值潜力分为A、B、C三类市场，对潜力大、上升势头强劲的市场予以重点开发、维护、宣传。

（2）对一些需更换客户的网络先培养其他替换客户，经一段时间的扶持，与公司发展不匹配的客户，予以更换。

（3）除传统的农资、供销、农业局的网络维护、开发外，同时重点开发粮油、邮政等农化网络。

（4）强化驻点服务开发工作，依据市场情况分设办事处，强化市场的开发服务功能。

（5）市场网络的建设要以终端建设为基础，掌握市场已有资源，提高市场占有率。

（6）春节前应重点加强对桂西北市场的推广与开发，改变公司春季销售不力的被动局面。

（7）对市场各级客户进行分类建档，并定期跟踪监督，及时调整，增加回访客户频率，增加相互了解，解决客户的实际困难，增加客户忠诚度。

4. 强化沟通机制，加速市场信息的收集与转化

（1）收集真实的市场信息，建立档案制度，重点对各区域的种植结构、用肥习惯及其他品牌的优势、宣传方案等进行对比，找出差距，并制订如何整改的信息方案。

（2）制订定期的沟通机制，并建立有效的奖罚制度。

（3）多与终端客户联系，了解一些资料。

5. 加强学习，搞好团队建设

（1）积极参与公司的各种培训，并重点加强事后的总结与应用。

（2）每次出差人员回来，要及时召集相关人员共同分享市场成功经验，分析总结遇到的疑难问题，共同探讨，相互促进，共同进步。

（3）主动与业务人员沟通交流，变听汇报式交流为主动谈话式交流，发现的问题应及时解决，从中了解业务人员的长处与缺点，以便合理安排工作，为其搭建合理的舞台，充分发挥个人的才能，加强团队的凝聚力。

6. 强化服务意识，提高服务质量

（1）设立业务投诉电话，对由于业务人员自身问题造成的业务投诉，视情节予以一定的处分，并及时解决客户的投诉，增加其满意度。

（2）结合驻点服务工作的开展，整合自身市场的信息及技术资源优势，帮助客户开发完善新的营销方案并进行二级网络建设。

（3）对重点市场做到电视有影、广播有声、报纸有形，大力宣传公司产品，提升品牌形象。

（4）推行市场专车制，对业务车辆统一调度，形成地面规模化宣传，配合专家及当地经销商服务于终端客户，增加其满意度。

7. 加大新客户、新产品的开发力度

（1）全年出差不低于240天。

（2）规定最低客户数量，少则罚，多则奖。

（3）通过细致的调研及时开发适销对路的新产品，并实行谁开发谁受益的奖励机制，增强业务人员的参与性与及时性。

8. 严格控制好各项经费的开支使用

（1）增设专门统一的内勤人员，提高账目透明度，定期公布各种业务费用数据。

（2）对各种专项费用的投放应遵照双赢原则，事先与客户共同对市场加以分析，预测投放的效果，并提出书面建议和协议；事中加大监督力度；事后进行落实批评，如与事先预算相差较大，则由当事人自行解决，或不予以报销。

（3）日常招待费用严格执行审批制度，对客户招待等其他费用弄虚作假，少花多报者，一经查实，当次费用不予报销并处两倍以上罚款。

（4）将出差的各种费用、票据和出发时间、路线，与当地拜访客户的市场资料相结合，

如有不符者，将不予以报销。

9. 及时处理好市场突发事件，做好各职能部门的工作，制造良好的经营气氛。

我们一定要在工作中团结合作，开拓进取，努力拼搏，保证2014年工作目标的圆满完成。

广西×××农资有限公司（印章）

2014年1月8日

【评析】此计划结构完整，条理清楚。前言简明扼要交代了工作背景及基本目标，主体分为任务目标和措施办法两个层次，结尾表示决心、信心。全文思路清晰，行文简洁，语言简明通俗。

【必备知识】

一、计划的概念

计划是对未来的展望与构思。具体而言：计划是机关、团体或个人，根据党和国家的有关方针政策以及上级的指示精神，依据自己的实际情况，对未来一定时期内的工作、生产、学习等事务的安排，是事务文书的常用文体，应用的范围十分广泛。

计划是个总的名称。在日常实际工作中，"安排""打算""规划""设想""意见""方案"等，都是人们对未来工作或活动做出的部署和安排，因而也都属于计划这个范畴。一般来说，安排、打算常用于时间较短、内容较具体，并偏重于工作步骤的计划，如《曙光公司关于2012年冬季流动资金的安排》；规划是带有全局性、长远性和方向性并且内容概括的计划，如《上海市关于国民经济发展的"十二五"规划》；设想是初步的、提供参考的计划，如《合肥市关于建设大学城的设想》；意见是原则性较强、内容较完整的计划，如《关于整治淮河河流污染、坚决关闭排放超标企业的意见》；方案则是目标明确、任务要求和措施办法具体的计划，如《安徽省关于推广普通话工作的方案》。

二、计划的特点

制订计划是日常工作中不可缺少的一个环节，也是一种科学的工作方法。具体地说，计划的特点包括以下三点。

一是目的性。计划是为达到某一目标，完成某一任务而制订的，所以它具有明确的目的性。

二是具有预见性。在制订计划时，要对今后可能出现的问题和遇到的困难，进行分析和判断，并提出相应的对策和措施。

三是具有约束力。计划一经会议通过和批准，就有了法定公文的效能，在制订者所管辖的范围内，具有一定的权威性和约束力，因而成为工作、行为的准则，以及工作考核的标准。

三、计划的种类

按照不同划分标准，可以将计划分为不同的种类。

1. 按性质分类

（1）生产计划。是商品经济社会中常用的计划种类。人们为进行生产，必须制订各种各样的计划，如"产品产量计划""产品质量计划""产品品种计划""产品成本计划"等。

（2）工作计划。是为筹划、落实和实施某项工作而制订的计划。工作计划大量运用于政府机关等事业部门及企业单位的行政部门。

（3）学习计划。是单位、组织或个人为安排学习而制订的计划。学习计划通常包括政治理论学习计划、业务学习计划、技术培养计划等。

2．按范围分类

（1）个人计划。是个人为未来的行为而做的设计，一般有个人学习计划、个人进修计划、个人工作计划、个人创业计划等。

（2）组织计划。是指团体为组织未来的行为设计的计划，它涉及组织方方面面的工作，如政治思想工作、生产业务工作、生活福利工作、公关应急工作等。

3．按时间分类

（1）年度计划。整个年度内个人或组织的生产、工作、学习等计划。

（2）季度计划。反映一个季度内个人和组织所要须知的工作计划。

（3）月度计划。打算在一个月内所要完成的工作计划。

此外，按照时间的跨度进行分类，还可以把计划分为短期计划和长期计划。

短期计划。根据使用者的不同情况，短期计划的时间跨度并不统一，一般而言，年度、季度、月度计划都属于短期计划之列。短期计划一般比较详细具体，具有较强的可操作性。

长期计划。三年以上的计划称为长期计划，或叫长期规划，如三年规划、五年规划、七年规划、十年规划、十五年规划等。长期计划涉及的时间跨度大，一般并不针对某项具体工作，而是对某方面的工作做出纲领性的规划。有些长期计划，如我国发展国民经济五年规划，虽然也比较具体，但总没有短期计划那么详细具体。

四、计划的结构和基本内容

（一）计划的结构

计划在实际运用时，可以根据不同的种类和要求，采用适宜的结构，如条款式、表格式或条款表格兼容式等。不论采用哪种形式，计划的结构还是比较相近的，一般由标题、正文、结尾这几个部分组成。无论采用什么结构，计划的主体都围绕着"做什么""怎么做""什么时候做"这三方面来写。

1．标题

标题又叫计划名称，一般是单位名称＋运用期限＋计划的种类，有的还表明计划的内容要点。如《北京大学 2014 年度教学改革计划》，就包括了单位名称、计划期限和计划种类三项。标题中也可以不出现单位名称，只在正文结尾处写上单位名称，如上例标题就可简化为《2014 年度教学改革计划》。如果计划尚未正式确定，是征求意见稿或讨论稿，须在标题后用括号注明"草案""初稿""未定稿""供讨论用"等字样。

2．正文

正文是计划的主体。制订计划的理由和根据、计划的具体内容、完成计划的具体方法、完成计划的具体时间等内容，必须在主体部分给予表述，做到具体明确，主次分明，条理清晰，言简意赅。

正文一般包括下列几个方面。

（1）前言。前言的作用是简要地说明制订计划的依据和理由，宏观地概括未来总的工作任务。如果是普通的、简要的计划，前言部分可以省略，直接就写计划的目的和任务。

（2）目标和任务。这部分要明确地写出要达到的目标、指标和要求，包括做哪些事，数量上、质量上和时间上的要求等。

（3）措施和步骤。这部分要详细地说明完成任务的具体措施、行动步骤、时间分配以及人力、物力和财力安排等。

（4）其他事项。除上述内容之外，假如还有其他必须注意的事项，如检查、评比、修改计划的办法等，可以放入"其他事项"中加以明确，或以单列条文的形式，或在末尾另写一段的形式予以表述。

3. 结尾

结尾的内容一般包括在执行计划时应该注意的事项，需要说明的问题，或者提出要求、希望和号召等，以作全文的结束。

结尾的最后是落款，要注明制订计划的单位名称和日期。如果在计划标题上已标明了单位名称，结尾处就不必再重复了。上报或下达的计划，要在落款处加盖公章。

此外，与计划有关的一些材料，如在正文里不宜表达，可以在正文后面附表或附图说明。如果需要抄报、抄送某些单位，在正文之后应分别写明。

（二）计划的基本内容

1. 情况分析

制订计划前，要分析研究工作现状，充分了解下一步工作的基础、制订这个计划的依据等。这些具体情况一般有以下几个方面。

（1）情况评估。必须认真研究上阶段的工作，它已经做到了什么程度，有些什么经验教训。

（2）情况分析。根据制订计划的总要求，对计划涉及的情况做全面的分析研究，分清哪些是实施计划的有利条件，哪些是不利条件，实施计划面临的主要矛盾是什么，次要矛盾又是什么，从而使计划建立在切实可靠的情况基础之上。

2. 明确任务和要求

计划的任务和要求就是"做什么"。提出的计划既要符合实际情况，具有可操作性，又要在可能范围内是最高指标，具有挑战性。

如果离开了可能性，计划就不踏实，不但无法实现，而且还会影响执行计划者的情绪和信心；如果计划定得过于保守，虽然留有的余地多了，但在计划执行过程中，也不利于激励执行者充分发挥积极性去争取更好的结果。

3. 确定步骤和措施

在明确了计划任务以后，还需要根据实际条件，确定工作方法和步骤，采取必要的措施，以保证计划任务的完成。应该说，制订出适宜、完善的计划不是最难的事，要实现它才是最不容易的事。

因此，在计划的执行中常常会遇到一些原来所没有考虑到的这样或那样的问题和困难，这是正常的现象。为了保证计划的实现，必须采取切实有效的措施。具体的工作方法、步骤和措施的确定，常常是计划得以顺利完成的关键因素。

五、计划的写作要求

1. 符合国家政策、法律

要符合国家的政策、法律，这是计划制作的原则之一。在制订计划之前，必须认真学习、深刻领会党和国家的有关方针政策。必须从整体利益出发，把本单位、本部门的小计划纳入国家、上级机构的大计划之中，正确处理好个人与集体、当前与长远、局部与整体的关系。

2. 实事求是，留有余地

制订计划，一定要从实际出发，目标定得恰到好处，使之切实可行。计划的写作必须紧紧依据实际情况和发展需要，既要先进，又要稳妥；既要积极，又要留有余地。

3. 具体明确，突出重点

具体明确，是指计划的目的、任务、指标、措施、办法、步骤、负责单位或个人，都应写得具体，明确，切忌含糊不清，职责不明。突出重点，是指计划的内容，要根据每一个时期任务的主次、缓急来安排工作的程序，把其间的中心工作和重点任务突出出来。一般来说，在写作计划时，重要的紧迫的工作应安排在前面，一般的可缓的工作安排在后面。这样写，既能使写作行文错落有致，又能使计划便于执行。

4. 表达方式以说明叙述为主

计划的表达方式：文风要朴实，以说明、叙述为主；语言要简洁明了，朴实自然，讲求实用。行文中不要夹杂不必要的议论。此外，计划的写作也要体现出一定的预见性，事先进行充分的分析和估计，并对一切可能发生的事情，提出有效的预防措施和方案，只有这样，计划的写作才比较周全，按照这样的计划进行工作，就比较主动，就容易取得成功。

【写作模板】

框图模式	计划文字模板
标题 ↓ 正文 ↓ 结尾 ↓ 落款	×××计划 （个人/单位名称＋时间＋内容＋文种） ×××××××××××××××××××××××××××××××××。 （计划的目的+过渡句） 一、目标 1．×××××××××。 2．×××××××××。 ……（目标简单明确即可） 二、措施和步骤 1．×××××××××××××××××××。 2．×××××××××××××××××××。 ……（措施和步骤详细具体，具有可操作性） ××××××××××××××××××××××××××××。 （号召式结尾，写些督促、鼓励、表决心之类的话。这部分可以省略） ××× ××××年×月×日

【实训任务演练】

一、判断题

1．计划的目标不能留有余地，制订了就要坚决执行。　　　　　　（　　）

2．计划的实质是对理想、目标的具体化。　　　　　　　　　　　（　　）

3．计划虽不是正式公文，但一经机关会议通过和批准，就具有正式文件的效能，在制订者所管辖的范围内，就具有了权威性和约束力。　　　　　　　　　（　　）

二、情景模拟写作

新学期伊始，大家都有新的计划、新的奋斗目标，请给自己撰写一份新学期的个人计划。

【相关链接】

计划的分类

计划是为了实现一定时期的目标决策而制定出总体和阶段的任务及其实施方法、步骤和措施而写作的应用文体。常见的规划、纲要、设想要点、方案、安排、打算等，都属于计划类，它们由于时限不等、详略有别、成熟程度不同，所以叫法也不一样，如表2-1所示。

计划类公文包括规划、设想、计划、要点、方案、安排等。

表 2-1　　　　　　　　　　　　　　计划类公文

名称	时限	内容	成熟程度
规划	长期	涉及面广，带全局性和方向性，侧重于目标任务和步骤	一般
纲要	长期	与"规划"相似，内容更概略	一般
设想	长期	内容较概略，不太成熟，带探索性质，是非正式的计划	低
要点	长期或短期	内容概略，侧重于列出目标任务	一般
方案	短期、近期	目标任务、措施方法、时间步骤全面而具体，操作性强	高
安排	短期、近期	任务明确，目标单一，偏重于工作方法和步骤	高
打算	短期、近期	同"安排"相似，成熟性不如"安排"	低

项目三
申请、证明

任务一　申　请　书

【情景导入】

应用文写作教学中，写作教师向学生提问：同学们想一想，人们办什么事情时要写申请书？它有什么作用？王玲说：个人向党、团组织或其他群众团体表示志愿、理想和希望，可以使用申请书。李艳说：在学习、工作、生活等方面有问题，需要请求主管机关、团体、单位领导帮助、支持解决问题时，可以使用申请书。王强说：请求给予某种权利时，也可以使用申请书。像朋友的母亲，2008 年领养了四川汶川地震中幸存的一名孤儿，曾写了一份申请书。李明说：我哥哥大学毕业了，想自己创业，开办公司，是不是也要写申请？教师回答道：是的。申请书是桥梁，它是沟通个人与组织、个人与领导、下级与上级的一种桥梁。在实际工作中使用频率很高，所以我们一定要学会写申请书。

【布置任务】

2014 年王小雅同学毕业以后，在一家上市公司找到了满意的工作。在公司工作了 3 个月，她工作积极主动，踏实认真。实习期已满，欲催促公司为自己转正，需要撰写一份员工转正申请书。

【任务要求】

（1）根据申请的事项，考虑需要写哪些内容，以及内容的主次安排。掌握申请书的格式、内容、结构和写作要求。

（2）申请的事项要具有必要性、合理性，申请的理由要充分，要有说服力。具有对申请书的评析、修改能力。

【例文借鉴】
【例文一】

助学贷款申请书

尊敬的中国农业银行××分行领导：

您好，我是×××××学院信息技术分院 2014 级动漫专业的××，因家庭贫困，特申请助学贷款。

　　我出生于××省××县的一个农村家庭，家里有5口人，6亩地，凭着父母的勤劳和外出打工，勉强可以维持全家生计。但是，就在去年：旱灾导致庄稼欠收；房地产市场萎缩，使得父母无工可打；奶奶的风湿病加重，已经卧床不起；我又考上了大学……面对家庭的这种状况，我时常一个人在夜里默默地流泪，心想：难道我的命就这么苦吗？可就在我苦闷、彷徨乃至绝望之际，我从报纸上、电视上看到听到贵行帮助贫困大学生完成学业的感人事迹，所以我今天毅然向贵行伸出了求援之手。

　　"天行健，君子以自强不息。"我深深地知道：银行不是慈善机构。所以我早已想好了还款计划：我总共借贷6000元，为期两年，毕业前还清贷款。具体还款计划如下：我们家每年庄稼收入可还1500元以上；我每周外出打工，在勉强可以维持生活费的情况下，每周可存50元，一年开课9个月，就是1800元；我再利用寒暑假外出打工，每月可存1000元以上；还有，我远在上海打工的表姐，每学期可提供生活费800元。所以，我是完全有信心、有能力如期连本带息还清贵行的贷款，请贵行大胆地伸出援助之手吧！

　　在学校，我是一名积极向上的学生。××年××月，荣获××荣誉；××年××月获得过××奖励。作为一名21世纪的大学生，应当以诚信为本，我愿意与贵行签订贷款协定，更愿意承担相应的法律责任。

　　最后，恳请贵行，救救我这个苦命的孩子吧！

　　此致

敬礼

　　附件：1. 身份证复印件

　　　　　2. 贫困证明

申请人：××

2014年10月10日

　　【评析】这份申请书格式规范，内容全面，阐述理由较充分。正文开头先介绍家庭情况，主体部分说明家庭经济情况和贫困的原因，结尾部分写今后的决心。内容和结构符合申请书的写作要求。

【例文二】

调动工作申请

尊敬的院领导：

　　我是水利系水工建筑教研室主任。因我家庭生活有实际困难，特向组织提出调动工作申请。

　　我父亲已70岁高龄，还患有冠心病、高血压。我母亲也已68岁，患痛风病多年。长期以来，我不能照顾年迈多病的父母已深感内疚。我与妻子分居5年，5年来，她身负照看父母的重任。特别是今年我的孩子出生后，我们负担重请不起保姆，她一个人更是忙得不可开交，上有父母、下有婴儿，还要上班，十分辛苦。我每星期来回奔波，已力不从心，疲劳难言。花费许多车旅费不说，对工作也造成了较大影响。

　　再者，我们教研室人员超编，教学任务吃不饱，已出现有人无课可代、人浮于事的现象。我负责的工作，自有年富力强的同志来承担，这样更有利于学校的发展。一年前，我曾要求组织将我妻子调入我院图书馆工作，但由于编制有限，最终未能解决问题。现在，距我家不远的××水利科学研究所急需科研人员，且与我专业对口。经联系，已同意我调入该研究所工作。这样，我既可以更好地发挥自己的专长，又能尽孝尽责，照顾好父母、孩子。

　　根据党的有关解决知识分子夫妻分居问题的政策，鉴于我家的具体困难，我恳切地请求院领导能理解我的要求，批准我调入研究所工作。我一定加倍努力工作，报答党的关怀。

　　此致

敬礼

水利系　×××

×××年×月×日

　　【评析】 这份请求调动工作的申请书写得非常得体。称呼谦恭有礼，行文直截了当，陈述理由充分透彻。提出要求明确具体。困难是实实在在的：父母年迈多病，孩子年幼待哺，妻子一人无法应付。要求是合情合理的：既解决了个人的困难，又不影响教学工作，也体谅了学校编制的难处，还满足了对方单位工作的需求。既符合人之情理，又符合党的政策。最后又表达了对党的关怀的感激之情。再加上语言朴实诚恳，态度真诚恳切，这样的申请一定能得到领导的理解。

【例文三】

员工转正申请书

尊敬的领导：

　　我于2014年7月1日成为公司的试用员工，到今天6个月试用期已满，根据公司的规章制度，现申请转为公司正式员工。

　　作为一名应届毕业生，初来公司，曾经很担心不知该怎么与人共处，该如何做好工作，但是公司宽松融洽的工作氛围、团结向上的企业文化，让我很快完成了从学生到职员的转变。

　　在轮岗实习期间，我先后在工程部、成本部、企发部和办公室等各个部门学习工作了一段时间。这些部门的业务是我以前从未接触过的，和我的专业知识相差也较大，但是各部门领导和同事的耐心指导，使我在较短的时间内适应了公司的工作环境，也熟悉了公司的整个操作流程。

　　在本部门的工作中，我一直严格要求自己，认真及时做好领导布置的每一项任务，同时主动为领导分忧，专业和非专业上不懂的问题虚心向同事学习请教，不断提高充实自己，希望能尽早独当一面，为公司做出更大的贡献。当然，初入职场，难免出现一些小差小错还需领导指正；但前事之鉴，后事之师，这些经历也让我不断成熟，在处理各种问题时考虑得更全面，杜绝类似失误的发生。在此，我要特地感谢各部门领导和同事对我入职以来的指导与帮助，感谢他们对我工作中出现的失误的提醒和指正。

　　经过这6个月，我现在已经能够独立处理公司的会计账务，整理部门内部各种资料，进行各项税务申报，协助进行资金分析，从整体上把握公司的财务运作流程。当然我还有很多不足，处理问题的经验方面有待提高，团队协作能力也需要进一步增强，需要不断继续学习以提高自己的业务能力。

　　这是我的第一份工作，这半年来我学到了很多，感悟了很多。看到公司的迅速发展，我深深地感到骄傲和自豪，也更加迫切希望以一名正式员工的身份在这里工作，实现自己的奋斗目标，体现自己的人生价值，和公司一起成长。在此我提出转正申请，恳请领导给我继续锻炼自己、实现理想的机会。我会用谦虚的态度和饱满的热情做好我的本职工作，为公司创造价值，同公司一起展望美好的未来！

　　此致

敬礼

申请人：××

2014年×月×日

【评析】正文首先交代申请人的基本情况，然后写申请的理由，理由说得真切、充分而有条理。

【必备知识】

一、申请书的概念

申请书是个人或集体向组织表达愿望，向机关、单位领导或社会团体提出请求时使用的一种专用文书。

申请书的使用范围非常广泛，个人对党团组织和其他群众团体表达志愿、理想和希望时，可以使用申请书；个人在学习、工作、生活上对机关、团体、单位领导有所要求时，可以使用申请书；下级在工作、生产、学习、生活等方面对上级有所请求时，也可以使用申请书等。因此，申请书就成了沟通个人与组织、个人与领导、下级与上级的一种手段。它不仅可以把个人或单位的愿望、要求向组织或领导表达出来，加深了解，争取帮助与批准，而且可以密切关系，使干群之间、个人与组织之间、个人与领导之间形成联系紧密、协调一致的整体。

二、申请书的种类

申请书根据用途和使用范围不同，可以分为以下几种。

（1）思想政治生活方面的申请。这种申请通常用于个人加入某些进步的党派团体、群众社团组织等，如申请加入中国共产党和其他民主党派，申请加入中国共产主义青年团、工会、工商联等。

（2）个人工作、学习方面的申请。这是求学或在实际工作中使用的申请书，如入学申请书、休学申请书、复学申请书、带职进修申请书、工作调动申请书等。

（3）日常生活方面的申请。日常生活中，人们常常会遇到一些问题，需要组织、单位或领导进行考虑、照顾或给予解决，这时可以提出申请，如申请解决住房困难、申请经济困难补助、贷款申请、申请开业等。

三、申请书的特点

申请书属于书信体的一种，从形式上讲，它符合书信体的格式要求，又因为它是一种专用文书，所以它除了具有一般书信体的特点之外，又有其自身的特点。

（1）申请书属于上行文。所以，在称谓和词语的使用上要符合下对上的行文标准。

（2）明确的请求特性。申请书是一种请求满足某种要求的文书，其要求要具体明确，以利于组织、单位或领导研究解决。

（3）内容的单一性。申请书与一般书信一样，都是表情达意的一种工具，但是，它与一般书信又有区别。一般书信大部分是个人与个人之间互通情况、交换意见、交流感情、商量事情使用的，内容比较广泛，既可以谈私事，也可以谈公事，谈一件事或几件事都可以；而申请书则是个人或下级对上级或机关团体有所请求时才使用，一般是一事一书，内容比较单纯。

（4）文字简明扼要。语言通俗易懂，把请求事项、原因和目的要求说明白即可。

四、申请书的结构和写作模板

1. 申请书的结构

申请书一般都有较为固定的格式，它的内容由标题、称谓、正文、结尾、署名和日期五部分组成。

（1）标题。申请书的标题通常用文种"申请书"作标题，即在申请书的第一行正中位置写上"申请书"三字作为标题。另外，也可以根据申请书的内容标明具体名称，即事由+文种，如"入党申请书""留学申请书"；还可以写明具体要求，如"关于要求参加抗洪抢险突击队的申请书""关于参加计算机培训班的申请书"等。标题的字体可以稍大些，也可以和正文一样。

（2）称谓。也称"抬头""称呼"，即在标题下空一行顶格写明接受申请的组织、机关、团体、单位的名称或有关领导、负责人姓名+同志或姓氏+职务名称等，名称后加个冒号，表示下面有话要说。

（3）正文。这是申请书的主要部分，要写清楚申请的事项、理由和目的要求。正文从接受申请的组织、单位或领导名称下一行空两格处写起，之后则顶格写。申请的事项和理由最好分段写，每段开头都要空两格。这样既保证了内容的单一性和完整性，又条理清晰，使接受人看起来容易把握要领。如果申请的理由比较多，可以从几个方面、几个阶段分别申述。最后，要进一步写明自己的决心、态度和要求，以便组织领导了解申请人的认识和情况，特别是要求加入某个组织的申请书，更要写得具体详细，诚恳而有分寸。

（4）结尾。申请书可以有结尾，也可不要结尾。结尾一般只写"此致、敬礼"之类表示敬意的话。即在正文写完之后，接着写"此致"，另起一行顶格写"敬礼"。如有必要，结尾处还可以写表示感谢、祝颂或保证之类的话。此外，也可以写"敬祈批准""请领导批准……"之类的话。

（5）署名和日期。在结尾下一行（如无结尾，则在正文下一行的后半行处，写上申请人姓名或申请单位名称，如果是单位申请，还要加盖单位公章）。在署名后面或下面另起一行写上申请日期（年、月、日）。

2. 写作模板

框图模式	申请书文字模板
标题 → 称谓 → 正文 → 结尾 → 落款	×××申请书 尊敬的×××（主管领导或主管部门）： 　　我×××××××××（简写原因）××××××××××××××××。（写申请的目的，即申请的事项） 　　×××××××××××××××××××××××。（理由 一：主要的理由） 　　×××××××××××××××××××××××。（理由 二：次要的理由） 　　×××××××××××××××××××××××。（理由 三：……） 　　××××××××××××××××××××××。（决心、态度或要求） 　　此致 敬礼（或写"敬祈批准""请领导批准"之类的话） 　　　　　　　　　　　　　　　　　　　申请人：××× 　　　　　　　　　　　　　　　　　　　××××年×月×日

五、写申请书的基本要求

（1）写申请书之前，要慎重考虑申请的事情有无必要，自己（或单位）是否符合申请的条件、有无得到批准的可能性，不要盲目地、随意地匆忙写申请书。

（2）要把申请的事项、理由、目的和意义写清楚，开门见山、直截了当，不得弄虚作假有不实之词，也不要含糊其辞。特别是申请原因、理由，要突出申请理由的合理性，要写得充分、实在，要有说服力乃至感染力。这样以便接受申请的单位或领导能够透彻地了解申请人或申请单位的意愿、要求和具体情况，以便研究处理。

（3）要考虑对象。写申请书就是要让接受申请书的组织或领导看的，因此，要从这一特点出发来确定申请书的内容和文字。哪些话该写，哪些话不该写；哪些应该这样说，哪些应该那样说，都要认真斟酌裁定。接受申请书的人已经了解的事情，可以少写或干脆不写；对方不甚了解而又有必要说明的内容，就要写清楚。如果所申请的内容已经申请过一次而未获批准或回音，再次写申请书时，就不要重复，只应在原有申请书的基础上，或者强调，或者补充，或者修正，写得具体、明白，诚恳而有分寸，希望得到组织和领导的重视，进行研究解决。

（4）申请书是应用文体，主要用叙述的方法，语言要通俗易懂，文字要朴实准确，表达要简洁明了，态度要诚恳端正。只要把自己的意愿表达清楚、准确、明白、流畅，让人看懂就行，切忌浮泛冗长，东拉西扯，故弄玄虚，有意渲染。字迹要工整，正确使用标点符号。不使用生僻深奥的语言文字，否则会给有关组织、单位或领导造成阅读、理解和研究解决的困难，同时也给人以不严肃、不礼貌的印象，影响申请事项的顺畅解决。

（5）一份申请书一般只申请一件事情，不要同时提出多项申请。否则，有可能会贻误问题的解决。

（6）无论是个人或单位的申请书，都必须符合"这个"人、"这个"单位的实际情况，特别是像入党申请书之类的申请书，对党组织的认识和个人的决心、态度一定要符合本人的经历、工作、生活、思想变化的实际，绝不应照抄照搬，套写范文，毫无个性可言，否则，将影响组织对自己的了解和评价。

写入党申请书，还有其特别的要求。第一，要表明申请入党的愿望。第二，要阐明申请入党的原因。要结合本人成长过程及思想进步的过程，写清对党的认识，说明要求入党的动机。第三，向党组织汇报本人的思想、工作、学习等情况。第一次写申请书，还要向党组织介绍本人的简历及家庭状况，以便让组织进行全面的了解和考察。第四，对照党员标准，具体分析本人优点和缺点，说明成绩，找出差距，提出今后的努力方向。第五，表明自己的决心和态度，表达出希望得到组织帮助、教育，争取早日加入组织的迫切愿望。写入党申请书，要严肃认真，忠诚老实，真心实意，不能弄虚作假，有意隐瞒，欺骗组织。文字要精练，做到言简意赅，字迹要工整，不能马虎潦草。

【任务实训演练】

一、问题诊断：下面是一封申请书，阅读后请回答后面问题。

我是园林科技分院2012届食品检验三班的李琴，现在已经大三了，我会更加努力学习，努力学好科学文化知识，更加严格地要求自己，希望能在今后帮助家里解决经济负担，同时也能为我们社会和国家做一点我微薄的贡献。

在过去的两年里，我成熟了很多，也学会了很多的东西，在思想和能力上都有了很大的进步和提高。在生活方面让我懂得了现实生活的不易与艰辛，使我更加懂得珍惜现在这来之不易的学习机会！让我体会到了父母的良苦用心，使我学会了感恩父母，感恩社会！

我想帮助父母来减轻家里的经济负担，所以要求国家能够给予我帮助，帮助我能够顺利地完成学业。

以上是我的基本情况，望各位领导加以审核！

1．用语是否得体？用词有无不当？应怎么修改？

2．结构上有什么不当之处？申请书欠缺些什么？应该怎么修改？

二、情景模拟训练。

杨涛 2014 年 6 月毕业于×××学院生物技术分院的农畜特产品加工专业。他毕业后积极响应党和政府鼓励大学生自主创业的号召，在看到家乡的核桃、红枣、巴旦木、无花果等特色林果产品喜获丰收时，想利用自己的所学之长，在家乡开办一家特色林果产品加工厂，为市场提供品质优良、营养丰富、绿色健康的林果产品。这样，既解决了自己的就业问题，又促进了家乡林果业的发展。为此，他决定向当地的工商部门提出开业申请，并阐明了自己已具备了开业条件。请为杨涛写一封开业申请书。

三、根据自己在校所学的专业技能，按照申请书的写作要求，写一份创业贷款申请书。字数在 500 字左右。

任务二　证　明　信

【情景导入】

张磊于 2011 年开始在××学院信息技术分院计算机应用专业学习，毕业于 2014 年 6 月。在校学习期间，老师和同学们都认为他是一名责任心强、积极上进、品学兼优的好学生。2014 年 9 月，张磊实习期满，被××公司正式录用，办理转正手续时需要出示毕业证原件及档案，但其不慎在回家途中将毕业证和档案丢失，需要一份证明信，应该写些什么？

【布置任务】

任务一：2014 级园林（1）班的李娜同学，家住××省××县××村，因家庭贫困，拟申请助学金。请你以××村村委会的名义，为李娜同学出具一份家庭经济状况证明信。

任务二：2014—2015 学年第一学期，闫明同学就读于经济贸易分院 2014 级会计与审计（1）班。他经过一学期的学习和反复思考，认为自己确实不适合学习会计和审计这个专业。经院领导批准，转入农业工程分院工程造价专业。他在经济贸易分院学习的时候，公共基础课应用文写作已经学过，并且成绩合格。请你以任课老师的身份为闫明同学写一封免修证明。

【任务要求】

（1）掌握证明信的格式、内容、结构和写作要求。

（2）具备区别证明信和其他专用书信的能力。

（3）能够在实际情景中写作合格的证明信。

（4）具有评析、修改证明信的能力。

【例文借鉴】

【例文一】

贫　困　证　明

××××学院：

贵校学生吴超，是我××县××乡××村人，性别，男，生于 1997 年 9 月 18 日，身份证号 65230119970918××××，家里有 5 口人，6 亩地，家里主要收入是靠父母种庄稼和建筑工地打工。但近年来：旱灾频繁，地里庄稼欠收；房地产萎靡，无工可打；家中老人卧床不起；这孩子又考上了大学，整个家庭陷入贫困，属于贫困低保户。

　　特此证明

××县民政局（公章）

2014 年 5 月 30 日

【例文二】

证　明

××县农业技术推广站：

　　王××原为我校农学系××级××班学生，在校期间曾历任班长、系学生会主席等职。该同学思想觉悟高，学习成绩优秀，工作踏实肯干，多次被评为校"三好学生"、模范干部。

　　特此证明

证明人：李××

××××年×月×日

【例文三】

职业、收入证明

　　兹有_____同志，性别_____，身份证（军官证、护照）号码：_____，自_____年___月___日至今一直在我单位工作，与我单位签订了劳动合同，合同期限为_____。目前在_____部门担任_____职务，税后月工资、薪金所得为人民币（大写）_____元，月住房公积金的单位缴存部分为人民币（大写）_____元，月住房补贴为人民币（大写）_____元。

　　特此证明

单位公章[或人事（劳资）部门章]

年　　月　　日

　　1. 单位名称：_____

　　2. 单位地址：_____

　　3. 联系电话：_____ 邮政编码：

　　4. 人事（劳资）部门负责人姓名：_____

【例文四】

证　明

××日报社：

　　贵报 2010 年 8 月 9 日第 1 版《寻访"8·7"交通肇事目击者》一文我看到了，我就是当时目睹大卡车肇事和赵琴女士（此前我并不知道她的名字叫赵琴）热心救人的"绿衣人"，现将我当时目睹的情况证明如下：

　　2010 年 8 月 7 日晚 11 时，天正下雨，我披一件绿色雨衣（该雨衣是一位外国朋友送的，国内没有生产，所以特别醒目）从朋友处回家，我当时由南向北在福安路上走，行至××银行门口，一个中年妇女站在屋檐下向我招呼，并用带东北口音的话问我附近有没有柜员机。

我俩正说话，一辆大卡车从北向南飞快地开过来，随后只听到一声怪异的急刹车声音，我们回过身，发现那辆车在离我们大约 20 米处撞倒了什么东西。在我们急忙赶过去的时候，那辆大卡车已经匆匆发动起来开走了（我留意到车牌号码的尾数好像是"337"）。我们过去一看，路上躺着一位老人，身边一辆手推车被汽车轧烂了（这条路我刚刚步行走过来时，路上未见这位老人和轧烂的手推车）。此时正好有一辆出租车过来，赵琴女士就招呼我一起将那位老人扶到车上，我因为要赶回家准备出差物品（第二天一早飞往加拿大），心里很急，又看看老人没有生命危险，就拿出 100 元钱交给那位女士，随后就自己回家了，万万没料到赵琴女士因此而蒙受不白之冤。

××日报社，我因业务忙碌，近期又将飞往加拿大，谨以此信证明：

一、"8·7"交通肇事案的肇事者是某大卡车司机，车号尾数大约是"337"。

二、在此案件中，赵琴女士是一个热心救人的好人。

请贵报代我向赵琴女士致以崇高的敬意，如有必要，我愿出庭作证。

特此证明

刘××（盖章）

2010 年 8 月 23 日

【评析】例文一是单位给个人出具的证明，例文二是个人给同学出具的证明，都是证明某人在校的表现情况，具体交代该生在校学习期间所学专业及表现。例文三是单位证明员工的职业、收入情况。例文四属于个人出具的证明信，详细说明了交通肇事案件的时间、地点、自己的所见、所为，以及事情的经过，结尾再次明确证明的事项。以上四篇例文主旨鲜明，格式规范，语言简洁，表述清楚，结构完整，是符合要求的证明信。

【必备知识】

一、证明信的概念

证明信是单位或个人证明有关人员的身份、职务、经历等真实情况或证明有关事件事实真相的一种专用书信。通常也被称为"证明"。

二、证明信的种类

证明信从格式上可分为印刷式和手写式两种；从性质上可分为以单位名义出具的和以个人名义出具的两种；从受文对象上可分为无称谓证明信和有称谓证明信两种，无称谓的证明信没有特定的受文对象，有称谓的证明信有明确的受文对象；从用途上又可分为作为个人证件的、作为档案材料的和作为证明事实属实的三种。

印刷式证明信往往是为了证明出差人员身份，作为随身携带的一种证件，以提供方便。这种证明信是事先编制好的，根据具体情况填写内容。

手写式证明信多是为了证明某人有关情况（如身份、经历、表现）和某事真实情况，作为资料存档或说明情况属实的证据。这种证明信内容广泛，写法随意，可以以单位的名义出具，也可以以个人的名义写出，并由其单位领导签署意见盖章，方能起证明作用。

三、证明信的结构写法和写作模板

1. 证明信的结构

不论哪种类型的证明信，其结构都大致相同，一般由标题、称谓、正文、结尾、落款 5 部分组成。

（1）标题。首行居中冠以"证明信"三个字，或简写为"证明"，也可以像公文标题一样，写成"关于×××同志（或事件）××情况的证明"。

（2）称谓。第二行顶格写明受文单位的名称，之后加冒号。没有特定受文单位的可不写称谓。

（3）正文。根据证明需要，写明被证明事项的全部事实。

（4）结尾。正文结束后，另起一行空两格，写上"特此证明"4个字作结。证明信不写"此致"敬语。

（5）落款。签署证明单位名称或个人姓名，并在署名下注明日期。单位名称要用全称。

2. 写作模板

框图模式	证明信文字模板
标题 ↓ 称谓 ↓ 正文 ↓ 结尾 ↓ 落款	证　明 ×××××（受信的单位或部门）： 　　××××××××××××××××××××××××。 （交代被证明者的单位、姓名、身份、职务等信息）×××××××××××× ××××××××××××。（证明的事项、情况） 　　特此证明 　　　　　　　　　　　　　　　　　　　　　　　×××××× 　　　　　　　　　　　　　　　　　　　　　　　×××年×月×日

四、证明信的写作要求

（1）证明信具有凭证的作用，因此，它要求内容真实可靠，证据确凿。写作时必须实事求是，严肃认真，如实证明。做到言必有据，态度明确。不能马虎随便，敷衍了事；更不能弄虚作假，任意编造。

（2）证明信的措辞用语必须确切肯定，简洁精练，通俗易懂。不必形容，不能夸张，避免含糊其辞，模棱两可，不用可产生歧义或带有推测性的词语。

（3）要针对对方的要求重点证明。如需证明某人的情况，就应该写清楚其经历、身份、学历、职务、职称、表现等相关内容。如要证明某事的实况，就应该把事件的因果关系和本来面目交代清楚。

（4）以个人名义出具的证明信，为了提高可信度，可由其所在单位组织签署意见，写明对证明人的政治、工作等的评价，表明对证明内容的态度，如写上"仅供参考""情况属实"等字样，以便于对方了解证明人的基本情况，从而鉴别证明材料。

（5）证明信必须由证明单位或证明人盖章、签名，否则证明无效。必须用钢笔或毛笔正楷书写，字迹要工整清楚，不能随意涂改。如有涂改，必须在涂改处加盖公章。邮寄证明信时，应予登记，并用特快专递邮寄。还应留存根或底稿，以备以后查证。

【任务实训演练】

一、下面是一封证明信，阅读后请回答后面的问题。

证明信

××××公司，各位领导：你们好！

　　×××同志曾于2008年至2010年在我厂担任技术小组组长，情况属实。你公司×××

同志，于 2006 年 9 月进我厂工作。这个人一贯工作积极，认真负责，有较高的业务水平。特此证明。

　　此致
敬礼

××市××××厂
××××年×月×日

　　1．这封证明信用语是否得体？用词有无不当？应该怎么修改？

　　2．这封证明信内容和结构上有什么问题？应该怎么修改？

　　二、情景模拟训练

　　1．××××职业技术学院 2014 届农产品生产与检测专业的王蕊同学，一周后将参加大学生英语综合能力考试，不慎将身份证丢失。请你以她户口所在地辖区派出所（××市××路派出所）的名义给王蕊写一封证明信。

　　2．赵刚 2009 年毕业于××××职业技术学院，已经在外企分公司工作多年，凭着吃苦耐劳和踏实能干的精神，赢得了领导的高度信任。现他所在的工作单位拟安排他出国到总公司工作学习两年，需要他提供一份原毕业学校的学习成绩证明。请你以××××职业技术学院教务处的名义，给赵刚出具一封证明信。

【相关链接】

申请和请示的区别

　　申请和请示是两种不同的行文用法。申请是向上级或有关部门申述理由，请求批准。请示是下级向上级请求指示。

　　申请的目的是通过向上级或有关主管部门提出自己明确而具体的某种要求并申明理由，以期得到批准。请示的作用在于请示工作要求上级批复。

　　请示与申请的区别具体如下。

　　（1）申请是因业务或事务需要，按规定完成法律程序向上级或职能部门、管理机构、组织、社团说明理由，提出请求，希望得到批准的一种事务文书，也称申请书或申请表。请示和申请都有请求原由、请求事项，但请示是法定公文，申请为专用书信，属于不同文种。

　　（2）请示用于下级机关向上级提出请求，下级只能在上级机关的职权范围内报请需要批准的事项。申请不仅用于下级向上级请求不属于请求范围之内的事项，而且可用于不相隶属的，但按规定、法律程序必须向其请求的机关、单位、部门等。如专门办理有关业务的机构部门（银行、保险、公安、海关、土地管理、工商管理等）。

　　（3）请示的行文对象固定，而申请的行文对象不定。请示的内容限于本系统、本部门的行政公务或政策问题，写法规范。申请的内容不以系统、部门为限，写法不强求一律，且常以填写有关部门印制的各种表格代替。

　　（4）请示的作者是法定的机关、团体，而申请的作者可以是机关、团体，也可以是个人。机关、团体或个人向有关方面递交申请，有时必须按有关规定出具或提交有关证明、证件、文件等，而请示则没有这方面的规定。

　　（5）请示可以带附件，附件是请示的重要组成部分，作为对正文的补充说明或参考。

项目四
调查报告

【情景导入】

　　蔡玲玲，宁波余姚人，目前是××职业技术学院工商管理分院电子商务专业大二学生，现任该校创业园"三味书屋"经理，并在一年不到的时间内，使书屋成为创业园的"后起之秀"。客流量日平均达到 200 人次以上，每月销售额上升到三四万元，在创业园中迅速崛起。

　　店铺单独承包后的第一个月，销售额比三人合伙时翻了一番。随着业务的继续扩张，"三味书屋"目前已拥有员工 36 人，其中店内员工 6 人，市场部 10 人，宣传部 10 人，外联部 10 人，去年年底还一举被评为该校三星级创业公司。

　　根据上面提供的案例，大家分组讨论，如果要成立这样一个学生创业公司，从写作的角度出发，需要做哪些文书准备工作？大家不约而同地想到了去调研。我们来看看这个项目——调查报告应怎样完成。

【布置任务】

　　请同学们成立调查小组，推选组长，由组长负责分配任务，包括拟定调查标题、设计问卷、发放和收集问卷、分析问卷的数据、收集与此有关的其他资料等。调查内容以兴趣为出发点，可以是校园生活方面，也可以是深入社会生活方面，也可以是专业学习方面。

　　下面是参考题目。

　　（1）《大学生课外阅读情况的调查》

　　（2）《大学生就业情况的调查》

　　（3）《大学生对专业认知情况的调查》

【任务要求】

　　（1）把握调查报告的文体特点。

　　（2）掌握调查报告的结构。

　　（3）能够撰写规范、完整的调查报告。

【例文借鉴】
【例文一】

关于大学生兼职情况调查报告

　　大学生学习期间兼职、假期打工，是其参加社会实践活动的形式之一，也是勤工俭学的有效途径。本次调查内容主要是了解在校大学生看待兼职的态度、兼职的目的及收获、兼职所得的支配、兼职与学习之间的关系、兼职中遭遇的问题与困难、家长对于子女兼职的态度。本次调查主要采用问卷的形式进行。调查的对象是××师范学院的学生。总共发放 170 份问卷，回收 154 份，回收率 91%。其中男生占总数的 44.2%；女生占 55.8%（见图4-1），考虑到××师范学院女生占多数，男女比例合理。

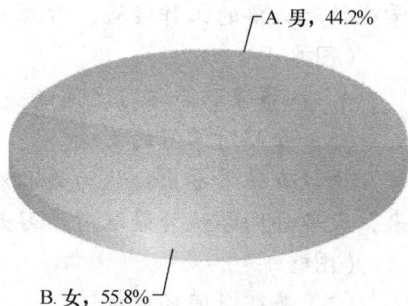

图 4-1　男女比例饼状图

一、调查概况

为了了解××师范学院学生做兼职的基本情况、影响因素，同时调查成立一个介绍兼职工作的中介机构的可行性，××师范学院计算机与信息管理学院 2014 级信管专业学生就大学生兼职情况组成小组于 2014 年 10 月 1 日至 11 月 30日对××师范学院全体学生进行了调查。本次共调查 170 人，有效人数 154 人，其中以大二为主（见图 4-2），为尽可能扩大其调查面，问卷中多以"你或你周围的同学"这样的提法，但这并不能从根本上改变其调查面比较窄的问题，所以不可避免其局部性、片面性。

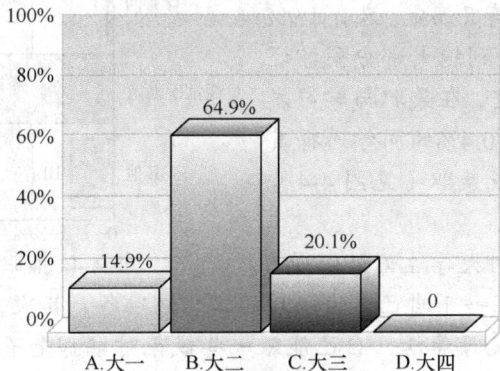

图 4-2　调查年级比例柱状图

二、调查结果的统计与分析

1. 兼职的情况

调查显示在我们身边有超过一半的同学做过兼职；另外，有 22.7% 的人想过要做，但是还没做过；有 17.5% 的人有这方面的打算；仅有 3.9% 的学生没想过（见图 4-3）。由此可见，大学生做兼职的比例还是较大的，兼职现象和兼职观念普遍存在着。

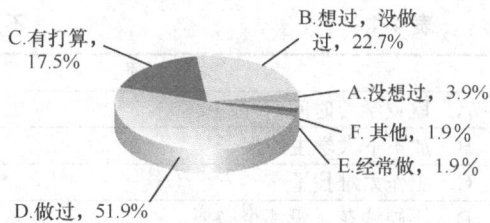

图 4-3

2. 兼职信息获取的途径

由调查结果可知，同学们的兼职信息来源比较狭窄单一。大部分同学获得信息的渠道是同学介绍和校园广告等方式。中介机构因为收费价格问题和同学们关于其安全正规性的考虑，所占的比例并不高。

（图略）

3. 从事兼职的类型及范围

总体来看，同学们兼职的种类繁多。其中家教兼职占了主体地位。而且兼职选择以体力劳动、不需要太多专业知识的工作居多，如促销、发传单、餐饮服务。这主要是由于在校大学生缺乏必要的工作经验，做工的时间限制等因素决定的。

（图略）

4. 从事兼职与学习之间的关系

（1）兼职对学习的影响。

由调查结果看出：认为兼职对学习有积极的促进作用和无影响的比例占到了76.6%，看来，大部分同学认为兼职对学习是有积极作用的。

（图略）

（2）兼职时间的选择。

调查表明，学生做兼职的时间有限定性，50.6%的集中在周末选择兼职，别的时间相对较少。16.9%会选择类似"十一"的长假去工作。14.9%的同学会选择寒暑假去兼职，因为这个时候的时间是最充裕的；而8.4%的同学会在任意空闲时间去做兼职。

（图略）

（3）兼职与学习冲突时的处理。

调查显示，有53.9%的学生始终把学业放在第一位，有33.8%的要视情况而定。只有1.9%的学生会选择逃课。可以看到绝大部分同学还是比较理性的，以学业为重，在兼职与学习发生冲突会选择学业。还有10.4%的同学选择其他，如让别人替自己上课或兼职（见图4-4）。

5. 从事兼职的目的

很显然，做兼职工作对大学生好处还是

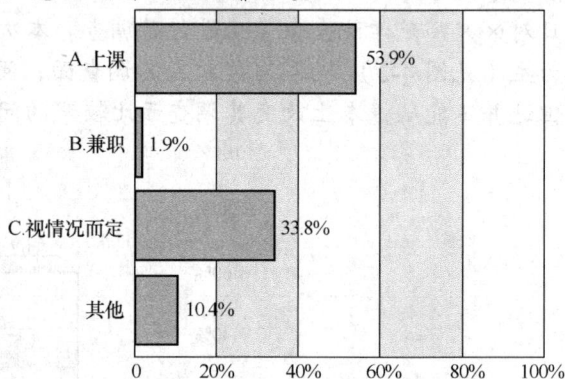

图4-4 兼职与学习冲突时的选择

比较多的：首先，可以锻炼一下自己，为以后的工作做准备；其次，可以为自己赚点零用钱，因为大部分大学生还是靠父母养活，自己能赚一些钱花对谁都是不小的诱惑；另外，还有一些同学是靠做兼职来赚取生活费的。问卷中的第7题能说明问题。

（图略）

6. 不去做兼职的原因（见表4-1）

表4-1　　　　　　　　　　不做兼职的原因

选　项	小　计	比　例
A. 耽误学习时间	87	56.5%
B. 放不下大学生的架子	33	21.4%
C. 工作太难找了	36	23.4%
D. 不缺钱花，没那个必要	45	29.2%
E. 自己水平低，没自信	22	14.3%
F. 其他	15	9.7%
（空）	15	9.7%
本题有效填写人次	154	90.3%

不去兼职的原因汇总于表中。做兼职的工作种类也比较少，调查中，"做家教""节假日搞促销""推销"是最主要的，其他的都比较少。

7. 造成这种现象的原因

造成这种现象的原因可以从第8题、第9题中得到回答。

内在原因：

（1）主观意愿。这因人而异，不同的学生，目标不同，对大学生活也有不同的看法，所以对兼职必要性的看法也就不同了。

（2）人的惰性。人的惰性使人更愿意处于一种目前所处的较为安逸的生活状态而不愿改变，就是懒得去找工作。

（3）耽误学习时间。关于大学生不去做兼职的内在原因的调查中，有56.5%的人填选了该选项。

（4）有29.2%的学生认为不缺钱花，也就没必要去做兼职。这本质上也是主观意愿的不同。

（5）有21.4%的学生放不下大学生的架子，还有14.3%的学生是没自信，觉得自己水平太低了，没什么可以做的工作。当然还有一些我们没考虑到的其他原因。总而言之，学生不去做兼职主要是考虑到耽误学习，其他的方面所占比例不是很大。

外在原因：

（1）工资太低。关于该问题的调查中，有59.1%的学生同意选项。

（2）工作机会少，而找工作的人太多。47.4%的学生同意该选项。

（3）用人单位与学生之间的协调。有30.5%的学生认为，有的用人单位不愿意用学生；有13%的学生认为，用人单位对学生的要求太高，或者是给的工资学生不能接受。

以上是影响学生兼职的最主要的三个外在因素。另外，地区经济的发展情况也是一个重要的影响因素。就学院所在地××市来说，经济不算发达，所以提供的就业机会就少一些，兼职工作自然也随之减少，这必然给大学生找兼职工作加大了难度，有13%的学生同意该选项。当然，还有我们不了解的一些其他因素。

8．对成立中介机构的看法

可行性的态度：

（图略）

对于成立兼职中介机构的可行性的调查，有48.7%的学生认为会对大学生找兼职工作"有一点好处"，18.8%的认为"有很大好处"，共占67.5%的人认为是有好处的。但也有7.1%的学生认为是有坏处的，这也很值得考虑。如果有这么一个机构，有57.1%的学生认为自己"会去的"，可见市场还是比较大的。

由统计结果看出，106名学生对成立中介机构表示同意，47名学生抱无所谓的态度。只有一名学生反对。

对兼职中心的建议，具体总结如下。

（1）应正确引导学生做兼职，及时发布兼职信息。

（2）收费要合理，推荐费要比市场上的价格低，或免收服务费。

（3）对兼职单位的合法性进行调查，确保兼职学生的人身财产安全。

（4）跟踪服务，解决后顾之忧。

三、结论

目前××师范学院的学生的兼职情况并不是很好，与其他地区的院校相比做兼职的比例要小一些。造成这种现象有内在原因，也有外在原因，如上分析，这里不再叙述。如果成立一个为大学生找兼职工作的中介机构的话，还是可行的。

（一）学生方面

1．抓住主要矛盾，学习才是创业的基础

学生做兼职实际上是对社会实践经验存在一个认识上的误区。作为学生，在大学4年里，应当抓住主要矛盾，以学习为主。至于那些经济上有困难的学生，更应该努力学习，争取学校的奖学金、国家奖学金以及创新基金。到了大四或暑假，将有大量时间用来提高社会实践能力。现在的低年级同学过早过多地做兼职，影响了学习，就不免本末倒置了。

2. 正确衡量自己，量力而行，适可而止，慎重选择兼职工作

大学生兼职不要盲目地以赚钱为目的，要着重选择与自己专业对口的兼职工作，这样才能更好地锻炼自己。而且要选择能增加或增强某种专业技能的兼职，为自己今后的就业拓宽道路。

3. 加强法律意识及自我保护意识，更好地融入社会

校外找兼职的同学，要对自己从事兼职的公司多加了解。很多做兼职的学生遇到麻烦时，不会利用法律武器来维护自己合法的权益，自我保护意识还比较薄弱。在工作前应签订协议来维护自己的合法权益，遇到不能理解或不能解决的问题可以向老师询问，请求帮助。同时也要注意自己的人身财产安全。在做兼职时，要告知自己的老师或家长，以防以后出现问题时自己不能妥善地解决。

4. 更新兼职观念，树立正确的兼职观

兼职不只是为了报酬，更重要的是为了锻炼能力，实践所学知识。在做兼职和做工时要树立"有益有效"原则。"钱"程不是兼职的最终目的，真正的深层意义是"前"程，我们更应该关注兼职对自己能力的提高及对日后工作经验的积累，不要盲目地追求经济利益。要将学习知识和实践能力很好地统一起来，是我们对于兼职的过程和目的所应看重的。同时也会有助于我们学会正确处理好学习与兼职的关系。学业是不可以放松的。

（二）学校方面

1. 学校成立专门的大学生兼职中介机构

学生们的信息渠道狭窄，主要是同学介绍、展贴板上写的小广告信息和互联网。这些来源提供的兼职信息鱼龙混杂，泥沙俱下。

科学指导。鉴于大部分学生选择在课余和周末做家教，可以考虑在团总支学生会下设立兼职家教服务中心。

2. 引导学生树立正确的兼职观

多培养学生从事层次更高、意义更深的兼职。因为正确的兼职观有助于树立正确的就业观。

3. 拓宽兼职门路，丰富校园兼职资源

开发兼职市场，让社会了解学生兼职状况。社会用人单位大多只青睐学生廉价劳动力，很少关注大学生的专业知识。学校可以主动积极联系一些有信誉、有经验的公司，为有兼职需要的学生提供一定的兼职岗位，同时这样做也对学生的安全提供了保障。

【评析】这则调查报告通过大量的图表和数据，详细地报告了××师范学院学生做兼职的基本情况、影响因素等内容。调查报告观点明确，条理清楚，具有较强的指导意义。

【例文二】

关于大学生创业的调查报告

（缘由）11月6日至11月10日，第四届"挑战杯"中国大学生创业计划竞赛决赛在××大学校园内轰轰烈烈地展开，一下子"大学生创业"成了热门话题，吸引了不少人的眼球。利用这次难得的机会，我们专门针对这群来参赛的学生和××大学校园里的学生（对象和范

围）对"大学生创业"（内容）这个话题做了一次大型的问卷调查。

（方法）本次调查采用非概率抽样（严格意义上的随机调查），样本来源于第四届"挑战杯"创业计划竞赛的活动现场，包括"两岸三地学生创业沙龙"和"公开答辩"的现场，分别取得样本 58 份和 72 份。共发出问卷 200 份，回收 130 份；样本来源于 15 个高校（包括两所台湾地区的高校和一所香港地区的高校）；××大学本校学生 103 人，兄弟院校学生 27 人（包括台湾、香港两地的学生 8 人）；其中参加过创业计划比赛活动的有 29 人。

一、创业观念已被众多大学生接受

经历了 20 世纪 90 年代的创业高潮后，从非理性创业到较理性创业，现在高校大学生的创业观念日趋成熟，大部分学生接受了创业的观念。调查表明，选择愿意尝试创业的比例为 86.9%，这说明了创业在学生心目中是被认可的。而担心创业失败遭受歧视和担心创业后失业的学生仅仅分别占了 9.8% 和 7.3%。创业这一项具有挑战性的活动被认可为一种思想解放的结果。

（分析）数据显示，学生能理性地决定是否选择创业。因为找不到工作而创业的同学仅占 4.2%，而有 88.9% 的同学对创业具有自己的判断，不会轻易接受创业的鼓动。有 64.2% 的学生能清醒地认识到创业失败可能带来负债。创业并不是赛跑，想跑就跑，必须具备诸多条件后才能进行，高校大学生对此有较高的理性认知能力。（结论）

（分析）对于高校学生创业的目的：认同实现自我价值的占 88.5%；认同改善经济处境的占 49.2%；认同服务社会的占 45.8%。从以上可以看出，现代高校大学生创业的主要目的在于实现自我价值，但也不排除实现经济盈利和承担社会责任的因素。创业是为了实现自我价值，这是创业的魅力所在。（结论）

虽然高校学生对创业观念有了较好的认同，但同时，对创业还存在一些误区。首先对什么是创业这一问题，调查发现，很多受访者将创业等同于创办企业，这个比例高达 92.1%。事实上，创业是一个广泛的概念，广义的创业观念可以体现在生活中的许多方面。也有相当一部分受访者把创业等同于创意，并认为创意是创业的第一步，这个比例是 78%。创意固然重要，但重要的还是执行创意的能力；另外，创业不仅仅是一个创意，而是由一连串成功执行的创意组成的。

其次，大学生市场风险意识依然不够。受访者在考虑创业的时候，更多关注的是创意、资金和团队，考虑到市场风险的学生只有 32.8%；而真正在创业的学生，他们则很有市场风险意识，比例提高到了 73.2%。

对创业认识的不足还表现在理想化的创业认识。受访者认为，在创业过程中，最重要的因素是坚强的信念，占 88.9%；其次是创意，占 87.6%；再次是选择创业伙伴，占 60.9%；然后是资金，占 54.7%；接着是社会关系，占 46.9%；最后是工商管理经验和专业技术知识，依次是 43% 和 42.2%。这说明了很多大学生对创业停留在想象上，表现出理想化的倾向。实际上，创业有很多理性的决策和分析，不可能是一种理想活动。

对于不愿意尝试创业的同学来说，他们有其他自己认为更好的选择，其中，选择考研的占 51.4%，选择进入工商部门的占 48%，这说明了那些暂时不选择创业的人的选择就是继续深造或者积累实际经验。这种选择其实也在为创业做准备。

二、大学生渴望创业扶持

在创业初期，学生很希望能获得支持，这种愿望比较迫切，扶持单位包括金融投资部门、社会服务组织、成功人士和政府机构，这也说明了创业并不是一件个人的事情。创业靠团队，靠社会大环境，创业初期必须得到扶持，企业才能发展壮大。

调查显示，创业初期，创业者最希望得到的帮助和扶持首选金融投资部门，这个数据达到了 63.5%，其次是社会服务组织，再次是政府机构，分别占 45.2% 和 28.6%。创业者希望从政府机构获得帮助的愿望并不很高，很多不知道或不了解政府对学生创业的优惠政策，这表明相关宣传还没有到位。

对于创业，学生希望学校提供支持最迫切的就是创办学生创业服务机构，这个比例高达 85.6%，这也说明了创业应该是学校里的一门功课。创业服务机构就如同就业服务机构一样，同样应该是学校教育延伸的一种教育服务。

学生创业在融资渠道的选择上更倾向于向亲戚、朋友、同学等人筹借，金融投资部门也是在重点考虑之内，但前者最为重要，为 32.5%。这在某种意义上可以说目前社会还是一个"熟人社会"，私人关系非常重要，还没有形成一个制度化的融资渠道。靠私人关系有利有弊，但更关键的是尽快形成一个科学而有效的融资渠道。

在创业初期，大学生还希望能了解并熟悉市场，这种愿望十分强烈，达到 75%。这从另外一个角度说明，在校大学生希望能接触社会、接触市场，从而洞悉市场机会，并把握住机会。"两耳不闻窗外事"的时代一去不复返了。为了让大学生更好地接触社会，架设一条通向社会的桥梁尤其重要。

三、创业教育不可缺失

在调查中发现很多人对"创业教育"的字眼感到陌生，很难把创业跟教育联系起来，因为创业更多的是一种实践，他们只是要求在学校教育中开设与创业相关的课程。创业教育的缺失正是创业精神的缺失。

"挑战杯"创业计划竞赛是一种模拟创业活动，但还是有很多人并不认为这就是创业，有 52.8% 的人声明参加创业计划竞赛的目的是为了增加工作经验和结识工商界精英，这也表明了过半的人参加创业计划竞赛并不是为了纯粹创业，而是为了找一份好工作增加就业筹码。创业计划变成一种工作资历、一种就业资本，这是不是对创业的一种讽刺？

我们的调查发现，仅有 12.8% 的人表示是为了荣誉而参加创业计划竞赛，更多的人还是关注创业活动本身。竞赛固然能带来荣誉，但创业本身并不是作秀。也许是创业计划大赛只是一种模拟的创业活动，有 48% 的人是为了体验创业过程而参加创业计划大赛。他们的一个直接目的就是增加对创业的感性认识，而不是真正的创业。另外，还有 48.8% 的人是为了完善创业计划，为以后创业直接增加经验，这些是抱着比较明确的目的来体验的。创业大赛既然是模拟，那么就趁着年轻，过一把瘾。

由于创业教育的缺乏，过半数的学生希望学校开设创业方面的选修课，这个比例达 56.9%。另外，还有 39.4% 的人希望能修改学制，使之更倾向于创业实践。

学校是不是应该肩负起创业教育这个责任，并修建一条从文化教育系统通向社会工商系统的桥梁？

××大学创业创新协会会长岳建飞老师认为：面对严峻的就业形势，学生自主创业将成为重要的就业形式。但是，很遗憾的是，全国高校大都缺乏系统有效的创业扶持体系。因此，开展大学生创业教育，构筑一个从创业教育到创业服务的具有层次性和系统性的创业扶持体系，从实处扶持大学生创业是××大学创业创新协会正在努力的方向。

"挑战杯"在创业教育方面意义重大。可以说，"挑战杯"创业计划竞赛主要是以吸引风险投资为目的的创业行为；在创业教育方面，它对创业的项目进行包装，使参赛学生能收获到各方面的创业知识，从而得到创业精神与创业能力的双重收获。对学生来说，更重要的还是后者。学生可以通过"挑战杯"走向创业之路，但创业路千万条，有些即使在比赛中失败了，却依然可以走自己的创业路。"挑战杯"从某种意义上说，更注重的是比赛本身，是对学生进行创业教育的载体。

四、创业背景决定是否创业

在调查中发现，那些热门科系的学生，也就是就业前景比较好的学生，例如，经济系、会计系、法律系等（理工科则是计算机系、化工系等），他们的创业愿望和创业热情是最高的。"挑战杯"竞赛现场所得到的调查问卷大部分来自这些科系的学生，历史系和中文系的学生较少，文、史、哲系的参与者加起来总比例不超过8%。创业不是专利，但有"壁垒"。

××大学科研处处长王旭教授指出：创业计划大赛就是通过自己的理念和实践设计出方案，为企业、公司进行的生产创造效益，从这个意义上说，类似于教师科研的产、学、研相结合的状况。中国原来的研究多注重理论和单纯研究，缺乏相应的实践应用。而就创业本身来看，是理工科的专利，因为它关键在于沟通信息，把信息与效益直接对接起来，并不存在理论方面更深层次的探讨。因此，创业似乎与文科的结合并不密切。而对于文科学习者，应该关注的就是如何把文、史、哲知识应用到创业当中去。理科的学问可以生成一个公式，工科的学问也许能直接产生效益，但受到市场的限制。文科注重的则是整个社会的人。文科的功能不可以量化，但影响却是非常广泛的。在创业过程中，应当文科与理工科相互结合，发挥文科的基础性作用。例如，在一项产品面市之前，需要了解到当地的传统、文化及生活背景。

创业有很强的示范作用，一般而言，身边有人创业的人更倾向于创业。调查发现，拥有强烈创业愿望的人有不少的亲戚（调查占比28.7%）、朋友（调查占比24%）进行创业，而他们本身，有48.1%跟企业家接触过或很熟悉，有48.8%都是从身边的人开始了解创业并且决定创业的。榜样的力量是无穷的。创业是一种挑战，所以也适合那些对迎接挑战有所准备的人。

此外，由于"创业热"的兴起，学生创业显然受到了大众媒体的影响，接近半数（48.4%）的学生是通过身边的人了解创业，其次是通过书本（45.8%）、活动（37.7%）、媒体（35.2%）了解的。较多的大学生创业实际上是一种激情而非理性。在调查中，参加过创业活动的仅占37.7%，创业活动相对缺少，创新意识相对缺乏，还有创业教育的暂时缺席，所以大学生创业大多是激情创业，经验不足，热情十足。创业成功来自理性，创业开始必须是理性，创业过程才是激情，不可相反。

在校学生很多没有选择创业，但他们都选择了兼职。有81.2%的人认为学生兼职是很好的行为，有52.8%的人认为兼职对创业很有帮助，是创业的第一步。兼职不等于创业，但二者的努力目标也许是一致的，就是实践。

（来源：中国大学生创业网，编者稍做修改和整理）

【评析】这篇调查报告采用了公文式标题，前言部分交代调查背景、意义。主体部分采用小标题的方式从对大学生"创业观念"的调查、大学生希望得到的"创业扶持"、大学生"创业教育"的缺乏以及对大学生"创业背景"的分析等几个不同方面说明了调查情况。该调查报告采用问卷调查方式，因此，依靠大量的数据材料说明问题。同时，运用个别采访的方式，获取了专家分析的信息材料作为补充。全文材料翔实，叙议结合，观点明确。

【必备知识】

一、调查报告的概念

调查报告是通过对典型问题、情况、事件的深入调查，经过分析、综合，揭示出客观规律的书面报告。调查报告是一种重要的公务文书，应用范围相当广泛。它可以为党的方针、政策的制定和修改提供有价值的第一手材料；为领导机关掌握情况、研究问题、进行科学决策提供依据；可以引导人们正确看待社会的热点、焦点问题，为"两个文明建设"服务。

二、调查报告的特点

1. 针对性

调查报告应社会的实际需要而产生。在党和国家的各项方针、政策贯彻执行中，常常会出现新情况、新问题需要研究解决，也常常有好的经验需要推广，调查报告正是从这一客观需要出发，就现实工作急需解决的各种问题，有针对性地进行调查研究之后所做的书面回答。

2. 真实性

调查报告是为解决实际问题撰写的，因此，客观事实是调查报告赖以存在的基础。写调查报告，从调查对象的确定，到开展调查活动，从对问题的分析研究，到提出解决问题的途径，都要以大量的充分确凿的事实作为依据。真实是调查报告的生命线。

3. 论理性

调查报告不同于一般文章，就在于它是通过对大量材料的分析与综合，揭示出事物的客观规律。分析与综合的过程，揭示事物客观规律的过程，就是论理过程。由事论理，寓理论事，最后引出结论。

4. 典型性

调查报告的典型性表现在两个方面：一是调查对象典型；二是文章所运用的材料典型。好的调查报告不仅对调查对象总结工作、提高认识具有指导意义，更重要的是对全局性工作具有现实意义和普遍的指导意义。

5. 时效性

调查报告回答的是当前工作中迫切需要解决的问题，它的时间性很强。因此，写调查报告，从调查研究到定稿的各个环节都要抓紧时间，否则，"时过境迁"，就失去了指导意义。

三、调查报告的分类

根据内容的不同，调查报告分为基本情况调查报告、新生事物调查报告、典型经验调查报告和揭露问题调查报告等。

1. 基本情况调查报告

这是关于某一领域、某一地区、某一单位或社会的某一方面基本情况的调查报告。

2. 新生事物调查报告

这是及时向社会比较全面地介绍某一新生事物的调查报告。调查报告通过揭示新生事物成长的规律及其产生的意义，向人民群众展示它的强大生命力，并通过预见性的判断推出它的发展趋势，达到指导工作的目的。

3. 典型经验调查报告

这是对某一地区或单位贯彻执行党和国家的方针、政策的典型经验进行总结、推广的调查报告。它不仅可以起到表彰先进、树立典型的作用，而且可以推广典型经验，用于指导面上的工作。

4. 揭露问题调查报告

这是对工作中发生的重大事故、出现的严重失误所写的调查报告。这种调查报告通过全面、深入、细致的调查，用确凿的事实说明事故或问题发生的原因、情况和结果，分析其产生的背景及性质，以澄清是非，查明真相，达到解决问题，批评教育，告诫人们吸取教训的目的。

四、调查报告的撰写

撰写调查报告要把握三个环节。

一是深入调查，获取材料；

二是认真分析研究，揭示客观规律，确定主旨；

三是精心谋篇布局，完成拟制撰写工作。

调查研究是撰写调查报告的先决条件。没有调查研究，就没有报告。只有进行深入细致的调查研究，占有丰富的材料，才有写好调查报告的基础。通过调查获取大量材料，通过分析整理、分析研究，归纳一个个论点，在此基础上，才能找出规律性的东西，这是调查报告的主旨。

调查报告的结构、内容和写法的基本要求介绍如下。

调查报告一般由标题和正文两部分组成。

1．标题

调查报告的标题形式比较灵活，通常有两种构成形式：一种是单行标题，另一种是双行标题。单行标题又分两种形式：一种是公文式标题，由事由和文种构成，如《关于邯郸钢铁总厂管理经验的调查报告》；另一种是内容概括式标题，如《联合之路就是生财之路》《湖南农民运动考察报告》。双行标题又叫主副式标题，由主标题和副标题构成，如《亏损企业的现状不容忽视——关于××市亏损企业的调查报告》。无论采用哪种形式拟制标题，都要力求做到简洁、醒目、观点鲜明。

2．正文

调查报告正文的结构一般由前言、主体和结尾三个部分组成，其各部分的基本内容和写作要求如下。

（1）前言。着重介绍基本情况并提出问题。一般概括说明三方面内容：一是调查工作的基本情况；二是调查对象的基本情况；三是调查研究结论的提示。但不同的调查报告，前言内容的基本事项不完全相同；也有的调查报告没有前言部分，起笔直接进入主体部分。

（2）主体。这是调查报告的核心内容，也是对调查研究结果的具体引证、说明部分。其结构形式主要有两种：一种是纵式结构，根据事物的发生、发展、结局过程来组织材料；另一种是逻辑结构，即根据事物的内在联系，分几个部分来安排材料，各部分可以设小标题，也可用序号标出，各部分之间可以是并列关系，也可以是递进关系。

（3）结尾。调查报告的结束语，带有结论性质，总结概括全文，提出相关的建议或对策等，是分析问题、解决问题的必然结果，要求简明扼要，言尽即止。

五、撰写调查报告应注意的问题

1．掌握分析研究三部曲，揭示事物的客观规律。分析研究贯穿于调查报告写作的全过程。首先，调查本身就伴随着分析研究。没有分析研究，就不可能选准调查对象；没有分析研究，调查的内容、方法、提纲也不能事先确定。其次，面对调查获取的大量原始材料，要进行去粗取精、去伪存真、由此及彼、由表及里的分析研究。最后，只有经过认真的分析研究，才能真实地反映由材料分析到提出观点得出结论、提出建议办法的必然性。这一步分析研究与前两步的分析研究有所不同，它是前面两步分析研究的集中体现，因而更深入、更完整、更系统，更具有理论价值。

2. 用事实说话，把观点和材料统一起来。应该注意两点：一是要善于选择运用具体、典型的材料说明观点，其中包括典型事例、综合性材料、对比性材料和数据等。二是善于综合运用叙述、说明、议论的表达方式，把观点和材料紧密结合起来。

【写作模板】

框图模式	调查报告文字模板
标题 ↓ 前言 ↓ 主体 ↓ 结尾 ↓ 落款	关于×××××××××的调查报告 ××××××××××××××××××××××××× ×××××××××。（有几种写法：第一种是写明调查的起因或目的、时间和地点、对象或范围、经过与方法，以及人员组成等调查本身的情况，从中引出中心问题或基本结论来；第二种是写明调查对象的历史背景、大致发展经过、现实状况、主要成绩、突出问题等基本情况，进而提出中心问题或主要观点来；第三种是开门见山，直接概括出调查的结果，如肯定做法、指出问题、提示影响、说明中心内容等。前言起到画龙点睛的作用，要精练概括，直切主题） ×××××××××××××××××××××××××× ××××××××××××××××××××××××× ××××××××××××××××××××××××。 （详述调查研究的基本情况、做法、经验，以及分析调查研究所得材料中得出的各种具体认识、观点和基本结论） ××××××××××××××××××××××××× ×××××××××××××。（可以提出解决问题的方法、对策或下一步改进工作的建议；或总结全文的主要观点，进一步深化主题；或提出问题，引发人们的进一步思考；或展望前景，发出鼓舞和号召） ××× ××××年×月×日

【实训任务演练】

一、标题和导语训练

仔细阅读本项目调查报告的例文，说说标题和导语（前言）的作用，然后为下面这份微型调查报告加上标题和导语。

根据调查，北京市企业在"十五"期间对技术工人的需求占企业职工总量的40%，而现在的数量是30%，不能满足需求。相差的这10%具体到人数上就是30多万人。而从供给方来看，北京每年中专、职高和技校三类中等职业技术学校毕业的学生只有7万～8万人，近几年的平均就业率始终保持在95%以上，已经出现供不应求的局面。

技校的培养定位是在企业一线操作的技术工人。目前职业技术学校毕业生供不应求的主要原因是，北京的职业技术学校处在"一冷一热"的状况，即"入学冷，毕业热"。这主要是由于北京的经济比较发达，家长对子女的期望很高，都以考高中和大学为首选，希望以后做管理，当白领。而从社会和企业的真正需求来讲，不但需要搞研发和搞管理的人才，更需要能将规划和图纸变成现实的一线操作人员。

技术工人的待遇低也是造成原有技术工人流失和后备技工不足的一个重要因素。前些年许多企业经济效益不好，当时的企业领导者更关注企业的结构调整和产品研发方面，缺乏对职工的培训，也是技术工人缺乏的因素之一。

现在北京缺乏的是高技能和复合型人才，随着传统技艺的提升和北京振兴现代制造业的要求，北京在数控机床、汽车、仪表的技术工人方面有很大需求。另外，餐饮、烹饪等服务业人才也处于缺乏状态。

二、阅读下列材料，回答文后的问题。

三问南海信息化
——对广东省南海市推行信息化的调查报告

南海是广东省的一个县级市，这个市的最大特点是信息化建设的超前性。听说，这个市目前已经做到村村通光纤、户户可上网。还听说，这里小学三年级起就开设网络课，对所有公务员都普及网络知识。还听说，在这里连农民都热衷上网……

来南海前，我们曾产生这样三个疑问：在南海，网络究竟会不会成为摆设？南海的信息化对传统产业有多大作用，是否能产生催化和倍增效应？南海经济相当发达，一个经济发达地区的经验究竟有无示范效应？

11月22日和23日，广东省、工业和信息化部先后在广东南海市召开两个现场会，推广南海市的信息化建设经验。利用这个机会，带着三个问号，我们对南海信息化建设进行了调查。

1. 这篇市场调查报告的标题属于何种类型的标题？这个标题具有哪些要素？

2. 调查报告的前言，一般要写哪些方面的内容？

3. 这篇调查报告的前言实际撰写了哪几方面的内容？

三、写作题

1. 以"发扬勤俭美德，树立正确的消费观"为主题，以周围学生为调查对象，根据他们的生活态度和表现，写一份调查报告，题目自拟。

2. 现在就业压力大，毕业生找工作难上加难，就此现象做一市场调查，并写一份调查报告说明哪些部门人员饱和，哪些部门人员紧缺，如何让学生更适应社会需求。

【相关链接】

调查问卷的撰写与设计

要想撰写好调查报告，搜集资料是关键。常用的搜集资料的方法之一就是调查问卷，它是调查的一种重要工具，用以记载和反映调查内容与调查项目的表述。

一、问卷的基本结构

一份正式的调查问卷一般包括以下四个组成部分：标题、问卷导语（前言）、正文和结束语。

第一部分：标题。问卷的标题概括地说明调研主题，使被访者对所要回答的问题有一个大致的了解。问卷标题要简明扼要，但又必须点明调研对象或调研主题。如"学生宿舍卫生间热水供应现状的调研"，而不要简单采用"热水问题调查问卷"这样的标题，否则这样无法使被访者了解明确的主题内容，妨碍接下来回答问题的思路。

第二部分：问卷导语（前言）。导语主要是对调查目的、意义及填表要求等的说明，这部分文字须简明易懂，才能激发被调查者的兴趣。

第三部分：正文。将调查的若干问题及相应的选择项目有限度地排列，要求被调查者回答。

第四部分：结束语。一般是一段短语。内容是向被调查者的合作再次表示感谢，以及关于不要漏填与复核的请求。结束语要简短明了，有的问卷也可以省略。

二、调查问卷的导语

导语的书写注意以下三个问题。

（1）与调查的内容和调查对象相吻合，突出本次调查的主要问题和现象。

（2）要调动被调查者的积极性，体现被调查者完成本次调查的重要作用。

（3）最后要对被调查者表示感谢，写一些祝愿的话语。

另外，卷首最好要有说明（称呼、目的、填写者受益情况、主办单位），如果涉及个人资料，应该有隐私保护说明。例如：

尊敬的同学，您好！为了更好地了解现在×××××的情况，我们进行了这次匿名的问卷调查活动。您的答案对我们来说非常重要和有价值。非常抱歉占用您的宝贵时间来填写我们的问卷，您认真的填写是对我们工作的极大支持，我们表示衷心的感谢，并预祝您在今后的学习和生活中身体健康，万事如意。

三、调查问卷提问的方式

调查问卷提问的方式可以分为以下两种形式：

（1）封闭式提问。也就是在每个问题后面给出若干个选择答案，被调查者只能在这些备选答案中选择自己的答案。例如：

- 您对这种远程学习方式适应吗？　　是（　）　　　否（　）
- 学校提供的上网服务适合您的需要吗？

适合（　）　　　基本适合（　）　　　基本不适合（　）　　　不适合（　）

（2）开放式提问。就是允许被调查者用自己的话来回答问题。由于采取这种方式提问会得到各种不同的答案，不利于资料的统计，因此，在调查问卷中用得不宜过多。例如：

在学校提供的服务中，哪些您喜欢，哪些您不喜欢，还需要增加哪些服务？

您为什么要选择开放式学校来学习？

四、调查问卷设计的注意事项

（1）先易后难，先简后繁，被调查者熟悉的问题在前。问卷头几个问题的设置必须谨慎，招呼语措辞要亲切、真诚，最前面几个问题要比较容易回答，不要使对方难于启齿，给接下来的调研造成困难。

（2）提出的问题要具体，避免提一般性的问题。一般性的问题对实际调研工作并无指导意义。例如，"你认为食堂的食菜供应怎么样？"这样的问题就很不具体，很难达到想了解被访者对食堂饭菜供应状况的总体印象的预期调研效果。应把这一类问题细化为具体询问关于产品的价格、外观、卫生、服务质量等方面的印象。

（3）一个问题只能有一个问题点。一个问题如有若干问题点，不仅会使被访者难以作答，其结果的统计也会很不方便。

在问卷中要特别注意"和""与""、"等连接性词语及符号的使用。例如，"你为何不在学校食堂吃饭而选择在校外吃饭？"这个问题包含了"你为何不在学校食堂吃饭？""你为何选择在校外吃饭"和"什么原因使你改在校外吃饭？"等问题。防止出现这类问题的最好方法就是分离语句，使得一个语句只问一个要点。

（4）要避免带有倾向性或暗示性的问题。例如，"你是否和大多数人一样认为某某食堂的菜口味更好？"这一问题带有明显的暗示性和引导性。"大多数人认为"这种暗示结论的提问带来两种后果：或是被访者会不假思索地同意引导问题中暗示的结论；或是使被访者产生反感，既然大多数人都这样认为，那么调研还有什么意义，从而可能拒答或是给予相反的答案。所以，在问句中要避免使用类似的语句，如"普遍认为""权威机构或人士认为"等这类语句尽量避免。此外，在引导性提问下，被访者对于一些敏感性问题，不敢表达其他想法。因此，这种提问是调研的大忌。

（5）先一般问题，后敏感性问题；先泛指问题，后特定问题；先封闭式问题，后开放式问题。

（6）要考虑问题的相关性。同样性质的问题应集中在一起，以利于被访者统一思考；否则容易引起思考的混乱。还要注意问题之间内在的逻辑性和分析性。

（7）提问中使用的概念要明确，要避免使用有多种解释而没有明确界定的概念。问卷中不得有蓄意为难被访者的问题。

（8）避免提出断定性的问题。例如，"你一天花在自习上面的时间有多少？"这个问题的潜在意思就是"你一定自习"。而对于不是每天都自习的人来说，这个问题就难以回答。因此，在这一个问题之前可加一个判断性问题，即"你有每天自习的习惯吗？"如果回答"是"，可继续提问，否则就可终止提问。

（9）一些问题不要放在问卷之首。如关于被访者的私人资料，令人漠不关心的问题，有关访问对象的生活态度的问题等。

（10）最后问背景资料问题，必要的时候为了统计和分析的需要必须问被访者一些背景资料。

【例文】

大学生兼职情况调查问卷

亲爱的同学：

你好，我们来自××学院××分院××班级第一调查小组。为了了解你在大学期间的兼职状况，特做此次调查问卷，我们对你填写的内容负有保密义务，请填写你的真实想法，真诚感谢你的参与，谢谢合作。

性别_____　　民族_____　　年级_____

1. 你来自哪里？
   A. 农村　　　　　　　　　　　　B. 城市
2. 你的家庭月平均收入为：
   A. 1000 元以下　　B. 1000~3000 元　　C. 3000~5000 元　　D. 5000 元以上
3. 你平均一个月用多少生活费？
   A. 400 元以下　　　　　　　　　B. 400~500 元（包含 500 元）
   C. 500~800（包含 800 元）　　　D. 800~1200 元
   E. 1200 元以上
4. 你的生活费主要来自哪里？
   A. 家中补给　　　B. 在外做家教　　　C. 参加学校的勤工俭学
   D. 奖学金　　　　E. 其他
5. 你是否有过兼职经历？
   A. 没想过　　　　B. 想过，没做过　　　C. 有打算　　　　D. 做过

E. 想过，没做过　　F. 经常做　　　　　G. 其他

6. 你不去做兼职的原因？
    A. 耽误学习时间　　　　　　　　　　　B. 放不下大学生的架子
    C. 工作太难找了　　　　　　　　　　　D. 不缺钱花，没那个必要
    E. 自己水平低，没自信　　　　　　　　F. 其他

7. 兼职的主要目的是什么？（可多选）
    A. 培养个人能力，提升实践水平　　　　B. 减轻家里的负担
    C. 增加社会经验　　D. 个人兴趣　　　E. 其他　　　　　F. 没做过

8. 你认为大学生兼职有必要吗？
    A. 有　　　　　　　B. 可有可无　　　　C. 没有

9. 你通常是通过何种途径寻找兼职的？
    A. 广告　　　　　　B. 专门的中介机构　C. 学校勤工部门　D. 通过同学介绍

10. 你选择兼职的标准是什么？
    A. 待遇高低　　　　B. 符合个人兴趣　　C. 与自己专业对口　D. 工作轻松
    E. 交通条件便利　　F. 其他

11. 你选择兼职的时间？
    A. 周末　　　　　　B. "十一"长假　　　C. 寒暑假　　　　D. 任意空闲时间

12. 当兼职和上课时间冲突时，你会如何选择？
    A. 放弃兼职　　　　　　　　　　　　　B. 牺牲上课时间去做兼职
    C. 不选择与上课时间相冲突的兼职

13. 你觉得兼职给学习带来怎样的影响？
    A. 积极影响　　　　B. 负面影响　　　　C. 没有影响　　　D. 因人而异

14. 家长对你做兼职的态度？
    A. 同意且鼓励　　　　　　　　　　　　B. 基本同意，只要安全就好
    C. 基本不同意，认为应该以学习为重　　D. 完全不同意

15. 你曾经做过哪种兼职？（可多选）
    A. 发传单　　　　　B. 餐饮服务　　　　C. 家教　　　　　D. 促销
    E. 文秘　　　　　　F. 撰稿人　　　　　G. 学校勤工俭学　H. 其他
    I. 没做过

16. 你在兼职过程中是否遇到过困难？
    A. 经常遇到　　　　B. 偶尔遇到　　　　C. 从未遇到　　　D. 没做过兼职

17. 遇到困难时，你通常如何解决？
    A. 积极想办法解决　　　　　　　　　　B. 忍气吞声，自认倒霉
    C. 不干了　　　　　D. 不知所措　　　　E. 没做过兼职，不知道
    F. 其他

18. 你有过兼职受骗的经历吗？
    A. 有　　　　　　　　　　　　　　　　B. 没有

19. 你认为有无必要设立专门机构保障学生兼职安全？
    A. 非常有必要　　　B. 有必要　　　　　C. 没必要

20. 你对大学生做兼职还有哪些意见或建议？

项目五
经 济 合 同

【情景导入】

李明是一名刚毕业的高职生，由于工作难找，他好不容易找到目前的工作。这是一家民营企业，用人单位向他提出了以下的要求：不签订劳动合同（干得好就继续干，干不好就走人）；试用期为 1 年，只发同等岗位工资的 50%；为防止随意辞职，扣押身份证、毕业证、技术资格证等有效证件。

但他的校友马林是学法律的，告诉他如下信息。

1. 根据《中华人民共和国劳动合同法》规定，用人单位必须签订劳动合同。

2. 关于试用期，《中华人民共和国劳动合同法》已有规定，用人单位不能随意定。试用期应发同等岗位工资的 80%。

3. 用人单位没有资格扣押劳动者居民身份证等证件，只能留复印件。

李明得知后恍然大悟：自己为了得到工作，放任用人单位"欺负"自己，原来自己大学毕业也是个法盲。

随着社会发展，这一类合同纠纷案呈上升趋势。为了保障自身合法权益，避免经济纠纷，我们应该熟悉合同的基本知识。

【布置任务】

喜多粒食品公司欲向天山面粉厂订购面粉，双方约定在某月某日协商签订合同。请分别以喜多粒食品公司和天山面粉厂供销人员的身份，模拟协商经过，签订一份合同。

（1）学生分成四组，每两组相向而坐。每组选定四名代表，分别代表喜多粒食品公司和天山面粉厂供销人员进行协商，其他同学记录，并补充。

（2）协商结束后，每位同学均完成一份面粉订购合同。

【任务要求】

（1）了解合同的特点和类型。

（2）掌握合同的基本格式和内容要素。

（3）能正确写作和使用各种合同。

【例文借鉴】

【例文一】

门面房租赁合同

甲方（出租方）：　　　　　　　身份证号码：

乙方（承租方）：　　　　　　　身份证号码：

甲方将产权属于自己的商住兼用门面房出租给乙方，根据《中华人民共和国合同法》及有关法律法规，为明确甲乙双方的权利和义务关系，经双方平等协商，达成如下合同条款，共同遵守。

一、房屋的坐落、面积与附属设施

1. 甲方出租给乙方的房屋坐落于：＿＿＿＿＿＿＿＿＿＿＿＿＿＿＿＿＿＿＿＿＿。

2. 出租房屋面积共 93.68 平方米（建筑面积）。

3. 室内附属设施：

（1）电器：冰箱 1 台，有线电视接收器 1 台，燃气热水器 1 台，油烟机 1 台，煤气灶 1 台，浴霸 1 台。均为旧家电，能使用。

（2）家具：单人床 1 张，沙发 2 个，电视柜 1 个，茶几 1 个，窗帘 2 副。均为旧家具，能使用。

水表基数：

电表基数：

二、租赁期限、用途

甲方应向乙方出示身份证、房产证（或购房合同）等真实有效的证明；乙方应向甲方提供身份证复印件证明。

1. 本合同租赁期为 两 年，自 2013 年 4 月 16 日起至 2015 年 4 月 15 日止。租赁期满，甲方有权收回该出租房屋，乙方应如期交还。乙方如要求续租，则必须在租赁期满一个月之前通知甲方，经甲方同意后，双方重新协商租赁事宜，重新签订租赁合同。

2. 乙方承租该房屋作公司办公室使用，可兼居住。该承租房屋不得用于经营餐饮业、棋牌室、网吧等娱乐项目及动物养殖、铁艺加工等生产项目，不得严重影响左邻右舍居民的正常生活。未事先征得甲方的同意，乙方不得擅自改变该房屋的原有结构和承租用途。

三、租赁金额及付款方式

1. 每年租金为人民币 10000.00 元（大写：壹万元整）。两年内年租金不变。

2. 租金按年以人民币现金支付。自合同签订之日起，乙方应先向甲方一次性交付第一年房屋租金 10000.00 元（大写：壹万元整），另付押金 2000.00 元（大写：贰仟元整）。租房终止，甲方验收无误后，将押金退还乙方，不计利息。押金不得冲抵商铺租金。

3. 第二年租金于 2014 年 4 月 15 日前交清。

四、租赁期间双方的权利和义务

（一）甲方的权利和义务

1. 甲方应在乙方支付租金三日内将该出租房屋钥匙交付乙方。

2. 租赁期满，甲方有权收回该出租房屋。甲方进店检查财物完整，乙方交还承租房屋锁匙，甲方退还押金，合同终止。

3. 在租赁期内，甲方不得以任何理由收回该出租房屋，不得将该出租房屋转租（卖）给第三方。

4. 在租赁期内，若乙方中途将承租房屋退还甲方，则押金和剩余租金不予退还。

5. 由于甲方未履行维修义务或情况紧急，乙方组织维修的，甲方应支付乙方费用，但乙方应提供物业管理部门的有效凭证和发票。

6. 甲方有权有责任督促乙方按时如数缴纳承租期内由乙方承担的各种缴费，若逾期不缴纳或者拖欠的，甲方有权从乙方押金中扣缴，不足部分甲方将向乙方如数追缴。

7. 在租赁期内，甲方不承担因乙方对该承租房屋进行装修或因不可抗力的原因导致造成乙方或他方财产、人身安全等损失的责任。

8. 甲方在乙方租赁期内，有权、有责任检查出租房内设施、设备的安全使用情况。

9. 乙方有下列情况之一的，甲方有权立即解除合同，收回该出租房屋，拒退押金租金。

（1）未按约定期限交付租金，超过 15 天以上的。

（2）在租赁期内，未经甲方书面认可或同意，擅自改变承租房屋的结构或用途。

（3）在租赁期内，未经甲方书面认可或同意，擅自转租或转让承租房屋的。

（4）从事非法经营及违法犯罪活动的。

（二）乙方的权利和义务

1. 未经甲方同意，乙方不得擅自将该承租房屋转租给第三方。

2. 乙方必须按照约定按年度向甲方按时缴纳租金。如无故拖欠租金，甲方给予乙方 7 天的宽限期，从第 8 天起甲方有权向乙方每天按实欠租金 1%加收滞纳金。

3. 在租赁期内，乙方向甲方提出承租房屋基础设施设备维修请求后，甲方应及时提供维修服务。甲方不负有乙方对该承租房屋装修装饰部分修缮的义务。乙方应爱护承租房屋设施，如有损坏，乙方应按市场价赔偿或负责修复。承租期内乙方在不改变和影响房屋整体结构的前提下，经甲方同意后可进行装修装饰，其费用由乙方承担。如租赁期已满，乙方不再续租或甲方收回租赁权，乙方所装修部分所产生的费用甲方不进行补偿，其装修材料由乙方自行处理。

4. 乙方必须遵守交通和公共秩序，保持承租房屋门前畅通和落实门前"三包"，遵守消防规定，如有违反，所造成的一切损失概由乙方负责。

5. 乙方应在国家法律政策允许的范围内经营，遵纪守法，服从有关部门的监督管理，不得搞非法经营。

6. 在租赁期内，因承租该房屋所产生的水费、电费、物业管理费、卫生费、有线电视收视费、燃气费等费用和一切税收等费用由乙方自行承担。乙方必须在供暖前交清当年度采暖期暖气费并将缴费票据提供给甲方保管。乙方必须自觉遵守收费管理规定，按时缴纳各项费用，不得拖欠。合同终止时，乙方结清水费、电费、小区管理费等其他费用。

7. 在租赁期内，乙方逾期缴纳本协议约定应由乙方负担的费用所产生的滞纳金由乙方负责。

8. 乙方的经营行为不得影响左右邻居正常生活秩序。

9. 本协议期满后，如果乙方不续租，需提前一个月告知甲方。

10. 本协议期满后，乙方又未续签，则乙方应在本协议终止后五天内迁出。如未及时迁出，甲方不予退还押金，并由甲方向乙方收取违约金，每逾期一天按本协议所定的日租金额费的两倍计收。乙方还应承担因逾期归还给甲方造成的损失。

五、免责条件

因不可抗力原因或政府拆迁致使本合同不能继续履行或造成的损失，甲、乙双方互不承担责任。

六、解决争议的方式

甲乙双方在履行本合同过程中若发生争议，应协商解决；协商解决不成的，任何一方可以向甲方所在地人民法院起诉。

七、其他条款

1. 本合同未尽事宜，经甲、乙双方协商一致，可订立补充条款。本合同补充条款及附件均为本合同不可分割的一部分，本合同及其补充条款和空格部分填写的文字与铅印文字具有同等效力。

2. 本合同自双方签字（盖章）之日起生效。本合同共五页，一式两份，甲、乙双方各执一份，均有同等法律效力。

甲方（签字）：＿＿＿＿＿＿＿＿＿　　　乙方（签字）：＿＿＿＿＿＿＿＿＿

联系电话：＿＿＿＿＿＿＿＿＿＿＿　　　联系电话：＿＿＿＿＿＿＿＿＿＿＿

联系地址：＿＿＿＿＿＿＿＿＿＿＿　　　联系地址：＿＿＿＿＿＿＿＿＿＿＿

身份证号码：＿＿＿＿＿＿＿＿＿　　　身份证号码：＿＿＿＿＿＿＿＿＿

＿＿＿年＿＿＿月＿＿＿日　　　　　　＿＿＿年＿＿＿月＿＿＿日

【评析】这是一份租赁合同。标题由合同类别和文种组成。导言写立合同人、立合同的目的，并说明订立本合同双方经过的友好协商。第一条至第六条为主体，分别写明经双方协商约定的各自承担的法律责任、享有的权利、解决争议的方式和有效期。第七条作为尾部内容，分别写未尽事宜的解决方式、执合同者。本合同条款具体，格式规范，语言明晰，行文周密，可以说详尽地包揽了房屋租赁合同的写作内容。

【例文二】

树苗购销合同

采购方（甲方）：

供货方（乙方）：

依照《中华人民共和国合同法》及有关法律规定，甲乙双方本着诚实信用、平等互惠、长期合作的原则，经双方友好协商签订如下合同条款。

一、甲方向乙方采购树苗，具体的苗木品种、数量、规格等见表5-1所列内容。

表5-1　　　　　　　　　　植物清单价格表

品名	数量（株）	单价（元）	高度（cm）	粗壮（cm）	土坨（cm）	合价（元）
金桂	100	100	150	8	30	10000
胡杨	200	200	200	10	35	40000
塔松	100	100	200	12	35	10000
银杏	200	100	150	10	30	20000
小计						80000
合计人民币金额（大写）		捌万元整				

种苗收购时间与施工进度同步，其收购量允许上下浮动5%。

二、付款方式

合同约定苗款总额捌万元。甲方在签订合同之日起7日内向乙方付苗木总价款的20%，即壹万陆仟元整（￥16000.00元），苗木运到甲方指定地点验收合格后，甲方付给乙方苗木总价款的50%，即肆万元整（￥40000.00元），剩余款项等到苗木成活率达到95%以上再付给乙方。

收苗期限从2015年3月25日起至2015年5月10日止。运费由（甲/乙方）负责。

三、苗木的检查、验收方式、方法及质量要求

苗木在规定时间内运送到甲方指定地点后，必须由甲方指定的验收人员和乙方指定的交货人员共同填写苗木验收单。同时，乙方在交货时必须提供相关部门提供的检验、检疫证明等相关证明文件，以验收合格量作为与乙方结算依据。

四、甲方的权利义务

1. 甲方对乙方供应的种苗必须及时验收，及时付款，最迟不超过_____天。

2. 甲方对乙方不合格的种苗，验收期间有权拒收，但必须对乙方认真说明理由。

五、乙方的权利义务

1. 乙方在与甲方签订合同后，乙方应按合同向甲方供应种苗。

2. 乙方向甲方无偿提供技术，保证品种，保成活，人为造成苗死亡，乙方不负责。如果有不长苗或死苗，乙方将无偿为甲方提供相应苗木进行补植，保证甲方所栽植的种苗成活率达到95%以上。

3. 在乙方正常供应种苗时间内，甲方无故不收购种苗，所造成的损失由甲方承担。

六、违约责任

1. 在正常或预约收购时间内，甲方无故不收购，造成种苗变质等损失，或故意压级压价，除应赔偿乙方的损失外，应向乙方偿付种苗款金额的__%违约金。

2. 因乙方供应不及时或供应苗木不合要求，甲方有权拒收苗木。由此产生的相关费用由乙方自行承担。而且，乙方还应当向甲方承担违约责任，违约金为本合同总价款的__%。

七、如因不可抗力的自然灾害造成的损失，乙方不承担责任。

八、解决争议方式

甲乙双方在履行合同过程中若发生争议，应协商解决；协商不成的，任何一方可以向甲方所在地人民法院起诉。

九、本协议自双方当事人签字盖章之日起生效。本合同内如有未尽事宜，必须由甲乙双方共同协商，作出补充规定，补充规定与本合同具有同等效力。

十、本合同正本一式二份，甲乙双方各持一份。

甲方（签字）：　　　　　　　　　乙方（签字）：

联系电话：　　　　　　　　　　　联系电话：

身份证号码：　　　　　　　　　　身份证号码：

年　　月　　日　　　　　　　　　年　　月　　日

【评析】这是一份条文式合同，写得简明、具体、完备。第一条确定了标的，树苗的规格（高度、粗细、土坨）；第二条至第五条说明了标的的价格、支付的时间、方式、地点，以及双方的责任和义务；第六条明确了双方的违约责任和处罚方法。做到了平等互利，合理合法，执行起来可以避免不必要的纠纷和损失。

【例文三】

建筑工程承包合同

发包方：××房地产开发有限公司（以下简称甲方）

承包方：××建筑工程有限公司（以下简称乙方）

就甲方所开发之××世纪城项目工程由乙方承包修建之相关事宜，双方本着平等、自愿、

诚实信用原则，为明确相互权利义务，经充分协商，达成如下建筑工程承包合同条款，以资双方共同遵守执行。

一、工程名称：××世纪城

二、工程概况：××世纪城项目位于××县××镇城南××一街。系地上17层、地下2层全框架电梯商住楼。总建筑面积约23480平方米。

三、工程工期：20个月。从2014年1月1日起至2015年8月30日止（以甲方下达进场通知书的时间开始计算）。

四、工程承包方式：双包，即包工包料。

五、承包工程范围：××世纪城施工设计图纸所含施工工程内容除去门窗、消防、电梯、土石方开挖回填、幕墙、底层营业房大理石装饰以外的全部工程。水、电工程只预埋管、不穿线，具体工程范围详见双方签字确认的工程预算表。施工中若遇图纸变更，所涉及的工程量以现场签字确认，照实结算。

六、工程价款：

1. 工程单价为建筑面积每平方米＿＿＿＿＿元。

2. 工程总价款：以建筑面积乘以工程单价。建筑面积，按国家建筑面积计算规范计算。

七、付款方式：甲方按工程进度向乙方付款。地面三层营业房完工，甲方向乙方支付100万元；此后，每竣工2层甲方向乙方付款50万元；主体全部竣工甲方向乙方付款金额达到500万元。工程全部竣工甲方向乙方支付工程款达到工程总价款的80%；工程竣工验收合格后1年内支付至总额的100%（全部付清）。超过付款时间三个月内不计利息，超过三个月按2%月息支付乙方，超过一年按5%月息计算；利息每季度付清。

八、工程履约保证金：本合同签订之日，乙方向甲方交纳履约保证金贰佰万元（小写：200万元）。甲方于地下2层完工时向乙方退付100万元；地上3层营业房完工时向乙方退付100万元。

九、工程质量要求：符合国家现行行业合格标准。

十、工程竣工验收：××世纪城项目工程竣工验收及备案等一切事宜均由乙方负责完成，并承担相关费用。甲方收到乙方提供的工程竣工验收备案书等相关资料，视为乙方所完工程验收合格。

十一、工程主要建材调差约定：合同履行过程中，若遇主要建材单价涨、跌幅度超过双方预算价格的5%，则双方按实进行工程价款调差。调差以同期的××市建设工程造价信息为依据。

十二、双方的权利义务：

（一）甲方的权利义务

1. 向乙方交付××世纪城设计施工图二套，并组织进行设计施工技术交底。

2. 对乙方的日常施工质量进行监督管理，做好记录。黄浩担任甲方现场技术总工，李林、张熙协助黄浩工作。

3. 聘请××监理公司担任工程监理。

4. 按本合同约定向乙方支付工程款。

5. 对乙方所购建材质量进行监督检查，对乙方不合格建材有权要求乙方调换合格产品。

（二）乙方权利义务

1. 严格按工程设计图纸施工。

2. 所购主要建筑材料，如钢材、水泥等必须是大厂产品，以确保工程质量。

3. 做好日常施工日志记录，确保工程顺利进行。

4. 自觉接受甲方现场工作人员和监理公司工作人员的工程质量监督检查。对不合格工程无条件返工重做，并自行承担由此造成的一切损失。

5. 按建筑工程操作规程规范施工，安全施工，文明施工，不得违规操作。若出现不规范施工行为被相关建筑管理部门查处，则自行承担由此产生的相应责任及损失。

6. 对施工过程中发生的一切安全事故承担完全赔偿责任。

7. 不得擅自转包、分包本合同项下的承包工程。

十三、特别约定：

因不确定因素，若本合同履行中出现甲方支付乙方工程款不足的情况时，双方应即时协商寻找资金，把工程及时竣工完成，不得窝工、停工。

十四、双方签字确认的工程预算表是本合同的重要组成部分，与本合同具有同等法律效力。

十五、本合同未尽事宜，双方可协商签订书面补充协议。补充协议与本合同不一致的，按补充协议执行。

十六、本合同一式四份，双方签字盖章生效，各执二份。具有同等法律效力。

甲方（盖章）：   乙方（盖章）：

法定代表人：   法定代表人：

2013 年_____月_____日   2013 年_____月_____日

【评析】这是一份建筑工程承包合同，标题由合同性质加文种名称组成。导言写了订立合同人、立合同的根据和目的；主体写了12条，其中有合同的法定条款和双方的约定条款；结尾第十三条至第十六条写了订立合同有关事项的说明。全文行文规范，措辞严谨。条款规定合情合理，是一篇很规范的承包合同。

【必备知识】

一、经济合同的含义和用途

《中华人民共和国合同法》规定："合同是平等主体的自然人、法人、其他组织之间设立、变更、终止民事权利义务关系的协议。"

经济合同则是自然人、法人、其他组织之间为实现一定的经济目的，明确相互权利义务关系而订立的书面协议。

经济合同具有法律约束力，保护合同当事人的合法权益；利于加强社会的经济管理，利于维护社会秩序，利于建构和谐社会。

二、经济合同的特点

（1）立约人具有限定性。即约定人必须是具有法律行为能力者。未成年者、精神病患者、醉酒者和被剥夺政治权利的人，以及丧失语言思维能力的人不能作为立约人。代表经济组织团体签约合同的签约双方，必须具有法人资格。

（2）协商互利性。订立合同，当事人任何一方不得把自己的意志强加给他方。各方当事人必须平等相待，协商一致，本着自愿、平等、公开、诚信的原则，订立互惠互利的合同。

（3）约束性。当事人双方所订立的合同，对双方均具有法律约束力。

三、经济合同的类型

按照《中华人民共和国合同法》的规定，可将合同分为 15 种，即买卖合同、供用电水气热力合同、赠与合同、借款合同、租赁合同、融资租赁合同、承揽合同、建设工程合同、运输合同、技术合同、保管合同、仓储合同、委托合同、经纪合同、居间合同。

按照格式和写法分类，经济合同则可以分为下列三种类型。

（1）条款式合同。即用文字记叙的方式，将当事人各方协商一致的内容逐条记载下来的合同。

（2）固定式合同。即是把合同中必不可少的有关内容分项设计，印制成一种固定格式的合同。各方当事人在签订合同时，只需把达成的协议逐项填写到表格或文字空当处即可。

（3）条款和表格结合式合同。这种合同，用表格形式固定共性内容，而对需经各方当事人协商才能形成的意见，则用条款的形式加以记载。

四、经济合同的内容

经济合同的内容就是签订合同的双方或几方议定的具体合同条款。合同的具体内容是由合同的性质决定的，不同类型的合同，就有着不同的具体条款和不同的要求。这些内容是经济合同的核心部分。按照《中华人民共和国经济合同法》的规定，其内容应写明以下条款。

1. 标的

所谓标的即经济往来中的具体目标物。它是经济合同中双方或几方当事人权利和义务关系的共同所指的具体对象，也就是签订合同的当事人要求实现的目的。标的因合同的种类不同，它可以是某种货物或货币，也可以是工程项目、劳务、科技成果等，如购销合同中的货物、建设工程承包合同中的工程项目、租赁合同里的租赁物就是标的。任何一种合同的写作，一般都把标的列为合同实质性条款的第一条，而且经济合同的标的必须清楚明确写在合同正文之中；如果没有标的或标的不明确，当事人的权利和义务就失去了指向依据，合同也就不能成立。

2. 数量和质量

数量和质量是衡量标的的指标，也是确定权利和义务大小的尺度。数量是指标的物在量的方面的限度，是标的以数字和计量单位来反映的尺度，如产品的数量、借款的金额。其中数量的规定要准确，计量单位要明确。质量是指经济合同标的的内在素质和外观形态优劣程度的标志，如产品的型号、品种、规格、技术等，工程项目的施工标准等，必须规定得具体明确。

3. 价款或酬金

价款或酬金是指取得对方产品或接受对方劳务后所支付的价金，通常以货币数量表示。合同要明确规定价金的单位、总金额和计算标准，即使用的何种货币和货币单位、结算方式和程序。价款或酬金的标价有两种，一种是国家物价部门规定的价格，另一种是当事人协商议定的价格，执行哪一种价格标准，在合同中要明确规定。

4. 履行的期限、地点和方式

履行的期限指经济合同有法律效力的期限和具体履行的时间范围。期限要由签订合同的当事人双方协定确定，要具体写明年月日，越具体越有利于当事人安排生产或完成其他特定的任务。

履行地点，是指双方履行合同义务的地方，合同中必须确切写明履行地点，这是确定责任的重要依据，如购销合同中供方送货的交货地点，需方自提货物的提货地点等。

履行方式，指采用什么方式履行合同中规定的义务，如购销合同中要具体写明货物的包装要求、运输方式、运输费用负担、收付款的方式、银行账号等。

经济合同的履行期限、地点和方式是当事人权利、义务和责任的有机组成部分，必须写明确、具体。

5. 违约责任

经济合同当事人中任何一方不能履行或不能全面履行合同，就要承担违约责任。违约责任，可依《中华人民共和国经济合同法》的有关规定确定，也可以由双方协商确定。如属双方的过错，应根据实际情况，由双方分别承担各自应负的违约责任。承担违约责任的方式一般是支付赔偿金和违约金。因此，除不可抗拒的意外事故外，当事人都应该认真履行合同，否则要承担经济处罚和法律责任。规定违约责任是保障经济合同顺利执行的有效措施。

6. 其他必要的条款

这是根据法律规定或者按照经济合同的性质必须具备的条款，以及当事人一方要求另一方同意规定的条款，也是经济合同的主要条款，也属经济合同的主要内容。如有的产品按照国家规定需要包装和检疫，仓储保管合同涉及损耗问题等。

此外，还要写明合同的份数、保管人，以及需报送的主管机关，有的还需说明合同的有效期限、附件及如有争议应由哪个机构仲裁等问题。

【写作模板】

框图模式	经济合同文字模板
立合同人 ↓ 目的、根据、背景 ↓ 法律责任、权利 ↓ 履行期限、地点、方式 ↓ 违约责任 ↓ 解决争议、未尽事宜的方法 ↓ 相关说明 ↓ 落款	××××合同 ×××××（以下简称甲方）与×××××（以下简称乙方）根据××××××××××××，经协商一致，特签订本合同。（目的、根据、背景） 第一条×××××××××××××××××××××××××××××××××××。 第二条×××××××××××××××××××××××××××××××××××。 …… 第×条×××××××××××××××××××××××××××××××。（各方承担的法律责任、享受的权利，包括标的、数量、质量要求、价款或报酬） 第×条×××××××××××××××××××××××。（合同履行期限、地点和方式） 第×条×××××××××××××××××××××。（违约责任） 第×条××××××××××××××××××××。（解决争议、未尽事宜的方法） 第×条××××××××××××××××××××。（合同份数、保管者及有效期，附件） 甲方：_____（盖章）　　　乙方：_____（盖章） 甲方代表：_____（签名）　乙方代表：_____（盖章） 联系地址：_____　　联系地址_____ ____年____月____日　　　____年____月____日

【实训任务演练】

一、分析下列合同条款，指出其错误并加以修改。

1. 函授部分教材于下学期开学前保证交货。

2. 甲方向乙方购买彩电 30 台，乙方保证质量符合国家标准。

3. 乙方向甲方提供红富士苹果 2 万千克，质量要上等，允许有适当的超欠，平均价每千克 1.1 元，总价 22000 元整。

二、阅读下面合同，指出其错误，并按格式规范、内容正确的要求重新改写成文。

购销合同

签约单位：××市××进出口公司（以下简称甲方）

        ××县××工艺公司（以下简称乙方）

1. 名称、规格和订货数量：竹席；规格：（略）；数量为 50000 张。

2. 货款单价和总额：每张 50 元。

3. 交货日期：×月×日前交清全部订货。

4. 违约处罚办法：货物质量、品种、花色不合要求，乙方应负责退换；逾期交货，乙方每日缴纳延期交货部分货款总值的 10%的罚款。

5. 本合同一式三份，双方及签证机关各执一份。

甲方：××市××进出口公司   乙方：××县××工艺公司

_____年_____月_____日   _____年_____月_____日

【相关链接】

合同与协议的区别

1. 合同和协议很相近，有许多相同点，如都有权利和义务的规定，对签订者都有约束力等。条款写得比较详尽的协议，可以起到合同的同等作用。但它们也有一些区别。

（1）合同大多用于经济领域，而协议使用更为广泛，像国际事务活动中，在很多情况下可以签订协议，但不宜使用合同。例如，2004 年 10 月 8 日至 12 日法国总统雅克•希拉克访华期间签订了中法关于预防和控制新发传染病的合作协议、中法信息技术领域合作框架协议等一系列的协议。

（2）相对而言，合同条款写得比较周密，权利和义务的语言表述非常明确；而协议一般写得比较概括，特别是一些签订者的各种共同观念的表达，常常需用一些模糊语言表述更为贴切，所以有些事项在签订协议的基础上还要签订具体合同。

（3）合同是一种法定文种，必须按合同法规定的原则精神来签订；而协议则无法律具体规定，只要签订者各方自愿协商一致便可签订。

2. 合同的内容必须符合国家的有关法律、行政法规和宏观经济规划的要求。国家不允许随便生产、销售的物品，例如，枪支弹药、毒品等，不能作为一般合同的标的，否则，合同内容即使是当事人自愿作出的表示，在法律上也是无效的。

3. 合同行文严谨、周密，不可有歧义和疏漏，不能让任何一方有空子可钻，尽可能防止产生合同纠纷。

项目六
活动策划书

【情景导入】

国外某次关于"大气臭氧层"国际性会议，会议组织者在主会场门前道路旁，放置了一些冰雕的企鹅。因为阳光的照耀，冰雕的企鹅在融化。那天，当地和全世界新闻都出现了"企鹅在融化"图片及关于"大气臭氧层"相关新闻报道。

启示：每天电视新闻中有太多的国际、国内会议，"融化的企鹅"是一个杰出的策划标杆。一个抽象的话题，怎么适合新闻传达？我们模拟一下"融化的企鹅"策划人员的思路：

臭氧层稀薄，造成了什么？温度升高。温度高了又造成什么？冰山融化，海平面上升。找出一个与冰山有关、与海有关的事物——很容易想到企鹅。但想到冰雕的企鹅，想到会议中心道路两旁的冰雕的企鹅在阳光下正在融化，需要足够的才气了。

那么，在我们日常活动中又如何策划，才能取得与众不同的反响和效果呢？

【布置任务】

××职业技术学院拟于今年 10 月底至 11 月中旬举办第一届校园文化艺术节，此次活动由团委主办。如果你是团委干事，请为此次活动拟订一则策划书。

【任务要求】

（1）了解活动策划书的类型及写作要点。

（2）分析和掌握写作活动策划书的策略与技巧。

【例文借鉴】

【例文一】

"寝室文化节"活动策划书

活动背景：

当我们成为大学生的那一刻，我们的学习生活方式发生了巨大的改变，我们不再成天埋头苦读于沉闷的教室，寝室随之成为我们的最基本组成单位了。因此，丰富我们的大学生活，营造互助互爱、积极愉悦、学习氛围浓厚的寝室氛围对我校学风的完善、文化的深化、"信敏廉毅"精神的传承显得尤为重要。

活动目的：

寝室文化包含着深刻的内涵，有着丰富的活动内容和多样的活动形式，对学生的思想修养、文化修养、综合能力等方面有着积极的影响。在前一届活动的基础上，我们不断努力，不断创新，迎来了学校又一届"寝室文化节"活动！

通过本次活动的开展，希望同学们能在准备中增进彼此间的了解、深化相互的友谊，进一步达到融洽学校氛围的目的。同时，各学院在其专业方面具有各自的特殊优势，可以使同学们在比赛的过程中一方面展示自己的才学，另一方面进行学习上的切磋，起到互相激励的作用，达到共同进步的目的。另外，在呼应我国"建立节约型社会"、学校建立"节约××"的主题的同时，也可激发大家的创新意识，体现××学子思维活跃的特点。

活动时间：

初赛：3月25—26日

决赛：4月8日晚18：20（18：30开始）

活动地点：

国际交流中心学术报告厅

活动构成：

一、寝室文化节征文大赛

二、寝室文化节书画、摄影、手工制品展

三、寝室魅力展示大赛

活动流程：

一、寝室文化艺术节征文大赛

（一）征文主题：我的寝室"情结"

（二）征文要求：

1. 体现丰富多彩的大学生寝室文化生活，反映寝室成员之间团结互助的亲情、友情，记述身边乐事、趣事等，展现我校学生积极向上的精神风貌。

2. 语言流畅，内容充实，文字精练，要有真情实感。

3. 题目不限、题材不限，字数：3000字以内。

4. 请在篇尾注明作者的姓名、性别、年龄、班级、寝室。

5. 我们将评选出1个一等奖，2个二等奖，3个三等奖，5～10个优秀奖。

6. 截止日期：3月26日。

二、寝室文化艺术节书画、摄影、手工制品展

（一）活动主题：寝室"映像"

（二）活动内容：

1. 参赛作品形式为照片、书法、绘画、手工制品等，题材不限。

2. 照片或书画皆应反映我校学生积极向上的精神风貌，生动体现寝室同学的日常生活和学习状况。富有创意、新意、寓意。

3. 作品请注明作者姓名、性别、年龄、班级、寝室。

4. 我们将评选出1个一等奖，2个二等奖，3个三等奖。

5. 截止日期：3月26日。

以上两项活动的一、二、三奖，经学校批准后，我们将设为院校级奖励。此外，征文大赛的优秀奖，将可获院级奖励。

三、寝室魅力展示大赛

（一）活动要求：本次活动的主要对象是2013级、2014级的同学。其他年级可自由报名

参加，以"参赛组"为基本单位（有的寝室可以"联谊寝室"方式参加）。2014 级：每班至少 4 个寝室参加；其中，可以选择"联谊寝室"的形式共同参加，但必须保证至少是两个参赛组。2013 级：每班至少两个寝室参加。每个寝室，无论是否参赛，都要写一张寝室寄语。此次活动要求各寝室能够展示本寝室团结友爱的温馨情怀，并能代表本学院的特色与创意。

（二）活动流程：

初赛：

1. 每个宿舍借助 PPT、DV、DC 等形式，由寝室成员介绍室友、分享寝室的融洽氛围。

2. 才艺展示：各寝室可以通过乐器演奏、唱歌、话剧、小品剧等多种方式，展示寝室的活力。（个人代表着寝室）

各校区选手必须到蛟桥园参加统一的初赛选拔，通过初赛即可进入决赛。

决赛：邀请部分老师、学生代表作为评委。

1. 开场式（3～5 分钟）。各寝室共同唱一首歌，以体现我校的团结。（依据入选寝室的多少，决定每寝室派出几人演唱）

2. 我寝我爱（50～60 分钟）。由各寝室介绍自己的成员。并由 DV、DC、PPT 等形式，展示大家平时的寝室生活。

3. 我寝我秀（10～15 分钟）。在介绍的同时，展示自己的才艺。（展示要求：以温馨、个性为主题，同时要使寝室内的文化和本学院文化相结合。关于 DV 的拍摄，我们可以请各院宿管部协助进行）

4. 我寝我创（10～15 分钟）。由女生部的人员，展示各寝室设计的"废物新用"的作品，并由各寝室选出代表进行讲解。（如该环节有问题不能照常进行，可邀请校园十大歌手或炫舞大赛获奖选手进行客串表演）

5. 互动环节（10 分钟）：

（1）请观众一起参与，每个人说一句话，猜室友。（测试默契程度）

（2）由台下的同学点寝室表演节目。（可以和某位台下同学，也可以本寝室集体表演，更可以和其他寝室合演节目）

（3）即兴表演节目或知识问答，随后赠予小礼品。

（以上互动节目选择性上演）

6. 评委点评并公布获奖名单（10～15 分钟）。评委点评，并公布"最具才识寝室""最具个性寝室""最具设计寝室""最具默契寝室"和"最具魅力寝室"，组织奖 3 名。在给予物质小奖励外，我们还可以给予院校级奖励。其中"最具魅力寝室"，可以在本学期末，直接晋级为校"优秀寝室"。

7. 获奖寝室上台领奖。

活动说明：初赛由各学院宿管部筛选最佳的男生、女生寝室各一个。复赛由校区宿管部负责，寝室入选个数按"蛟桥：麦庐：枫林=5：3：2 或 4：2：1"的比例进入决赛（按各校区的学院数分配的）。每个入选的各学院的寝室，即可获得院级荣誉。

"我寝我爱"部分的 DV 摄制工作，由院宿管部协助完成；若有困难者，可向校宿管部申请帮助。

在"我寝我爱"环节内，请尽可能表现出自己的才学、素养，特别是寝室的温馨。同时，更要体现本学院的特色。

彩排时间，定为 4 月 2 日晚、5 日晚、8 日上午。4 月 2 日，为除"我寝我创"以外的彩排。8日上午若效果不佳，则下午增设一次彩排。

四、报名方式

在各班统计报名的寝室，在班长、支书会上上报；再将名单转交给院宿管部；之后，选取优秀者。

五、活动经费预算

（略）

【评析】这是一份"寝室文化节"活动策划书。主题是文化，形式是系列活动。每个活动都紧紧围绕文化主题。一个主题若干个活动，每个活动细节交代清楚，有很强的可行性。

【例文二】

××××职业技术学院迎新晚会策划书

一、晚会目的及意义

金秋九月，我院又迎来了一批莘莘学子，他们带着满腔热忱，加入到我院的这个大家庭当中，为了让他们尽快熟悉新的环境，更快融入学校的氛围中，我院计划举办一次迎新晚会，为新生提供一个交流和展示自己的平台，同时也希望通过此次晚会，挖掘更多的文艺人才。

二、晚会组织机构：学院团委、学生会

三、晚会主题：迎新生　庆国庆

四、晚会形式及内容

晚会的节目须符合主题，内容健康，形式不限，节目表演以大一、大二同学为主。学院的艺术团、街舞队、乐队、合唱团必须准备节目，并进行筛选。各系文艺部准备两个节目（最好以语言类节目为主）。所有节目需要提前彩排，经过节目策划组审查之后方可在文艺晚会上表演。节目演出次序由晚会策划组决定。

五、晚会地点和时间

地点：学院礼堂

时间：2014年9月28日　20：00—22：00

六、晚会的筹备及任务安排

1. 节目组：由文艺部负责，对节目进行监管。

2. 宣传组：由宣传部出海报，在学校最显眼的地方张贴海报、挂横幅，在校园网和广播发布信息。

3. 外联组：由外联部负责寻找晚会的赞助商，并且负责落实对商家承诺的服务工作。

4. 礼仪组：由生活部负责，安排礼仪同学，届时负责迎宾工作。

5. 舞台组：由文艺部、生活部、宣传部负责，负责晚会期间灯光设备、音响设备的安装维护等，确保舞台的搭建质量。

6. 后勤组：由办公室、外联部负责，安排化妆间以及化妆人员。由志愿者和红十字会负责礼堂的打扫。

7. 机动组：由学生会的其他成员负责，主要负责会场秩序，进行会场后勤保障以及处理紧急情况。

七、前期准备工作

（一）宣传工作

1. 幕布背景制作（包括主题、主办与承诺单位）；

2. 海报制作与张贴；

3. 横幅制作与悬浮；

4. 节目单的设计与制作。

（二）舞台灯光、音响的准备工作

1. 晚会器材租借；

2. 道具的准备（根据各节目所需）。

（三）晚会节目策划及彩排工作

（四）舞台物品布置、工具购买借用等

八、各阶段任务及工作分配

晚会分三个阶段进行筹备；

1. 晚会策划及准备期（2014 年 8 月 23 日—2014 年 9 月 10 日）

本阶段主要完成宣传、节目收集及确定赞助商。

（1）节目收集；

8 月 28 日—9 月 5 日老生节目收集完成，及时召集老生节目的负责人开会，提出晚会节目质量要求。

9 月 8 日—9 月 10 日新生节目收集完成，与大一新生辅导员和教官沟通，安排节目的收集。

（2）主持人选拔：通过广播站举办的主持人大赛选拔此次晚会的主持人，并由文艺部进行最后的严格挑选。

（3）赞助商确定：由外联组负责。联系商家，并配合商家做好宣传工作。

（4）前期宣传：由宣传组负责。由宣传部负责晚会背景喷绘 1 张，以及 3~4 张晚会海报的设计。

2. 晚会协调及进展期（2014 年 9 月 10 日—2014 年 9 月 24 日）

节目筛选及排练、中期宣传、礼仪同学的确定、舞台灯光音响确定、物品购买。

（1）节目筛选及排练：

第一次彩排：由××负责筹备与通知，节目组负责监督，于 9 月 21 日 7：00—10：00 对节目进行第一次彩排，此次彩排也是对所有节目的筛选，保留质量高的节目，以确保晚会的质量。

由文艺部×××负责，通知各节目负责人，报节目的名称以及负责人的联系方式进行最后的确认，报文艺部节目的负责人，准备第二次彩排。

排练地点：由各节目负责人自选，若需用礼堂必须向上级领导申请。

排练时间：由各文艺委员自行安排，并由×××负责督促。

第二次彩排：由文艺部×××负责，通知各节目负责人，在教师的指导下于 9 月 24 日 7：00—10：00 在学院礼堂进行第二次彩排，此次彩排由节目组负责，监督节目质量，严格把关，并对节目提出最后的要求，以确保晚会质量。

（2）中期宣传：由宣传组负责。该阶段展开网络宣传（网站、论坛及邮箱）、广播宣传。

（3）舞台及道具确定：由舞台组负责。结合节目对舞台的要求，对舞台进行设计。根据各节目内容的需要来准备道具或负责安排好节目所提供的道具设备，并安排好后勤人员负责台上道具的摆放。

（4）物品购买及礼仪同学的确定：由礼仪组负责。除了舞台组负责的道具之外，其他所需要道具由生活部安排，如荧光棒、气球等。安排 4 名礼仪同学，进行迎宾以及分发邀请、场地确定、工作证制作等。

3. 晚会倒计时时期（2014年9月24日—2014年9月27日）

本阶段主要完成晚会全过程确定（包括节目单确定）、最后一次彩排、末期宣传、领导邀请、场地确定、工作证制作。

（1）确定晚会节目单：由节目组负责。9月24日，经文艺部人员确定节目单之后，由办公室制作节目单200份左右，届时派发给到场领导及嘉宾。

（2）制作并发出请柬：9月24日前，邀请学院领导、院团委书记及各系团总支书记、各班辅导员到场观看演出，邀请其他院校嘉宾的请柬也要及时发出。

（3）最后一次彩排时间：9月27日7：00—10：00

（4）末期宣传：由宣传组负责。宣传单（节目单）设计和发放，广播宣传。

（5）费用票据收集：由统筹组负责，务必收正规发票。

九、资金预算

1. 制作背景主题海报：150元

2. 租借灯光照明设备：900元

3. 现场饮料：300元（包括排练时的饮用水）

4. 前期宣传（海报4张）：150元

5. 请柬（20份）：20元

7. 荧光棒、气球等：150元

8. 演出服装及主持人服装：700元

9. 化妆品：150元

10. 其他材料（装饰彩带、彩纸等）：150元

××××职业技术学院团委　学生会

2014年7月7日

【评析】本策划书内容涉及学生熟悉的校园生活，是学生会干部常用、常写的应用文。格式规范，任务明确，实施步骤既有创新性，又切实可行，执行者的分工及执行要求均明确具体，可操作性强。

【例文三】

广西×××农资有限公司大型公益资助活动策划书

开学在即，不少金榜题名的高考学子，由于家庭困难，正在为考上大学却无法筹集学费而苦恼。为此，广西×××农资有限公司将启动为寒门学子实现梦想的圆梦计划。

一、活动目的：实现贫困学生的上学梦想，回报社会，同时纪念公司成立十周年，扩大公司影响，树立"×××"的良好形象。

二、活动目标：让10名贫困高考学子顺利上大学。

三、活动内容：

1. 主题：圆梦计划

2. 时间：2014年8月28日

3. 地点：广西×××农资有限公司门前舞台

4. 赞助商：广西×××农资有限公司

5. 赞助对象：南宁市特困生10名

6. 赞助条件：本次活动只限南宁市应届高考上榜学生参加

7. 报名程序和条件：

（1）8月1号发布"圆梦计划"赞助信息

（2）学生见报后可转制和复印"特困生"登记表。

（3）参加评定的学生需如实填写"特困生"登记表，并要当地居委会和政府部门，教育部门盖章方可参加。（登记表待制）

（4）参加评定的学生需上交1寸照片2张，身份证复印件1份。

（5）8月10日前将上述材料邮寄至广西×××农资有限公司（以邮寄时间为准）。

8. 邀请嘉宾，媒体传播：

（1）邀请入评学生所在地教育部门参加，并给予适当经费支持。

（2）邀请相关教育部门参加此次活动，并邀请讲话。

（3）拟邀请出席媒体：报纸——《南国早报》《广西日报》《南宁晚报》《当代生活报》；电视、电台——广西电视台经济频道、广西电视台文体频道、广西经济广播电台；网络支持——时空网、广西新闻网，新华网广西频道。

（4）公司出资报道《南宁晚报》1个整版套红、2个半版套红。

9. 活动过程：

（1）8：28，鸣放鞭炮

（2）9：00—9：30，公司领导讲话，政府部门领导讲话，受益学生代表讲话，学生代表讲话。

（3）9：30—10：30，现场走秀、街舞表演、唱歌。

10. 现场布置：

舞台背景、场外装饰各使用氢气球10个。

区域划分——嘉宾区、记者摄影区、入选学生区、观众区、各放置太阳伞10把。

四、经费预算

1. 捐资：30万元

2. 记者招待会：4000元

3. 媒体费用：15000元

4. 记者其他费用：1000元

5. 舞台、气球、太阳伞：1500元；场外装饰：2000元

6. 现场走秀、街舞、唱歌、乐队：1500元

7. 其他费用：500元

共计：325500元

广西×××农资有限公司公关部
2014年7月18日

【评析】本策划书为了达到树立公司良好形象的目的，策划赞助活动，任务明确，内容全面，思路清晰，符合公司的宣传需要。

【必备知识】

一、活动策划书的含义

活动策划书主要针对外接待、参观、开业、庆典、新闻发布会、记者招待会、竞赛、捐

助等大型活动。这种专题活动是为了达到一定的目的，在一个特定的时期、特定的场合下，使成为对象的每一个人都能亲身体会到有直接针对性的某种刺激媒介，这种直接性是报纸杂志、广播电视等媒介所不可比拟的。当组织有新产品问世、开张营业时，当组织声誉受损，受到指责、误解时，有针对性的公关活动就十分有必要了。而活动策划书就是对上述这些活动所制订的行动计划。

特别是现在的商务活动中，活动策划（或称公关策划）对企业来说是越来越必不可少了。企业树立形象要依靠它，与消费者建立良好关系要依靠它，企业受挫时想要消除危机，也同样要依靠它。而这一切，都离不开活动策划书的撰写。

二、活动策划书写作的基本步骤

1. 选定主题

主题是整个策划的灵魂。主题是对活动内容的高度概括，是策划所要达到具体目的的主要理念，是统领整个活动、连接各个项目和各个步骤的纽带。活动要为广大公众接受，就必须选好主题。

活动的主题是多样的，它既可以是一句口号，如"为了千千万万个失学儿童""迎接奥运，爱我中华"，也可以是陈述式表白，例如，雅戈尔——"中国的皮尔·卡丹"，步步高——"世间自有公道，付出总有回报，说到不如做到，要做就做最好"。主题看似简单，但设计难度很大，它既要虚拟、向上，又不能空洞、口号化，必须贴近受众心理。

2. 确定日期

日期的选择一般较为灵活，策划人员首先要将日期和时间确定下来，以便做具体的时间安排，并将其列入组织计划中去。最好避开重大节日。

3. 选择地点

策划人员在选择活动地点时必须考虑公众分布情况、活动性质、活动经费以及可行性等因素。

4. 通知参加者

要通知参加者具体日程安排，如设计日程计划表，明确起止日期和公众宣传日程。

5. 费用预算

无论是举办什么活动，都要考虑成本问题。策划人员应计划如何用有限的资金支付各项费用，估计可能需要的各种支出，准备呈报上级批准。

总之，活动策划的基本要求是主题明确，内容具体；时机恰当，规模适中；形式新颖，组织周密；符合公众心理，赢得社会支持。

三、活动策划书的结构与内容

1. 标题

标题一般包括活动经办单位、活动名称和文种。

2. 正文

正文的内容主要包括如下内容。

（1）概况。简述现阶段的基本情况，以及根据这一现状，需要采取何种活动（或公关活动），明确活动的主题，说明所要进行活动的基本内容。

（2）细则。即主体部分，主要阐明活动的相关内容。

① 活动的目的。要具体化，便于操作和检查，并指出目的与内容之间的内在联系。

② 对所要影响的公众进行分析，对将会产生的效果做出预测。

③ 列出本次活动所需的各种信息传播手段。

④ 以文字或图表形式列出本次活动所需的人力、物力、财力。

⑤ 列出本次活动的时间表。

⑥ 列出本次活动需要经费的各个项目。

⑦ 效果评估。

根据活动的实际情况选择相关的内容策划。

要注意方案需具有良好的操作性。

要扼要、有根据地分析对公众的影响。

活动预算要详细准确。

3. 落款

署明策划人和策划日期。

依照上述格式和要求撰写活动策划书，可以成功地指导活动（或公关活动）。

【写作模板】

框图模式	活动策划书文字模板
一、策划书名称	尽可能具体地写出策划名称，如"×年×月×日信息系××活动策划书"，置于页面中央
二、活动背景	简单描述策划这样一次活动的原因，为什么想到要策划这样一次活动即策划这次活动的背景材料
三、活动目的或意义	活动的目的或意义，应用简洁明了的语言将策划的活动最终达到的结果表述清楚
四、活动时间	活动开展的具体时间
五、活动地点	活动开展的具体地点
六、活动内容	作为活动策划书中最重要的部分，应该是一个完整的过程，应该包括三块内容：活动前的准备工作、活动中的执行过程、活动后的收尾工作
七、经费预算	各项费用根据实际情况进行具体、周密的计算后，用清晰明了的形式列出
八、活动中应注意的问题及细节	内外环境的变化，不可避免地会给方案的执行带来一些不确定性因素，因此，当环境变化时是否有应对措施也应在策划书中加以说明
九、活动负责人及主要参与者	注明组织者、参与者姓名、单位（如果是小组策划应注明小组名称、负责人）

【实训任务演练】

一、阅读下面两个案例，回答后面的问题。

1. 2012年5月，某地一个商场开业庆典，推出了一个策划项目：凡是手持百元人民币号码尾数为"88"的可当200元消费。结果顾客手持"中奖"人民币蜂拥而至，柜台被挤坏，还有人员受伤，主办商家只好提前宣布活动中止。这次活动招致顾客不满，还受到中国人民银行的警告，工商部门也上来干预。

（1）以上案例策划失败，错在哪些地方？

（2）假如让你来策划这家商场的开业庆典，说说你的策划思路。

2. 2015 年 4 月，××麦当劳公司与××市环保局合作发起了保护环境活动，规定自 4 月 22 日至 5 月 31 日，顾客可在该市任何一家麦当劳餐厅用 10 节废旧电池兑换一杯可乐；用 20 节废旧电池则可另加一个圆筒冰淇淋。该公司主管还在电视报道中表示，保护环境事关子孙后代，是全社会的大事，麦当劳愿为马前卒。

（1）上述活动创意方面有什么值得学习的地方？

（2）谈谈这次活动的主题有什么特点。

（3）请你预测一下这次活动会产生什么效果。

二、以一个值得纪念的日子为题，如同学聚会、重大事件、节日，写出一份策划书，并模拟举办一次庆典活动。

【相关链接】

突出活动策划亮点，给您支几招

首先，活动策划必须具有大众传播性，一个好的活动策划一定会注重受众的参与性及互动性。有的活动策划会把公益性也引入活动中来，这本身既与报纸媒体一贯的公信力相结合，又能够激发品牌在群众中的美誉度。甚至活动的本身就具有一定的新闻价值，能够在第一时间传播出去，引起公众的注意。

其次，活动策划具备公关职能，活动的策划往往是围绕一个主题展开的，这种主题大多是有关环保、节约能源等贴近百姓生活，能够获得广大消费者美誉度的。通过这些主题活动的开展，最大限度地树立起品牌形象，从而使消费者不单单从产品中获得使用价值，更从中获得精神层面的满足与喜悦。广告宣传尤其是公益广告的宣传有时也能够取得公关效应，但远不能与活动策划公关职能的实效性、立体性相比。

最后，活动策划具有深层阐释功能。广告本身所具有的属性，决定了它不可以采取全面陈述的方式来表现；但是，通过活动策划，可以把需要向客户表达的东西说得明明白白。因此，活动策划可以把企业要传达的目标信息传播得更准确、详尽。

写作新闻活动策划书时应想到的 8 个问题

（1）确定活动主题，认真审视会议将宣布的内容是什么。

（2）时间是否合适，地点是否便利，环境是否舒适？

（3）记者可能提出哪些问题？

（4）应邀出席者的范围与活动涉及的范围是否合适？

（5）是否为记者提供了较完备的信息资料？

（6）有关会务问题是否能够落实？

（7）整个活动进程安排得是否科学、缜密？

（8）会后工作是否准备就绪？

重大节日庆祝与庆典活动类型及策划的基本步骤

一、重大节日庆祝与庆典活动类型

（1）庆典活动。如国庆、校庆、厂庆、店庆、婚庆、开业典礼、奠基典礼等。

（2）纪念活动。如纪念"五四"运动、纪念党的生日活动等。

（3）剪彩仪式。如开业剪彩、开幕剪彩等。

（4）开放参观仪式。如展览开展仪式、揭幕仪式等。

（5）联谊活动。如单位联谊、同学聚会、同乡聚会、军民联谊等。

一个单位或组织开展上述活动都要制定出活动方案。良好的策划方案，加上顺利的实施就能使活动圆满。

二、重大节日庆祝与庆典活动策划的基本步骤

（1）选定主题。主题是对活动内容的高度概括，是整个策划的灵魂。要为广大公众接受，就必须选好主题。

（2）确定日期。除了固定的纪念日，日期的选择一般较为灵活，但策划时首先要将日期和时间确定下来，以便做具体的时间安排，并将其列入组织计划中。

（3）选择地点。选择地点时必须考虑公众分布情况、活动性质、活动经费以及活动的可行性等诸多因素。

（4）通知参加者。要将具体日程安排通知参加者，包括设计日程计划表，明确起止日期，明确每一天的活动项目。

（5）费用预算。要计算好活动成本和各项费用支出，让有限的资金发挥最大的作用。

总之，重大节日与庆典活动策划时要明确庆典活动的目的意义、确定主题。要精心设计活动的形式和内容，要有独特的创意，避免落入俗套。

项目七
竞 聘 词

【情景导入】

　　李明是一名高职毕业生，刚到公司就要求竞聘上岗。他感觉自己学习一般，技能一般，其他能力也一般，面对硕士博士都难找工作的局面，很犹豫彷徨，不知道自己如何竞聘得到自己的专业岗位。所幸他咨询了就业办老师。老师帮他分析：竞聘应当有高度的自信，毕竟自己是有能力胜任岗位要求的；静下心来仔细总结自己的优势，如谦虚好学、具有团队精神的品质，就可以边学边练，达到先上岗后修炼的效果……

　　听了老师的开导，李明觉得豁然开朗，因为高职生不只有理论有实践，更有"软实力"即品质，这正是企业看中的"潜力股"。

　　那么，李明的竞聘词该如何打造呢？

【布置任务】

　　（1）你是一名刚入学的新生，学院学生会和社团急需补充"新鲜血液"，请根据自己的特长爱好写一份竞聘词。

　　（2）假如你所在的公司正在进行竞聘上岗，请根据自己的专业、工作经历写一份竞聘辞。

【任务要求】

　　（1）掌握竞聘词的概念、特点。

　　（2）准确掌握竞聘词的立意、选材、结构表达方式。

　　（3）能够根据实际工作需要书写竞聘词。

【例文借鉴】

【例文一】

竞选学生会××部部长的竞聘词

尊敬的各位领导、亲爱的同学们：

　　大家好！首先感谢大家的支持与学校提供的这次机会，使我能参与此次竞争，一展自己的抱负。记得戴尔·卡耐基先生曾经说过这样一句话："不要害怕推销自己，只要你认为自己有才华，你就应该认为自己有资格担任这个职务。"凭着这一句话，也凭着作为 21 世纪热血青年的满腔热情，今天我满怀信心地走上了这个演讲台，为了学校的需要而来，更是为了实现自己的梦想而来。自信和能力告诉我能够胜任这一职务。我所要竞选的职务是学生会××

部部长，我是来自××专业××班的刘亚洲。

今天我来参与竞选的目的只有一个：一切为大家谋利益。我自信在同学们的帮助下，我能胜任这项工作，正由于这种内驱力，当我走向这个讲台的时候，感到信心百倍。

我认为自己比较适合担任学生会干部。首先我热爱我的工作，在大学的近两年时间里我担任班级的班长和团支书工作，这使我有了相当丰富的管理经验和领导能力。平时活泼开朗、兴趣广泛的我积极参加并组织开展各项活动，在活动中尽情施展自己的才华，取得了一些成绩，激励着我不断向前。

其次，我参加了不少的活动，不断锻炼、充实着自己。在活动过程中，我学习上也丝毫没有松懈，学习成绩有了不小的进步，我认为我有着足够的时间和精力在学习之余开展活动和学生工作。

此外，我是一个不服输的人，有一颗不打折扣的责任心，对工作我有一股执著的热情，从事一项事业的原动力是热情，那是一种从心灵迸发出的力量，驱动我奔向我的目的地。当然，仅仅有热情是远远不够的，还要有虚心的态度。从小学只会按照老师的要求做事到现在能够独立策划组织活动，我经历了一个从不会到会、从不好到好的过程，我就是凭着这不变的热情和虚心的态度来认真地完成每一项工作的。

假如我能够当选，我将进一步加强自身修养，努力提高和完善自身的素质，时时要求自己"待人正直、公正办事"；要求自己"严于律己、宽以待人"；要求自己"乐于助人、尊老爱幼"等。总之，我要力争让学生会干部的职责与个人的思想品格同时到位。同时我将努力做到以下几点来完善自己的工作。

第一，针对自身过去工作中的问题，努力改正缺点。在工作中严格要求，不放任自流，不骄傲自大、目中无人。

第二，坚持原则。做任何事，如果不讲原则，就一定做不好，不论遇到什么问题，我都将坚持原则。

第三，大胆创新。作为一名学生干部，创新是必备的素质，只有对不合理的进行大胆的改革，团委会工作才能富有生机、越办越好。

第四，集思广益。在工作中广泛征求同学们的意见，不断改进工作。

最后，还要通过一些有意义的活动（如辩论赛、演讲赛等），丰富同学们的课余生活，让大家在轻松愉悦的氛围中学习生活。

既然是花，我就要开放；既然是树，我就要长成栋梁；既然是石头，我就要成为大家脚下的路；既然是学生会干部，我就要成为一名出色的领航员！倘若在这次竞选中能够胜出，我将以高涨的工作热情，高度的责任感，不断进取的精神，认认真真地学习，踏踏实实地工作，不断丰富自己的阅历与水平，相信我和大家更容易沟通，更容易开展工作，成为一名优秀的学生会干部。

各位同学，你们所期望的学生会干部，不正是敢想敢说敢做的人吗？我十分愿意做你们所期待的公仆。你们握着选票的手还会犹豫吗？谢谢大家的信任！

竞聘人：刘亚洲

××××年××月××日

【评析】这篇竞聘词优点较多，竞聘目标十分明确；个人简历介绍巧化劣势为优势；施政纲领新颖独特，施政措施醒目且切合实际；语言充满稚气而又风趣诙谐，富有文采；结构上丝丝合缝，环环相扣，十分严谨。因此，很能赢得"选民"的支持，现场效果甚佳。

【例文二】

工程技术员竞聘词

尊敬的各位领导、各位评委：

大家好，我叫×××，××岁，陕西×××人，毕业于××××大学土木工程专业。本人××××年加入中国共产党，××××年取得土建造价员证，2011年7月毕业后有幸成为××××公司的一员，经过一年的见习期，2012年7月转正至今。现竞聘工程技术员。

首先我简单介绍一下我的工作经历。自××××年7月参加工作至今一年半以来，我主要负责公司建设项目的土建设计工作，现将我的工作履历介绍如下。

×××××××。

×××××××。

×××××××。

上述是我参加工作以来所从事的主要工作，我学到很多技术知识，已经能独立完成部分土建设计。除此之外，我还兼职其他工作，如管理图纸资料，参与工程预决算工作、工程现场管理工作等。在我所从事的各项工作中，我都尽职尽责，积极思考，不断学习新知识，尽可能圆满完成领导所交给的各项任务。

下面我谈谈我对工程技术员的认识。

××××公司工程技术员，是一个综合性很强的岗位，不但要会做设计、会预算，还要懂得施工管理，施工管理方面的工作我做得较少，所以今后我将加强这方面的学习与实践。

工程施工是按照设计图纸把设计师的思想完成从意识形态到实物形态的转变过程。要做好施工管理工作，就必须熟悉施工图纸，掌握设计师的意图，熟悉工程的基本概况，考虑具体的施工方案，初步明确工程技术施工的重点、难点，为以后的施工操作行为做准备；在工程施工过程中，要结合整套图纸对各个施工层、施工段、施工点进行校对，避免遗漏工程细小的部位构件；再次，就是检查、落实工程的实际操作层是否与自己的思想一致，发现问题及时沟通，把问题消灭在萌芽状态；在某一工程段施工完成后，要及时检查，验收，总结经验和教训，把发现的问题及时纠正在下一施工段，减少错误的连续发生。

工程施工是一个群体作业的工作，它不是一个人或几个人就能完成的，它是需要上至质检站、设计院，下至劳动工人的相互紧密配合，才能完成的一项复杂的作业任务。所以，做好单位之间的协调配合就显得尤其重要，否则，干好工程就会成为一句空话。

最后，我谈谈对工程技术员的岗位设想。

1. 热爱专业，献身专业。虽然我刚参加工作不久，经验有限，但我喜欢我的专业，我相信兴趣是最好的老师，我要不断加强学习，提高自己的知识能力水平。

2. 细节决定成败。工程是一项非常严谨的工作，我必须要把每一项工程作为一个自己的艺术产品去雕刻，力求精益求精，这样做才能把工作做好。

3. 加大学习实践力度。我将在以后的工作中，进一步学习设计和预算方面的知识，加强专业之间的交流，积极参加专业培训。并多参与现场管理，学习施工管理知识，加强自身较弱的方面，成为全面性工程技术人员，力求在公司的建设事业上做出更大的贡献。

谢谢大家！

竞聘人：×××

××××年××月××日

【评析】这篇刚工作不久的年轻人的竞聘稿，竞聘目标十分明确，准确定位工程技术员的位置，即"综合性很强的岗位"；职责表明自己如何工作；品质表明自己的人品；最后把大篇幅用于自己的岗位经验、学习精神和团队合作。该文章语言干脆利索，句句"打在"领导心坎上。

【例文三】

校长办公室副主任竞聘词

尊敬的各位领导、各位同事：

大家上午好！在这里，首先感谢组织给我这次参加竞岗、展示自我、锻炼自己的机会，并对在工作、学习和生活中一直给予我关心、支持和帮助的各位领导和同事表示衷心的感谢！

我在农村长大。师范学院毕业以后，我成为一所乡镇中学的语文老师。由于刻苦勤奋，我被评为当时学校里最年轻的中学一级教师。9 年班主任工作的历练，培养了我温和敦厚的良好品性和吃苦耐劳的奉献精神，也锤炼了我谨慎细致的务实作风和较强的协调办事能力。

2007 年，我通过××省公务员考试进入党校工作，主要从事文字材料、信息报送等工作。这些年来，面对平凡而且琐碎的办公室工作尤其是文字工作，我总是鼓足干劲，从头学起，不向困难低头、不给问题让路，向领导虚心求教，和同事之间取长补短，自身的个人修养、写作能力和服务水平有了长足的进步。2009 年起连续 4 年获得校"先进个人"，2011 年和 2012 年还被评为校"信息工作先进个人"。

各位领导，各位同事！我深知，竞岗既是能力的竞争、素质的比拼，也是对我几年来工作成绩的评判。经过反复考虑，我决定竞聘办公室副主任职位，个人觉得主要具备了三个方面的基本素质。

一是具备踏实肯干的工作态度。不管做什么工作，能力相同，态度不同，工作成效就会有很大的区别。几年来，我履行职责尽心尽力，加班加点无怨无悔，接受临时任务不讨价还价，不管是写一份材料、编一则信息，还是发一个通知、接一份传真，凡力所能及，就不会搪塞敷衍，更不推三阻四，做到了一切以学校利益为重，尽最大努力把事情干好。

二是具备勤奋刻苦的学习精神。文字工作仅有一定的写作功底是远远不够的，还要具备政治素质、党校业务知识和"三更灯火五更鸡"的吃苦精神。近年来，我坚持努力学习政治理论和党的路线方针政策，认真领会上级领导的讲话精神，提升了理论素养，坚信了理想信念。利用工作之余，我研读了《党校工作条例解读》《华尔街日报是如何讲故事的》《语法修辞讲话》等 10 多本业务书籍，两次参加全省党校系统文秘人员培训。在遇到不懂的问题时，我还虚心向教学科研和行政后勤部门的同志请教，提升了业务素质。

三是具备岗位需要的业务能力。5 年前，从中学教育教学岗位转而从事文秘工作，工作性质的变化对我来讲既是压力，更是动力。在领导交任务、压担子、开"小灶"的过程中，我从一个写作的"门外汉"，逐渐成长为一名文秘工作的"行家里手"。五年来，我参与起草或独立撰写的各类文字材料超过 150 篇，参与办会、接待 20 多次；在《半月谈》《学习时报》《应用写作》及市委的简报快讯等刊物上发表专题报道、信息、随笔评论等超过 200 条，写作能力有了较大的提升。特别是多次随领导外出督查、调研，使我学到了许多好的工作方法，办事协调能力也有了长足的进步。我深知，从一名"菜鸟"，到一个合格的办公室文字秘书，离不开领导的点拨，离不开各位前辈的指点，也离不开同事们的帮助。

各位领导，各位同事，办公室是全校的中枢机构，位置关键；办公室副主任是个承上启下的职位，非常重要。假如竞聘成功，我的工作思路是按照服务领导、服务教学科研工作、服务教职工的要求，外树形象、内强素质、找准定位、干出成绩，全力协助主任把办公室工作做得更好。

第一，务实进取，树好形象。以更高的标准严格要求自己，坚持务实的作风，老老实实做人，认认真真谋事，踏踏实实工作。带头尊重校领导的威信，尊重主任的领导和指导，尊重其他处室领导的协调，尊重各位老师和同事的创造，以自身良好的形象为校办公室增添正能量。

第二，增强素质，做好配角。我将把学习作为首要任务，不断增强自身的业务素质与能力，尽快适应新的岗位。努力做到干中学、学中干，特别是要在工作中提升执行力，带头抓落实，切实提高工作效率。找准定位，积极配合主任制定和完善处室相关规章制度，制作合理规范的工作流程，提升本处室的工作效能和服务水平。

第三，创新优干，干出成绩。按照我校建设全省"一流党校"的目标要求，创新思路，创优举措，打造一流的文稿，创造一流的业绩。想方设法地调动各处室同志的积极性，利用校园网、省委党校网和其他报刊、简报等阵地宣传党校打造教学、科研和服务三个品牌的做法，扩大党校的影响力。

各位领导、各位同事，"人生的价值，以其人对于当代所做的工作为尺度"，干好事业是我的不懈追求，请相信，在更高的平台上我会为党校做出更多的贡献！最后我要说，不管竞聘是否成功，我都将一如既往地做好自己的分内工作。

谢谢大家！

【评析】这是一篇竞聘校办公室副主任岗位的竞聘词，非常清楚地罗列了自身优势：有理论，有实践，有经验，更有学习和团队意识。准确把握从"教师岗位"到"办公室岗位"的思想转变、经验积累，最终深化主题"创新优干 干出成绩"。整篇文章脉络清晰，语言清新流畅，体现出竞聘者不愧是青年才俊。

【必备知识】

竞聘词是竞聘者在竞聘之前写成的口头发表的文稿。竞聘演讲的目的，就是要使听众对演讲者有充分的了解和认识，从而鉴别其是否能胜任该职位。竞聘词的撰写是竞聘上岗演讲的一个不可忽视的重要环节，值得每一位竞聘者重视。

一、竞聘词的写作要求

1. 气势要先声夺人

竞聘词的一个重要特征就是具有竞争性；而竞争的实质，是争取听众的响应和支持。做到这一点的有效方法之一，就是要有气势，"气盛言宜"。这气势不是霸气，不是骄气，不是傲气，而是浩然正气。有了渊博的才识、正大的精神和对事业和群众深厚的感情，作者就不难找到恰当的语言表达形式。

2. 态度要真诚老实

竞聘词其实就是"毛遂自荐"。自荐，当然应该将自己优良的方面展示出来，让他人了解自己。但要注意的是，在"展示"时，态度要真诚老实，有一分能耐说一分能耐，不能为了自荐成功而说大话、说谎话。

3. 语言要简练有力

老舍先生说："简练就是话说得少，而意包含得多。"竞聘演讲虽是宣传自己的好时机，但也绝不可"长篇累牍"。应该用简练有力的语言把自己的思想表达出来。

4. 内心要充满自信

卡耐基曾说过："不要怕推销自己。只要你认为自己有才华，你就应该认为自己有资格担任这个或那个职务。"当你充满自信时，你站在演讲台上，面对众人，就会从容不迫，就会以最好的心态来展示自己。当然，自信必须建筑在丰富的知识和经验的基础上。这样的自信，才会成为你竞聘的力量，变成你工作的动力。

二、竞聘词的写作方法

1. 竞聘词的开头方法

竞聘演讲的时间是有限制的。因此，精彩而有力的开头便显得非常重要。有经验的竞聘者常用下面的方法来开头。

（1）用诚挚的心情表达自己的谢意。这种方法能使竞聘者和听众产生心理相融的效果。例如：我非常感谢各位领导、同志们给了我这次竞聘的机会。

（2）简要介绍自己的有关情况，如姓名、学历、职务、经历等。例如，我叫李××，1983年毕业于北京大学哲学系，1985年加入中国共产党，现任哲学教研室副主任。

（3）概述竞聘演讲的主要内容。这种方法能使评选者一开始就能明了演讲者演讲的主旨。例如，我今天的演讲内容主要分两部分，一是我竞聘人事局副局长的优势；二是谈谈做好人事局副局长工作的思路。

2. 竞聘词的主体内容

竞聘演讲的目的，就是要把自己介绍给评选者，让评选者了解你的基本情况，了解你对竞聘岗位的认识和当选后的打算。所以，竞聘演讲的主体内容应该包括以下几方面。

（1）介绍自己竞聘的基本条件

基本条件包括政治素质、业务能力和工作态度等。这一部分实际上是要说明为什么要竞聘、凭什么竞聘的问题。竞聘者在介绍自己的情况时，一定要有针对性，即针对竞聘的岗位来介绍自己的学历、经历、政治素质、业务能力、已有的成绩等。并非要面面俱到，而应根据竞聘职务的职能情况有所取舍。

（2）简要介绍自身的不足之处

竞聘者在介绍自己应聘的基本条件时，要尽可能地展示自己的长处，但不是对自身的不足之处闭口不谈。请看下面节选例文中某竞聘者的表述。

我从没有担任过班干部，缺少经验。这是劣势，但正因为从未在"官场"混过，一身干净，没有"官相官态""官腔官气"，更不可能是"官痞官油子"；少的是畏首畏尾的私虑，多的是敢作敢为的闯劲。正因为我一向生活在最底层，从未有过"高高在上"的体验，对摆"官架子"看不惯，弄不来，就特别具有民主作风。因此，我的口号是"做一个彻底的平民班长"。

（3）表明自己任职后的打算

评选者更关心的还是竞聘者任职后的打算。因此，竞聘者在竞聘演讲时，一定要用简明扼要的语言亮明自己的观点，也就是说，要紧紧围绕着听众关心的热点、难点问题，提出明确的工作目标和切实可行的措施。请看某竞聘老干部处副处长职务竞聘人的演讲：

总结我自身的情况，我认为我有条件、有能力胜任副处长的工作。如果我能竞聘成功，我将做好以下几项工作。

第一，协助处长继续做好老干部工作。解决老干部急需解决的问题。如老干部的政治生活待遇问题、老干部的晚年教育问题。

第二，积极组织老干部开展积极健康的文化和健身活动，使他们老有所乐。

第三，积极开展家访工作，特别是要加强对孤寡老人的服务工作，安排工作人员与他们结成帮助对子，使他们感受到组织的温暖。

第四，设立一个意见箱，了解老人的思想状况，了解他们的需求，并且将了解到的情况，及时向局领导汇报，并及时解决问题。

3. 竞聘词的结尾方法

好的结束语能加深评选者对竞聘者的良好印象，从而有利于竞聘成功。竞聘演讲常见的结尾方法有以下几种。

（1）表明对竞聘成败的态度。这种方法能使评选者感受到竞聘者的坦诚。例如，作为这次竞聘上岗的积极参与者，我希望在竞争中获得成功。但是，我绝不会回避失败。不管最后结果如何，我都将"堂堂正正做人，兢兢业业做事"。

（2）表达自己对竞聘上岗的信心。例如：我今天的演讲虽然是毛遂自荐，但却不是王婆卖瓜，自卖自夸。我只是想向各位领导展示一个真实的我。我相信，凭着我的政治素质，我的爱岗敬业、脚踏实地的精神，我的工作热情，我的管理经验，我一定能把副处长的工作做好。如果各位有疑虑，那就请给我一个机会，我绝不会让大家失望。

（3）希望得到评选者的支持。例如，各位领导、各位评委，请相信我，投我一票！我将是一位合格的处长！

【写作模板】

框图模式	竞聘词文字模板
	竞选学习部部长的演讲词
竞聘职务、缘由 → 个人简历 → 对岗位的认识 → 评荐自己的条件 → 施政方略 → 决心与信心 → 表达请求 → 鸣谢	同学们： 　　你们好！ 　　今天，我走上演讲台的唯一目的就是竞选学生会学习部部长。（引言：竞聘职务、竞聘缘由） 　　×××××××××××××××××××××××××，×××××××××××××××。（个人简况） 　　学生会学习部部长是×××××××××××××××××，×××××××××××××。（对竞聘岗位的理解，以及独到的认识） 　　我认为自己竞选学生会学习部部长是够条件的。首先，×××××。其次，×××××××××××。最重要的，是我有×××××××××。（自评、自荐自己的竞聘条件，如工作经历、能力等） 　　假如大家信任我，我上任之后将和学生会学习部的同学们认真做好如下八项工作。 　　一、××××××××××××； 　　二、××××××××； 　　…… 　　八、×××××××××××。（提出施政目标、构想和措施） 　今天您给我一个舞台，明天我还给大家一份成就！（表达决心、信念） 　同学们，请投我一票！（表达请求） 　　谢谢大家！（鸣谢）

【实训任务演练】

一、下面的竞聘词你认为写得怎么样？怎样能使它效果更好？

工友们，假如我有幸成为你们的厂长，你们一定会问："你能为我们做些什么？对企业有些什么样的改革措施？"恕我直言，我无力为你们迅速带来财富，提高你们的工资，增加你们的奖金。至于改革的具体方案和措施，我也无可奉告……

二、试比较下列三种竞聘词的结尾，哪一种更好？为什么？

1. "我的演讲完了。谢谢。"

2. "最后，让我再次感谢领导给我这个难得的竞聘机会，感谢各位评委和在座的所有听众对我的支持和鼓励。"

3. "今天，天气这么冷，大家还都来捧场，这使我非常感动。无论我竞聘是否成功，我都要向各位领导、评委和在座的朋友们表示深深的谢意！"

三、假设你们学校将进行学生会改选，请你作为候选人之一发表你的竞聘演讲。

四、根据个人意愿，拟写一则与专业相关的工作岗位竞聘词。

【相关链接】

竞聘词要善于把握好五大关系

竞聘词是谋职时发表的公开演讲，具有明确的针对性和强烈的竞争性，要取得成功，还须认真处理好以下五大关系。

一是朴实与生动的关系。演讲者在介绍个人简历、陈述竞聘条件、提出岗位目标和工作措施时，用朴实的语言固然能够给评委和听众以质朴诚实的印象，但是既充满活力又能感动人的生动语言，同样能够从另一侧面展示演讲者的口才魅力和性格风采。如一位学生的竞职演讲的开头："春天来了，我也来了。我驾着踌躇满志的春风而来，来竞选学生会主席一职……"朴实中不乏生动，生动中又见朴实，受到听众的欢迎。

二是直率与含蓄的关系。竞职演讲的针对性特点要求演讲者要以直率的态度，明确地表达自己的竞聘动机和条件等，这种直率并非毫无节制，在演讲者突出自身的竞争优势，力图胜过对手的时候，就不妨运用含蓄一点的语言，巧妙地说明"他不行，我行"，或"他行，我更行"，以避免"抬高自己，贬低别人"之嫌。

三是严肃与幽默的关系。竞职演讲是一件非常严肃的事情，但它并不意味着演讲者要板着面孔，用抽象的概念和枯燥的数据来说话。演讲者不失时机地用一用幽默手法，往往会获得出人意料的现场效果。

四是自信与谦恭的关系。竞职演讲是一种竞争，演讲者都要善于展示自己的特长，突出自身的优势，以唤起听众的信任感。同时，又要充分尊重评委和听众，虚心听取对手的经验，学习别人的优点。因此，在演讲时要在演讲内容、语言气势和仪态气质上表现出一种强烈的自信，使听众产生靠得住的感觉；同时又要表现出一种谦恭的良好风度，给听众留下虚怀若谷、文明礼貌的好印象。

五是理智与情感的关系。无论是介绍、自我评价，还是提出和阐释构想，竞聘者的言辞态度都要给听众以鲜明的理智感，但是它同样需要情感的作用，因为真挚而强烈的情感，能够使听众产生心理共鸣，从而确立有利于竞聘者的情感意向。情理交融的竞聘演讲，必定会产生良好的效果。

项目八
通　知

【情景导入】

　　曾经发生过这样的事情：国内某集团公司为了拓展公司的海外业务，需要召开一个大型研讨会，参加研讨会的都是各分公司的高层领导、高管人员和技术专家，由于研讨的内容涉及公司的核心商业机密，所以要求与会者携带相关的证件到会。会议如期举行，但意想不到的事情发生了，不少与会者在进入会场时因没有出示证件而被保安人员拒绝进场，会议因难于甄别这些与会者的身份只好延期举行。问题出在哪里呢？

　　原来负责拟发会议通知的文秘人员一时疏忽，竟忘了通知与会人员携带相关证件到会这样的细节，文秘部门的主管领导审核把关不严就同意发文，由此酿成此次重大过失。

　　请你想想，如果此事发生在你的身上，结局会如何？在今后的工作中，怎样才能够撰写出规范的通知呢？

【布置任务】

　　背景情况：某校准备组织初中学生到某地春游，因某地有美丽的自然风光，山势险峻，林木已披新绿。此外还有特别珍贵的参天古树，有历史悠久的文物古迹，也有近代的革命遗迹等。

　　请代学校发一个通知，说明到某地春游的意义，提出有关的注意事项，以及到达目的地后的活动方式等。

【任务要求】

　　（1）掌握通知的写作格式。
　　（2）能够在具体的公文写作中正确选用通知类型。
　　（3）掌握通知的写作方法和写作要求。

【例文借鉴】
【例文一】

××县委办公室关于加强机关值班、加强机关安全保卫工作的通知

县办发〔2014〕45号

各乡镇党委、政府，县直各部、委、局、办、中心：

　　时至年底，全县各种不稳定因素增加，治安形势比较严峻。加强值班工作，加强安全保卫工作显得尤为重要。然而，近一段时间以来，我县一些单位和乡镇在机关值班和安全保卫

方面存在一些问题。有的单位平时不安排值班，公休日、节假日期间更是无人在岗，值班制度形同虚设；有的单位领导不带班，只有一般工作人员守摊子；还有的单位连值班室、值班电话都没有设立；有些单位和乡镇安全保卫工作制度不落实，管理松懈，导致发生入室盗窃。

一、提高思想认识，加强组织领导。机关值班和安全保卫工作是各级机关搞好自身管理的重要组成部分，是维护机关工作秩序、保持上下联系畅通的必要保证，也关系到整体工作的大局。各级各部门一定要站在讲政治、讲大局、讲稳定的高度，充分认识加强机关值班和安全保卫工作的重要性，并把这项工作真正摆上重要位置，认真研究和及时解决工作中存在的问题。各级党政主要领导要高度重视，加强领导，督促检查。该投资的要舍得投资，经费缺乏的要增加经费，人员不足的要配齐配强。特别是对全体机关干部，要切实加强机关安全教育，牢固树立维护稳定意识和安全防范意识，坚决克服各种麻痹松懈倾向，坚定维护机关的良好秩序和稳定局面。

二、采取有效措施，落实完善制度。做好机关值班和安全保卫工作，必须配备好值班和安全保卫人员，认真完善和落实各项规章制度，加强管理和检查，形成制度化、经常化的防范机制。结合当前实际，全县各级机关必须做到以下两点：首先是认真落实机关值班制度。县直机关和各乡镇机关要坚持实行常年值班制度，确保每天24小时不间断有人值班，并要由一名班子成员带班。没有值班室、值班电话的要抓紧设立。对值班期间发生的重要情况和重大事件，要按照有关规定迅速上报，及时采取应对措施。其次是加强安全保卫工作。各乡镇和县直各部门要建立健全机关安全保卫工作制度。凡是有机关大院的单位，都要确定专门的安全保卫人员，配齐配好必需的工作生活设施，加强巡逻，严明责任。特别是重点部门、要害部位要严防死守，确保万无一失。

三、强化监督检查，严肃追究责任。从现在起，无论是上班期间，还是公休日、节假日，县委、县政府将对值班和安全保卫工作采取电话检查、现场检查等方式进行定期不定期的督察。电话查岗时无人接听，一律视为无人值班；现场检查时要求值班人员在岗，各项制度健全。对措施落实不到位、不按时值班的单位要进行通报批评。对因误岗、漏岗、工作失误导致出现失盗失火、财物损坏、人身伤害事件的，将按照规定严肃追究有关人员与主要领导的责任。

××县人民政府办公室

2014 年 12 月 22 日

【评析】这是一篇指示性通知，正文第一段写通知缘由，其后三段写通知事项。写得具体明确，语气肯定，条理清晰。

【例文二】

批转省公安厅《关于我省农村人口迁入城镇落户情况的报告》的通知

××××：

省人民政府同意省公安厅《关于我省农村人口迁入城镇落户情况的报告》，现批转给你们，请认真贯彻执行。

农村人口迁入城镇落户，是一项政策性很强的工作，是关系到全局和群众切身利益的大事。各级政府和有关部门要通观全局，把有限的"农转非"指标重点用于解决那些确需解决户口的人员入户问题。一些市、县不考虑本地的实际情况和承受能力，盲目地把大批的农业人口转为非农业人口，这是非常错误的，必须坚决纠正。今后，各地应严格执行规定，从严控制，不得自立法规，擅开口子，随意扩大"农转非"控制指标。

××省人民政府（章）

2014 年 12 月 11 日

【评析】这个批转性通知写得比较巧妙。其正文第二段着重强调了报告所提出问题的严重性，要求各地严格执行规定，这实际上从侧面说明了批转这个报告的意义。这个通知所批转的文件内容与例文一不同，语气则更不同。前一个语气较平和，这一个语气较严厉。读者对之应细心体会，学会根据不同的情况选择相应的、适当的词句、语气表达思想。

【例文三】

中共××县委组织部转发《中共中央组织部关于在纪念抗日战争胜利 70 周年期间开展走访慰问老干部、老党员及有关活动的通知》

各乡镇党委、县属各党组织：

近接中共四川省委组织部发来《中共中央组织部关于在纪念抗日战争胜利 70 周年期间开展走访慰问老干部、老党员及有关活动的通知》，现转发给你们，请遵照执行。

中共××县委组织部（章）

2015 年×月×日

【评析】这是一则转发性通知。标题写得非常完整，梯形居中排列。正文转发执行上级文件，以及对有关单位的工作要求。

【例文四】

关于筹建××省××系统文学艺术联合会 及 5 个协会有关事宜的通知

各××管理局、××企事业单位：

为进一步推动××系统企业文化建设的发展，繁荣林区文艺创作活动，总局决定成立××系统文学艺术联合会及文学、书法美术、摄影、音乐舞蹈、剧作 5 个协会。现将有关事宜通知如下：

一、各××管理局按文学、书法美术、摄影、音乐舞蹈、剧作 5 个门类，分别推荐 5 名理事会候选人。总局直属企事业单位推荐一名。候选人要求思想品质好，有一定的组织能力，在地市级以上报刊发表过文艺作品。

二、各××局按上述 5 个门类，各组织推荐 5 名首届文代会代表候选人，事业单位推荐二名。

三、要求各××管理局、××局成立上述相应协会。

以上三项事宜，请于×月×日前上报总局宣传部。

××省××总局（章）

2015 年 3 月 12 日

【评析】这是一篇事项性通知。正文部分先写发文的缘由、目的和依据，承启语后写具体的事项和要求，直截了当，具体明确。

【例文五】

××市人民政府关于调整本市廉租住房收入准入标准的通知

×府发〔2015〕30号

各区、县人民政府，市政府各委、办、局：

为继续扩大本市廉租住房受益面，加快解决城市低收入家庭住房困难，市政府决定，调整本市廉租住房收入准入标准，现将有关事项通知如下：

一、调整后，廉租家庭的收入准入标准为，申请家庭申请之月前连续6个月人均月可支配收入低于1100元（含1100元）。

二、特殊家庭的收入准入标准仍按原规定执行。廉租家庭的财产准入标准和住房困难面积标准维持不变。

三、调整后的本市廉租住房收入准入标准自今年8月1日起执行。

特此通知。

××市人民政府（章）

2015年×月×日

【评析】这是一则知照性通知。××市人民政府调整本市廉租住房收入准入标准，通知各区、县人民政府，市政府各委、办、局，要求这些下属各单位认真贯彻执行。正文文字简练，阐明了行文的依据、发文单位态度、事项和要求。

【例文六】

××股份有限公司关于召开代理商工作会议的通知

各地区代理商，本公司各部门：

为了保证××显示器在中国的领先地位，建立一个和谐顺畅而稳定坚固的销售渠道，给厂商、代理商和消费者带来更多的利益，经研究决定召开代理商工作会议，现将有关事项通知如下：

一、会议内容

（1）总结各地区代理销售情况。

（2）讨论并解决各地区存在的销售矛盾。

（3）商讨如何建立一个和谐顺畅而稳定坚固的销售渠道。

二、会议时间：6月18日上午8时开始，议程一天。

三、会议地点：百乐园度假村酒店三楼会议室。

四、报到时间和地点：6月17日在百乐园度假村酒店大堂报到。

五、参会人员：各地区代理商及本公司各部门负责人。

六、其他事项

（1）大会将为各与会人员免费提供食宿。

（2）参加会议的代理商请按要求填写本通知所附的会议报名表，与6月5日前寄回会务组。需接车、接机及购买回程机票、车票的人员，务请在会议报名表中注明。

（3）请华东、华北及华南各代理商报到时向我公司提交一份销售情况报表。

会务联系：××市××路××号××股份有限公司代理商工作会议会务组

邮编：×××××

联系人：王秘书

联系电话：×××××××××××

电子邮箱：××××@126.com

××××股份有限公司（章）

2015 年 5 月 20 日

【评析】这是一则会议通知。其正文由召开会议的目的和会议注意事项两部分组成。该会议事项非常详细。撰写会议事项经常出问题的，往往是地点和时间。有时地点写得过于粗略，时间只写日子，不写具体时间，这将给与会者带来不便。

【例文七】

关于任免××市建筑公司经理及副经理的通知

××市建筑公司：

你公司上报选举的过程和结果我局已收悉。经局务会议研究决定：

任纪××为经理，主持全面工作；

任吴××为副经理，主持施工工作。

免去蒋××的经理职务和刘××的副经理职务，由公司安排其他工作。

特此通知。

××市建设局（章）

××××年×月×日

【评析】任免通知的正文一般分两部分，第一部分说明任免的依据，如"经××××研究决定""根据××××，经××××研究决定"，后面加上冒号，领起文中第二部分。第二部分是具体的任免事项，每个事项单独为一个段落，以达到醒目的效果。本例文简明扼要，直陈其事，一目了然，符合一般任免通知的写法。

【必备知识】

一、通知的适用范围及特点

通知是最常用的一种公文，使用范围相当广泛，可谓公文中的"老黄牛"。

1. 通知适用范围

- 转发上级机关和不相隶属机关的公文；
- 批转下级机关的公文；
- 传达要求下级机关办理和需要有关单位周知或者执行的事项；
- 发布文件；
- 任免人员。

2. 通知特点

（1）使用范围具有广泛性。通知不受发文机关级别高低的限制；行文路线限制不严；写作灵活自由，使用比较方便；发布形式多样，多以文本形式送达。

（2）文种功用多具有指导性。上级向下级用通知行文，明显体现出指导性。特别是部署和布置工作、批转和转发文件等，都需说明需要做什么，怎样做，达到什么要求等。一部分通知对下级或有关人员有约束力，起指挥、指导作用；另一部分通知则主要起知照作用。

（3）有明显的时效性。通知事项一般是要求立即办理、执行或知晓的，不容拖延。有的通知如会议通知，只在指定的一段时间内有效。

二、通知的主要类型

根据内容与作用，通知可分为以下 6 种类型。

（1）指示性通知。有关行政法规和规章、办法、措施，不宜用命令（令）发布的，可使用这种通知行文。指示性通知的特点：强制性、指挥性和决策性。

（2）批示性通知（批转、转发性通知）。用于发布某些行政法规，转发上级、同级或不相隶属机关的公文，以及批转下级机关的公文。这类通知包括批转性和转发性　两种。

批转性通知，适用于上级机关对下级部门的文件加批语下发，需在标题中加"批转"两字。

转发性通知是"转发"有关文件的通知，需在标题中注明"转发"字样。

（3）事项性通知（工作通知）。要求下级机关办理某些事项，除交代任务外，通常还提出工作原则和要求，让受文单位贯彻执行，具有强制性和行政约束力。不宜采用命令和意见行文的，可使用这种通知。

（4）知照性通知。用于告知某一事项或某些信息的通知。例如，庆祝节日，成立、调整、合并、撤销机构，人事任免，启用新印章，更改电话，更正文件差错等。

（5）会议通知。告知开会：对单位、个人。

（6）任免通知。告知人事任免：对单位、个人。

三、通知的结构和写法

各种类型的通知，写法不同。以下介绍各类通知标题和正文的一般写法。

1. 标题

有完全式和省略式两种。

完全式标题的格式：发文机关＋事由＋文种。

省略式标题有三种情况。

（1）省略发文机关

如果标题太长，可省略发文机关。如"关于县级市经济管理权限的通知"，这个标题便省略了发文机关。省略发文机关的标题很常见。如果是两个单位以上联合发文，不能省略发文机关。

（2）省略多余的"关于"和"通知"字样

发布性和批转性通知的标题格式：发文机关＋发布（批转、转发）＋被发布文件标题 ＋ 通知。被发布、批转、转发公文为法规、规章时，一般应加上书名号。有时由于被批转、转发公文标题中已有"关于"和"通知"字样，或者被批转、转发的公文标题比较长，这时，通知的标题一般可保留末次发布（批转、转发）文件机关和始发文件机关，省略多余的"关于"和"通知"字样。否则，一个标题中就有多个"关于"和"通知"，显得很长，读起来也拗口。简化成为：末次发布（转发、批转）机关＋转发＋始发文机关＋关于＋文件名称或事由＋的通知。

例如，"××县人民政府关于转发《××市人民政府关于转发〈××省人民政府关于转发人事部关于×××同志恢复名誉后享受××级待遇的通知〉的通知》"。这个标题有四个层次，用了三个"关于"、两个"的通知"，很不顺口。可把这个标题简化为："××县人民政府转发人事部关于×××同志恢复名誉后享受××级待遇的通知"。至于被省、地区等转发过的内容，可在转发意见中交代清楚。

（3）省略发文机关和事由

如果通知发文范围很小，内容简单，甚至张贴都可以，标题可以只写文种"通知"二字。

2. 正文

通知的正文主要包括缘由、事项、要求三部分。主体在事项部分。

下面分别介绍几种通知正文的写法。

（1）指示性通知的写法

指示性通知的正文，一般先写发文的缘由、背景、依据。在事项部分，或写发布行政法规、规章制度、办法、措施等，或写带有强制性、指挥性、决策性的原则（或指示性意见）、具体工作要求等。指示性通知的事项，一般影响面较大、比较紧急和有一定的政策性。

（2）批示性通知（批转、转发性通知）的写法

批转与转发性通知的正文写法大体相同。可以把这两种通知称为"批语"，把被批转、转发的文件看作通知的主体内容。

批语的内容主要有三个方面。

① 说明批转的目的或陈述转发的理由。

② 对受文单位提出贯彻执行的具体要求。

③ 根据具体情况做出补充性的规定。

用通知批转或转发下级机关、不相隶属机关和上级机关的公文时，对被批转和转发的文件已起到了一种公布、认可或推荐的作用。

从构成上看，这种通知由批语部分和批转或转发文件组成，批语和被批转或转发文件都不能单独作为一份文件。如果批语脱离被批转或转发文件，没有实际依托内容，不能单独行文；如果被批转或转发文件离开批语，则不能纳入通知的内容，不能体现发文单位的意图，没有批语予以的权威性和合法地位。

（3）事项性通知的写法

事项性通知正文的写作，要使受文单位了解：通知的内容（即事项），以及做什么，怎样做，有什么要求。这类通知多数用于布置工作，也称为"工作通知"。

事项性通知正文一般分三部分。

第一部分是开头，说明为什么要发此通知，目的是什么。

第二部分是主体，即事项部分，将通知的具体内容一项一项列出，把布置的工作或需周知的事项，阐述清楚，并讲清要求、措施、办法等。

第三部分是结语，多提出贯彻执行要求，如"请遵照执行""请认真贯彻执行""请研究贯彻"等习惯用语；也有的通知结语不写习惯用语。

写事项性通知，要做到：开门见山，逻辑排列，叙述为主，简要分析，抓住关键。

（4）知照性通知的写法

知照性通知的正文，只要求写：行文的依据、目的和事项。要求文字明白、简洁。

（5）会议通知的写法

会议通知有两类，写法不同。

① 通过文件传递渠道发出的会议通知，一般应写明：召开会议的原因、目的、会议名称、主要议题、到会人员、会议及报到时间、地点、需要的材料等。通常采用条文式写法。要求内容周密，语言清楚，表述准确，不致产生歧义。

② 供机关、单位内部张贴或广播的周知性会议通知，正文开头可不写受文对象。应在

通知事项中说明：会议时间、地点、内容、准备材料及出席人员等。语言力求简短、明白。

（6）任免通知的写法

任免通知的写法比会议通知更为简单，一般的固定格式是：任免决定＋任免对象。即："经……研究决定，任命……为……"

【写作模板】

框图模式	指示性通知文字模板
标题 ↓ 主送机关 ↓ 正文 ↓ 结语 ↓ 落款	××××单位关于×××的通知 ×××××××： 　根据（为）×××××××××××××××××××，现通知如下： 　一、×××××××。 　二、×××××××。 　三、×××××××。 　（正文：缘由，事项） 结语 　　　　　　　　　　　　　　　　　　×××× 　　　　　　　　　　　　　　　××××年×月×日
框图模式	转发性（批转性）通知文字模板
标题 ↓ 主送机关 ↓ 正文 ↓ 落款	××××单位转发（批转）×××的通知 ×××××××： 　×××《××××××××××的（文种）》，现转发（批转）给你们，请认真贯彻执行。（正文：缘由，事项） 　　　　　　　　　　　　　　　　　　×××× 　　　　　　　　　　　　　　　××××年×月×日
框图模式	告知性通知文字模板
标题 ↓ 主送机关 ↓ 正文 ↓ 结语 ↓ 落款	××××单位关于×××的通知 ×××： 　根据×××××××，现通知如下： 　一、×××××××。 　二、×××××××。 　三、×××××××。 　……（正文：缘由） 结语 　　　　　　　　　　　　　　　　　　×××× 　　　　　　　　　　　　　　　××××年×月×日

续表

框图模式	会议通知文字模板
标题 ↓ 主送机关 ↓ 正文 ↓ 落款	××××单位关于×××的通知 ×××××： 　　××× ×。（召开会议的目的） 　　一、会议时间 　　×××××××××。 　　二、会议地点 　　×××××××××××。 　　三、会议内容 　　×××××××××××××××××××××××××××××××××××××。 　　四、参会人员 　　×××××××××××××××××××××××××××××××××××××。 　　五、其他事项 　　×××××××××××××××。 　　　　　　　　　　　　　　　　　　　　　　　　　　×××× 　　　　　　　　　　　　　　　　　　　　　　　××××年×月×日

框图模式	任免通知文字模板
标题 ↓ 主送机关 ↓ 正文 ↓ 落款	××××单位关于×××等同志任免的通知 ×××××： 　　根据××××××，××××年×月×日，经研究决定： 　　任命×××，××××××。 　　免去×××，××××××。 　　结语 　　　　　　　　　　　　　　　　　　　　　　　　　　　××× 　　　　　　　　　　　　　　　　　　　　　　　××××年×月×日

【实训任务演练】

一、判断下列事项是否可以用通知行文。

1．××省人大常委会拟颁布一项地方法规。　　　　　　　　　　　　　　　（　　　）

2．××市水电局将召开水利建设工作会议，需告知各县、区先做好准备。（　　　）

3．××县纪委拟批评××局×××干部玩忽职守，造成国家经济损失的错误。（　　　）

4．××市政府拟批转市卫生局《关于做好灾后防疫病工作的意见》。（　　　）

5．××县县委拟向所属各级党组织布置学习习近平同志"七一"讲话的有关事宜。（　　　）

二、请改正下列标题的毛病。

1．××乡人民政府关于印发××县人民政府〔2015〕10号文件的通知。

2．××厂关于转发×分厂《关于建立安全岗位责任制经验总结》的通知。

3．国家旅游局关于批转国务院《旅行社管理暂行条例》的通知。

4．转发省劳动局、省人事局、省财政厅、省总工会"关于转发劳动部、人事部、财政部、国家总工会《关于发给离退休人员生活补贴费》的通知"的通知。

5．关于批转财政局《转发〈财政部关于重申不得将国家资金转入银行储蓄的通知〉的通知》的通知。

三、试析评下列各文的毛病，并改写。

关于庆祝首届教师节开展游园活动的通知

为了庆祝第一个教师节，更好地促进师生之间的友谊，我校定于×月×日晚×时在××（地点）举办游园活动。为确保此次活动的顺利开展，现将有关事项通知如下：

一、参加游园活动者都必须是本校教职工，其他人员不得参加。

二、必须听从工作人员的安排，服从工作人员的指挥，不得无理取闹，以免影响工作人员的正常工作。

三、必须严格遵守各项活动规则，不准随便破坏游园活动的规定，如有这种情况应受到校纪处分。

四、参加任何活动都必须排队，不准随意插队，不准在队列中故意拥挤。

五、保护好一切活动器械，严禁私自拿走或破坏。

六、领奖时必须排队，不准不排队而领奖这种现象发生。

七、工作人员必须严格要求自己，不得乱发奖票。

以上规定，望大家自觉遵守，互相监督执行。对那些不遵守者，应给予校纪处分。

特此通知。

×××学校教师节游园活动筹备组（章）

××××年9月9日

机关游泳池办证的通知

机关各直属单位：

机关游泳池定于6月1日正式开放，6月10日开始办理游泳证。请你们接此通知后，按下列规定，于1月30日前到机关俱乐部办理游泳手续。

一、办证对象：仅限你单位干部或职工身体健康者。

二、办证方法：由你单位统一登记名单、加盖印章到俱乐部办理，交一张免冠照片。

三、每个游泳证收费伍角。

四、凭证入池游泳，主动示证，遵守纪律，听从管理人员指挥。不得将此证转让他人使用，违者没收作废。

五、家属游泳一律凭家属证，临时购买另票，在规定的开放时间内入池。

×××俱乐部

××××年×月×日

四、指出下列公文文稿的错误之处，并根据公文写作与处理的要求，改写为一份正确的公文。

××市工业总公司文件

公司发〔201×〕×号

关于加强自检，坚决刹住企业吃喝风的通知

各厂矿、工厂：

总公司财经纪律检查组本次年底大检查，发现各单位年底宴请频繁，名目繁多的请客送礼，导致很大浪费，广大工人同志对企业干部这种腐败现象极为不满，广大党员对此极为不满。各单位要加强廉政建设，维护企业利益，所以总公司办公会议研究决定，各单位必须成立纪检小组。通过加强自检，并在一个月内，将自检报告上报给公司。

特此通知。

××市工业总公司

××××年×月×日

五、根据下面提供的材料，拟写一份会议通知（写作时，材料中的"××"替代的内容可以具体化）。

××省教育厅准备于 2014 年 11 月 16 日至 19 日，在××市××大学学术交流中心报告厅召开全省高校校（院）长办公室工作会议。11 月 15 日持本通知到学术交流中心接待室报到。参加会议人员有本省各高校校（院）长办公室主任（或副主任），每校 1～2 人。本次会议的目的是为了进一步加强高校校（院）长办公室工作，促进全省各高校校（院）长办公室工作的协作与交流。

联系电话：×××-××××××××。联系人：××大学校长办公室×××老师。传真：×××-××××××××。邮编：××××××。会议的注意事项有四点：请参加会议人员将到达时间及车次和返程时间及车次提前电告会务组，以便安排接待和代办购票；请填写所附与会表，加盖单位公章，于 11 月 10 日前邮寄给会务组（设在××大学校长办公室），以便统计与会人数，安排住宿；请各校将拟提交的会议交流的经验材料自行打印 80 份，在报到时交会务组；往返路费和住宿费自理，回单位报销，会议伙食标准每天××元。

【相关链接】

通知与通告的区别

通知和通告一字之差，两者到底有什么区别呢？下面来看看公文中通知与通告的区别。

一、概念的区别

通知适用于批转下级机关公文，转发上级机关和不相隶属机关的公文；发布规章；传达要求下级机关办理和有关单位需要周知或者共同执行的事项；任免或聘用干部等。通知大多属下行公文。

通告是党和国家机关、人民团体、企事业单位在一定范围内公布应当遵守或者周知的事项时，使用的下行公文。

二、种类的区别

1. 通知种类

通知主要分为以下几种。

（1）印发、批转、转发性通知。用于印发本级机关，批转下级机关，转发上级机关、同级机关和不相隶属机关的公文以及发布某些行政法规等。

（2）指示性通知。上级机关对下级机关某一项工作作出指示和安排，而根据公文内容又不必用"命令"或"指示"时，可使用这类通知。

（3）知照性通知。用于告知各有关方面周知的事项等。这种通知发送对象广泛，对下级、对平级均可发送。

（4）事务性通知。用于上级机关对下级就某一具体事项布置工作，交代任务；同级机关及不相隶属的单位之间就某一项具体工作的进行或某一具体问题的解决要求对方配合、协助办理等。

（5）任免、聘用通知。用于任免或聘用国家机关工作人员职务等。

2. 通告的种类

（1）周知类通告。主要是使受文者了解重要情况、重要消息。因此，文中不提直接的执行要求。

（2）执行类通告。主要向受文者交代需要遵守、执行的政策、措施以及其他行为规范，具有一定的强制力。

三、写作格式的区别

1. 通知的写作格式

通知的写作形式多样、方法灵活，不同类型的通知使用不同的写作方法。（不同类型通知的写作方法见通知的必备知识）

2. 通告的写作格式

通告由标题、正文、发文机关和日期等部分组成。

（1）标题：由发文机关、事由、文种构成。根据具体情况，也可使用发文机关加文种、事由加文种或只写"通告"二字。

（2）正文：由缘由和通告事项两部分组成。缘由为发布通告的原因和根据，事项为须知和遵守的内容。用"特通告如下"转承连接。通告事项是面对大众的，应简洁明了，叙述清楚，通俗易懂，便于掌握。结语部分可提出要求、希望，并用"特此通告"作结，有时也可不写，形式比较灵活。

（3）发文机关和日期：正文后签署发布通告的机关名称和日期。

项目九
报 告

【情景导入】

"打报告"是我们耳熟能详的一种说法，你可知道，其实这种说法并不妥当。平日，人们一般在什么情况下这样说呢？下级机关在实际工作中遇到某个重大的疑难问题，或遇到某个自己解决不了的实际问题，需要请求上级给予批示或支持帮助，某领导便对下属说："你们先打个报告上来吧！"

其实，这位领导所说的"打报告"并非真叫你写份报告呈交，而是叫你拟份请示上呈审批。在这里，"打报告"的实质是"写请示"，而请示和报告属于行政公文中两个不同的文种，其适用范围和功用并不一样，绝不可混用。通过学习报告，同学们就会知道用报告处理哪些事务。学习了报告之后，你可别再使用这种不规范的说法，更不要将报告与请示混为一谈。

【布置任务】

2009届食品营养与检测专业的李小宁，在××食品分公司经过一年的顶岗实习被录用。他从一线的生产车间工人做起，由于业务能力较强，工作认真踏实，后来被调到质检部门，现在已经成为该公司主管生产的副经理。根据总公司的要求，他积极配合其他领导，严抓产品质量，取得了显著成效。现在需要写一份报告，向××食品总公司汇报本公司食品生产与检测情况。请以××食品分公司的名义替李小宁撰写这份工作报告。

【任务要求】

（1）掌握不同类型的报告的结构。
（2）能够在具体的公务中正确选用报告。
（3）掌握报告的写作方法，能写出合格的报告习作。

【例文借鉴】
【例文一】

万达集团公司 2014 年工作报告

××××：

2014年转瞬即逝。全体员工在集团公司的领导下，上下一心，团结协作，顺利地完成了全年各项工作指标。展望2015年，相信公司会有更广阔的发展前景。为了更好地开展工作，认真吸取经验教训，找出工作中存在的问题，现将2014年度各项工作情况报告如下：

一、2014年主要工作成绩

2014年面临的形势非常困难，中国经济持续放缓。国际环境也不容乐观，世界经济主要有四台发动机，欧洲陷入泥潭，日本也不行了，美国稍好，但也只是"弱复苏"，中国也在下滑。在这样困难的形势下，经过全体同仁的努力，2014年万达依然取得非常优秀的成绩。

（一）全面完成年度目标

2014年万达集团资产5341亿元，同比增长34.5%；收入2424.8亿元，完成年计划的101%，同比增长30%；企业净利润同比也大幅增长。这是万达连续第9年保持环比30%以上的增速。（略）

（二）主要公司成功上市

商业地产公司2014年12月23日在香港成功上市，募集313亿元港币，是全球历史上最大的房地产IPO，也是香港2014年最大的IPO。商业地产公司上市是我们多年努力的良好结果。特别是通过上市路演交流，得到很多启示，发现不足之处，这对商业地产长期发展有重要意义。（略）

（三）文化产业重大突破

1. 创造中国文化产业历史。（略）

2. 代表文化产业发展方向。（略）

3. 经营效果超出预期。（略）

4. 无锡、广州万达城开工。（略）

二、2014年存在的主要问题

（一）企业管理仍存漏洞

大歌星出现严重管理漏洞，财务系统三次预警，总经理和分管副总裁仍不改进，集团只好给予纪律处分。因为领导的问题，也影响到去年大歌星几千名员工的收入和奖金。

（二）工程质量出现的问题

武汉积玉桥项目住宅装修质量出现问题，出现问题不怕，但武汉项目公司、商管公司，对业主反映的质量问题不够重视，没有立即返修，最后导致业主上街闹事，给万达集团造成严重负面影响。

（三）管理费用偏高

集团总部和各系统都存在管理费用偏高的问题，这是我们聘请权威第三方机构调研得出的结论。特别是一些不挣钱的部门，花钱更是大手大脚，不注意节约。去年下半年丁总裁牵头解决这个问题，并定下一条底线，今后万达管理费用的增长幅度，不得超过企业收入和净利润的增长幅度。

三、2015年主要工作安排

（一）2015年经营主要目标

全集团资产6100亿元，收入2740亿元。

商业地产开业26个万达广场、14间酒店。收入、租金、利润指标内部下达。

文化集团收入450亿元。（略）

（二）开始全新转型升级

1. 第四次转型。（略）

2. 万达集团的转型。（略）

3. 商业地产的转型。（略）

（三）加快发展电子商务

1. 确保成都云计算中心 10 月之前竣工，支持电商全国联网运行。（略）

2. 搞好技术研发。（略）

3. 做大支付规模。（略）

今年推荐读《万达哲学》，通过读这本书让大家更加深入了解万达文化。

2015 年全国经济形势仍然严峻，经济增长有可能继续放缓，这种情况下，希望万达全体同仁共同努力，坚决完成全年所有目标。

董事长：王健林

2015 年 1 月 17 日

【评析】这是一份工作报告。正文围绕主旨，首先介绍了工作背景和对工作的总体肯定性评价。文种承启语后引出报告的事项，即"主要工作情况及成绩""存在的问题"及"来年工作安排"。文章展开内容采用分条列项法，内容排列具有逻辑关系。可看出王健林董事长对公司运营是经过认真仔细分析的，这是写好本文的前提。本文语言流畅，思路清晰。

【例文二】

关于××××煤矿溃水淹井事故的报告

×××：

2014 年 8 月 17 日，山东省××地区突降暴雨，造成山洪暴发，洪水漫过上游东周、金斗水库泄洪道，造成柴河、汶河水位暴涨，大堤决口 50 米左右。17 日 14 时 30 分洪水通过煤矿用于井下水砂充填的废弃砂井，以 50 立方米/秒的流量溃入××集团×× 有限公司（原××煤矿）矿井下，当时井下共有 757 人。该矿发现险情后，紧急撤人，有 585 人安全升井，尚有 172 人被困井下。经全力抢救无人生还，最终造成 172 人全部遇难。

事故发生后，市长×××第一时间赶赴事发现场，并对抢救救援工作做出重要指示，督促指导地方做好抢险救援和事故调查等工作。省委书记×××得知消息当即率队赶赴现场，由省卫生、安监、煤监等部门人员组成的工作组和救援队伍紧急赶赴现场。×××市政府迅速启动市县两级应急救援预案，全力展开抢险救援工作，并及时向社会各界通报抢险救援工作进展情况。安监总局要求××煤矿安监局进一步核清事故情况和被困人数，协助地方政府全力组织抢险救援，科学制订救援方案，千方百计抢救被困人员，严防发生次生事故。

经调查分析，造成这次事故的直接原因，一是突降暴雨。今年，××地区降雨比去年同期多 35%，比历年多 39%。8 月 16 日至 8 月 18 日，3 天降雨量达 262 毫米，为 50 年一遇，有 70%集中在 17 日凌晨 2 点到下午 3 点，11 个小时降雨 180 毫米以上，为 70 年一遇。二是山洪暴发，河水暴涨。柴河和汶河上游的山区丘陵地表为很难渗透的土壤结构，大面积的地表水汇总形成山洪，导致河水猛涨，据核算最大洪峰达到了 1800 立方米/秒。该河最大泄洪能力为 1089 立方米/秒，河水暴涨、漫河过堤。三是河堤决口。在柴河、汶河两河交汇处，河床极不规则、河道曲折，对河岸冲刷严重；加之决口段为沙土，土质松软，经洪水浸泡、冲刷很快决堤。四是矿井与洼地连通。柴河和汶河决堤之后，洪水进入多年挖沙的沙场，沙场中有废弃的砂井、露天采煤矿井等与洼地相通，从而导致了洪水直接进入煤矿发生淹井事故。

此次溃水淹井事故属于自然灾害事故（突降大雨、河水暴涨部分属于自然灾害；但河堤决口、溃水淹井并造成大量人员伤亡，应属于责任事故），使国家和人民生命财产蒙受了巨大的损失，我们心情十分沉痛。这次事故的发生从根本原因上看，一是××煤矿领导缺乏安全意识，对存在的事故隐患没有采取有效防范措施，应急预防工作不到位。对处于多年挖沙形成的低洼处的煤矿废弃砂井、露天煤矿等与地面连通处没有采取加高、密封等措施，致使溃水进入矿井。二是当地有关部门对柴河、汶河维护、管理不到位。在连降暴雨，山洪暴发，河水暴涨的紧急情况下，有关部门没有采取有效预防措施，在危险河段派人巡逻，发现险情及时通知相关部门、企业和百姓及早采取应急措施，这也是导致大量人员伤亡的重要原因。

为了从这起矿难事故中吸取教训，我们于 8 月 19 日召开了紧急电话会议，通报了这次事故，提出了搞好安全生产的紧急措施。要求各部门、各级领导干部要树立安全第一的思想，加强事故预防，消除一切事故隐患，做好突发事件的预防、检测、处置工作，防止事故发生。

经调查认定，这起事故灾难虽然是由严重自然灾害引发的，但也暴露出有关地方政府、部门和企业在应对极端天气造成的严重自然灾害、防范生产安全事故等方面存在的突出问题。山东省有关方面按照"四不放过"的原则，依法依纪对 26 名责任人员追究责任。其中，对山东××矿业有限公司董事长和××煤矿矿长等 6 名责任人移交司法机关追究刑事责任；对 20 名有关责任人分别给予党纪、政纪处分和行政处罚。

山东省××××煤矿总公司

××××年×月×日

【评析】这篇报告不但格式规范，而且布局合理，在表述方面尤其有三方面值得借鉴：一、内容集中、主旨突出。行文能紧紧围绕事故写，不枝不蔓，主旨鲜明、突出。二、叙事简明清楚。三、实事求是地分析直接原因和根本原因。制文者在事故面前敢于负责的态度，令人信服。正文最后部分没有专门写"结语"。报告也可以不写"特此报告""以上报告，请审批"一类的专门结语，内容写完了即自然结束。

【例文三】

关于人事局收取人事管理费用一事的报告

××省人社厅：

贵厅来文询问本市人事局通知各学校 2003 年以后工作的教师补缴前几年的人事代理费，很多年轻教师质疑是否是乱收费一事，就反映的问题，我们立即进行了调查。现将有关情况报告如下：

2003 年人事制度改革前参加工作的教师人事档案由××市教育局管理。2003 年人事制度改革后参加工作的教师人事档案由××市人才流动中心管理。××市教育局没有办理人事代理的业务权限，所以办理相关人事代理手续是由××市人才流动中心依法进行。

单位新进人员按照《××市人事代理暂行办法》（××人字〔2003〕167 号）文件，人事代理的范围及对象包括全民所有制事业单位（推行公务员制度中依照管理、参照试行、参照管理的除外），人事制度改革后新进各类人员实行人事代理。

收费标准按照《××市人事代理暂行办法》（××人字〔2003〕167 号）第八条规定：人事代理实行有偿服务，按照省财政厅、物价局制定的收费标准为：新进事业单位人员代理费一律按规定标准 20 元/人/月收缴。

特此报告。

××市人力资源和社会保障局

2015 年 5 月 10 日

【评析】这是一篇写得较好的答复报告。正文开门见山写接到省厅查询人事局收取人事管理费用一事，这是行文的背景。接着以文种承启语导出主体。主体部分就2003年之前和之后人事档案管理情况、收费情况及收费依据做了陈述，针对上级的询问回答得有理有据、简洁明白。

【必备知识】

一、报告的含义和用途

报告适用于向上级机关汇报工作，反映情况，答复上级机关的询问。

报告是机关、单位经常使用的重要的上行文。用好报告，能帮助上级及时了解情况，掌握下情，为领导决策提供依据；同时，有利于下级机关、单位接受上级的监督和指导。

二、报告的特点

1. 反映实践性

报告汇报的工作，是对本单位工作的回顾或总结。所反映的情况，只能是本单位在工作实践中所碰到的情况或问题。答复上级机关的询问，也只能依据本单位的实践情况。报告的内容须真实，不能弄虚作假。

2. 概括陈述性

报告的表达方式是陈述性的，即以叙述和说明为主，然而，它的叙述和说明却必须是概括性的，只要求做粗线条的勾勒，而不能详述事件或工作的过程，更不要求铺排大量的细节。即便运用议论，也多限于夹叙夹议。

三、报告的类型

1. 工作报告

工作报告，即向上级机关汇报工作的报告。多数工作报告只向上级机关汇报某一阶段工作的进展、成绩、经验、存在问题及打算，汇报上级机关交办事项的结果，汇报对某一指示传达贯彻的情况，以及向上级机关报送物件或材料等，并不向上级提出工作建议。有的工作报告也可以提出工作建议。提出的工作建议只请求上级机关认可（即呈报类建议报告），有的则在提出工作建议的同时，还请求上级机关批准转发（批转）给下级机关执行（即呈转类建议报告）。

2. 情况报告

情况报告，即向上级机关汇报出现的新情况、新问题，特别是突发事件、特殊情况、意外事故及处理情况的报告。

3. 答复报告

答复报告，即对上级机关所询问的问题做出答复的报告。

四、报告的结构

1. 标题

一般采用完整式公文标题的写法。如果标题中省略了发文机关，则落款时必须写发文机关名称。

2. 主送机关

一般是发文机关的直属上级机关。如有必要报送其他上级机关，可采用抄报形式。

3. 正文

（1）工作报告。正文围绕主旨展开陈述，内容一般包括基本情况、主要成绩、经验教训、今后意见或提出有关建议等几个部分。不同类型的工作报告，汇报的侧重点会有所不同。如果内容较多，则应分条列项写，或分若干部分写，各条项、各部分之间要有逻辑关系，避免无序交叉。

（2）情况报告。正文围绕主旨，实事求是地概括叙述事件发生的原因、经过、性质，同时，要写出处理意见、处理情况或处理建议。

（3）答复报告。正文包括答复依据和答复事项两部分内容。答复依据即上级请求回答的问题。

4. 结语

一般报告的结语都有习惯用语。根据报告的不同内容使用不同的习惯用语。提出建议要求上级机关批转给下级机关的工作报告，常以"如无不妥，请批转有关单位执行"等请求式用语作结，其他各类报告常以"特此报告""专此报告""以上报告，请审批"等用语作结。

五、注意事项

（1）注意工作报告和情况报告的区别。工作报告反映的是常规性的工作，内容相对稳定，写法也相对固定，有的工作报告还向上级提出工作建议。而情况报告汇报的是偶发和突发的特殊情况，内容多不确定，写法相对灵活。

（2）经验体会是工作报告写作的难点。经验体会必须是从实际工作中概括出的能指导今后工作的规律性的东西，而不是简单做法的罗列、拼凑。

（3）写情况报告要及时，以便及时让上级机关掌握情况。

（4）写答复报告要紧紧围绕上级机关提出的问题而回答，不能答非所问、节外生枝。

（5）报告中不能夹带请示事项。

【写作模板】

框图模式	工作报告文字模板
标题 ↓ 主送机关 ↓ 正文 ↓ 结语 ↓ 落款	×××分公司关于××××××的报告 ×××： 　　××××××××××（背景、依据）在××××××下，现在××××工作已经结束。总体来看，×××××××××工作进展得比较顺利，取得了××××效果（基本情况及总体评价）。现将此项工作报告如下： 　　一、××××××××××××××。（主要成绩） 　　二、××××××××××××××。（经验教训、效果评价） 　　三、×××××××××××。（存在问题、改进意见、建议） 　　特此报告，请审阅。 　　　　　　　　　　　　　　　　　　　　　　×××分公司 　　　　　　　　　　　　　　　　　　　　　　××××年×月×日

框图模式	情况报告文字模板
标题 ↓ 主送机关 ↓ 正文 ↓ 结语 ↓ 落款	×××分公司关于×××××××的报告 ×××： 　　×月×日，我单位发生了一起×××××事故，××××××××××××××××××××××。(背景依据：概述事故基本情况，包括事故发生的时间、地点、造成的损失)现将情况报告如下： 　　一、×××××××××。(对事故的救助活动情况) 　　二、×××××××××。(救助情况、事故原因) 　　三、×××××××××。(处理事故的做法、措施) 　　四、×××××××××。(教训、表态) 　　五、×××××××××。(对事故责任人如何处分) 特此报告。 　　　　　　　　　　　　　　　　　　　　×××分公司 　　　　　　　　　　　　　　　　　×××年×月×日

【实训任务演练】

一、请扩充下面的材料，以××市商业局物资公司的名义向××市商业局起草一份情况报告。

2015年2月15日夜，天降大雪，××市商业局物资公司仓库保管员张×，在值班时违反工作制度，酒后吸烟，熟睡后酿成火灾。火灾发生后，虽然调集了本市和邻市部分地区的消防人员与车辆参加灭火，抢救出部分货物，但由于该仓库领导组织指挥不力，加上风大、货物杂乱堆放，缺乏消防水源，致使火灾蔓延，给国家造成了巨大损失。大火扑灭后，清点库存，损失货物价值达90万余元。事故发生后，市商业局立即采取紧急措施，派有关部门负责人赶赴现场，协助调查处理这一事故，做好善后工作。

二、2015年3月，××系开展了一系列学习雷锋的活动，社会反响大，效果好，××学院团支部总结表扬他们的工作，要求××系写一份汇报材料。请代写一份报告。

三、情景模拟写作

××建筑总公司第一分公司的××项目工地，在11月15日晚发生盗窃案件，项目经理询问失窃情况，项目副经理回答说：经检查核实，被盗窃的物资设备主要有发电机1台、脚手架约20根、电缆约200米、电动自行车1辆，合计损失约2万元。项目经理说：你撰写一份报告，向总公司反映一下失窃情况。请你模拟项目副经理的身份，完成这篇报告，要求内容确切，包含对原因的分析、对责任人的处理以及补救措施等内容，语言简洁，结构完整。

【相关链接】

工作报告的写作程序及要点

撰写工作报告是秘书工作的"重头戏"，也是衡量办公室文字水平的重要标志。如何才能写好？笔者谈谈自己的认识。

一、广泛收集素材

盖房子必须有水泥、瓦块，做饭必须有米、面、油、蔬菜，同样，没有素材也写不成报告。

起草报告前，首先要广泛收集各类可能会用到的材料。收集途径主要有：一是调查研究，取得第一手材料。二是广开材源，积累第二手材料，指加工过的一些材料，如上级的文件、领导讲话、学术论文等。可以在计算机里建立自己的资料库，把各类材料分门别类，纳入其中，用的时候从中筛选。不要怕积累的素材可能用不上，功夫是不负有心人的。

二、反复研磨主题

常言道：主题不存，公文无魂；主题突出，文稿有神。什么是主题？材料的主题，是领导集体意志的体现，是行政目的的具体体现。研磨主题，就是使主题思想由低向高、由浅入深、由粗到精不断深化，对材料进行分析综合、抽象概括，挖掘出最本质、最核心的东西。如：诸葛亮《出师表》的主题就是鞠躬尽瘁，死而后已。

三、客观准确定位

常言道："定位不准，累死三军。"能否准确定位，是决定工作报告写作是否成功的重要因素。常用办法有：一是参加重要会议和调研活动。详细记录领导的即兴讲话，摸清近期的重点工作和总体思路；二是认真阅读重要文件。起草材料以前，要认真阅读一遍领导在各类会议上的讲话原始记录，仔细分析，掌握思路，进行提炼，基本上可以刻画出报告的大致轮廓；三是直接征求领导意见。写出报告提纲，向领导当面征求意见。四是初稿完成后，向相关领导征求意见。

四、科学谋篇布局

写作之前，要精心谋篇布局，科学安排结构，合理排列内容，做到纲目清楚、思路贯通、层次清晰、段落完整。谋篇布局的最终结果，就是列出提纲。提纲越清楚越好，哪一部分略写，哪一部分详写，举什么例子，都罗列清楚。这就像是工程的设计图纸，有了图纸才好施工。工作报告通常有以下结构。

一是板块式。即把主体部分分成若干个板块。其中又分两块式和多块式。

二是并列式。板块之间没有递进关系，只是并列关系。

三是纵深式。即前后几个板块的内容是由浅入深、递进式发展的关系。

五、精益求精撰写

谋好篇，布好局之后，就要精心写作。最好是一气呵成，力求语气、语意流畅。实在做不到，也没有关系，因为提纲已经打好，按部就班写作下去即可。要注意以下几点。

善于分析。分析就是对写作素材进行比较、综合、归纳和概括，得出想要的思想和观点。

提炼拔高。语言一定要总结提炼，一定要总结归纳，有所取长，适当拔高。摆出的事实要雄辩有力，阐述的理由无懈可击，引人深思，令人振奋。

起好大小标题。标题如同衣服的领袖，起得好能够吸引人们的眼球，激发阅读兴趣。大标题，要高瞻远瞩、总体概括。小标题是大标题的解释说明，为大标题服务。撰写标题多用概括的方法，就是通过全面、理性、辩证的分析，总结出有共性、有规律的东西。

六、反复修饰修改

文章写好以后，要认真修饰、逐字揣摩。通过语言修饰，使词语富有文采，句式富有变化。常用的修改方法有以下几种：一是审阅修改法；二是诵读修改法；三是讨论修改法。

七、善于总结反思

要检验一篇讲话稿成功与否，最有效的方法就是亲临大会现场，听一听领导在讲话时做了哪些改动，为什么这么改，用心记下，最好自己事后写出书面的起草总结。思考一下还可以改进的地方，下一次该怎么写，长期坚持，必有收获。

项目十
请 示

【情景导入】

李伟是××集团公司人力资源部负责人，因为海外分公司业务量增大，急需招聘一批熟悉海外业务，能适应海外工作环境的业务人员。李伟拟订了向社会公开招聘业务人员的招聘方案，要将拟好的方案，写一份请示交给集团公司研究审批。他的这份请示将如何撰写才能获得通过呢？又有哪些需要注意的呢？

【布置任务】

请阅读下文，指出其毛病，并写出修改稿。

××公司关于××制衣厂翻建房屋的请示报告

总公司：

我公司下属××制衣厂于××××年10月开始翻建汽车库，且已经拆除了司机、装卸工宿舍，武装部办公室，基建科办公室等共计510平方米。由于以上办公用房的拆除，汽车无处停放，有关职工无处办公，严重影响正常工作。为缓和厂区占地紧张状况及结合全厂长远规划，故决定一层为汽车库，二层为办公用房。

为解决当前办公用房之急需，决定把已拆除的510平方米面积加在汽车库顶层，资金由本公司自行解决。

妥否，请批示。

××分公司

××××年 10 月 30 日

【任务要求】

（1）了解起草请示的基本要求。

（2）掌握规范的请示结构与写法。

（3）根据请示事项合理撰写请示缘由。

【例文借鉴】

【例文一】

××××关于参加集团公司××××业务培训的请示

教育培训中心：

为促进中心××业务系统管理升级，近期，集团公司将在西安举办一期××业务培训班。经研究，我部拟派××员工参加培训，培训时间为 2015 年 4 月 1 日—4 月 5 日，预计费用 4500 元（其中：培训费 3000 元，差旅费 1500 元）。所需费用拟从部门 2015 年 4 月预算中列支。

妥否，请批示。

附件：1. 集团公司××业务培训通知（含课程计划）

2. 费用预算明细

3. ××员工履历简介

×××部

2015 年 3 月 18 日

【评析】这篇例文首先写出了写这篇请示的缘由。其次写明所请示的具体事项。最后给出结语，并有附件对正文补充说明。条理清晰，内容言简意赅。

【例文二】

××市第二职业中学关于拨给新学校
宿舍楼的建筑资金的请示

××市教委：

我校近几年按照上级下达的计划招生，住宿生急剧增加，造成了学生宿舍的拥挤。2008 年我校有学生 1200 人，住宿生 600 人。今年 10 月学生增加到 2600 人，住宿生增加到 1300 人，而学生宿舍仍然只有两栋楼，700 多个床位，两人一铺的住宿现象非常普遍，这不仅给学生的生活和学习造成了很大困难，更严重的是影响到学生的身心健康。为解决这一问题，我校拟于 2015 年年初在校园东面的空地上建一栋 900 个床位的七层学生宿舍楼，现已自筹资金 60 万元，尚有 70 万元的缺口。恳请市教委给予支持，拨付我校 70 万元学生宿舍楼的建筑资金。

妥否，请批复。

××市第二职业中学

2014 年 12 月 5 日

【评析】这是一则请求上级机关支持、帮助的请示。正文以两句话说完请示的理由，在此基础上，后两句提出了请示的事项。值得注意的是，文章在陈述困难及事实时，注重用统计数字说明问题，显得理据充分，要求合理。

【例文三】

关于成立跆拳道协会的请示

院团委：

跆拳道是一项以脚踢为主、手脚并用的体育运动，练习跆拳道不仅可以强身健体，而且还有助于锻炼观察能力、判断能力、反应能力，有助于培养坚定的信心，顽强的毅力，勇于吃苦和奋力拼搏的精神，特别是跆拳道"以礼始，以礼终"的练习要求，更有助于青年学生对礼仪文明、道德修养的学习。正因如此，这项起源于朝鲜半岛的体育运动自2000年被列入奥运会正式比赛项目以后，很快在世界各国得到了推广。我国对这个项目也是喜爱有加，全国绝大多数省、市、自治区和高等院校都成立了跆拳道协会，有的高校还开设了跆拳道专业，跆拳道运动项目在我国的发展已成蓬勃之势。近几年来，随着我院体育事业的发展，跆拳道运动也得到了较快的推广，体育教学部开设了跆拳道选修课程，各专业的学生踊跃选修。不少同学都成了跆拳道运动的业余爱好者，仅仅是我们工程造价专业2014级4个班就有15位同学在练习这个项目，其中×××同学已进入"蓝带"。但同学们由于缺乏统一的管理和必要的技术指导，不仅练习效果欠佳，进步缓慢，而且由于盲目练习，往往会导致一些伤害。

为有效进行跆拳道训练，推动我院体育事业的发展，进一步提高广大同学的身体素质，增强学生的防范能力、适应能力和承受能力，培养青年学生敢于吃苦、勇于拼搏的精神，磨炼坚韧不拔的意志，全面贯彻落实德、智、体、美全面发展的教育方针，丰富学生的课余文化生活，活跃校园气氛，我们工程造价专业2014级4个班部分同学经过充分准备，拟在全院范围内发起成立跆拳道协会，挂靠工程分院团总支。如能批准，我们将严格遵守国家的法律法规和学院的各项规章制度，按照本会章程积极开展活动，努力把本社团办成我院具有积极影响的重要社团，为我院体育事业的发展做出应有的贡献。

特此请示，恳请审批。

附件：××学院跆拳道协会章程

××学院跆拳道协会筹备组

2015年6月10日

【评析】该请示首先阐述了跆拳道运动项目的基本情况，如特点、优势、影响等，然后说明了在本院成立该协会的基础、条件及其必要性。之后，进一步说明成立该协会的具体事宜，包括宗旨、机构、开展活动、经费来源及其使用等，因为所列内容较多，为了使请示简明扼要，把它们写进章程，随附件列出。最后是结语，提出得到批准的要求。整个请示的结构清晰明了，内容比较全面。

【必备知识】

一、请示的用途

请示适用于向上级机关请求指示、批准。具体地看，请示的适用范围主要包括如下几方面。

（1）对上级有关方针、政策、指示或法规、规章不够明确或有不同理解，需要上级机关做出明确解释和答复。

（2）从本地区、本单位的实际情况出发，需要对上级的某项政策、规定做出变通处理，有待上级重新审定，明确作答。

（3）在工作中出现新情况、新问题需要处理而无章可循、无法可依，需要上级机关做出明确指示。

（4）需要请求上级解决本地区、本单位的某一具体问题和实际困难。

（5）按上级机关和主管部门有关政策规定，未经请示有关部门批准，无权自行处理的问题。

（6）工作中出现了一些涉及面广而本部门无法独立解决的困难和问题，必须请示上级领导或综合部门，以求得他们的协调和帮助。

值得注意的是，凡自己职权范围内的工作，经过努力能处理和解决的问题、困难，都应尽力自行解决，不要动辄请示，把矛盾上交。

二、请示的分类

根据请示的不同内容和写作意图，将其分为两类。

（1）请求指示的请示。这类请示多涉及政策上、认识上的问题。前文所提请示的适用范围前三项，属这种类型。

（2）请求批准的请示。这类请示多涉及人事、财物、机构等方面的具体问题，前面所提后三项即属此类。

三、请示的特点

（1）行文内容的请求性。请示是向上级机关请求指示和批准的公文，具有请求的性质。而报告是向上级机关汇报工作、反映情况、提出建议、答复上级机关的询问或要求的公文，具有陈述性质。

（2）行文目的的求复性。请示的目的是请求上级指示、批准，解决具体问题，要求做出明确批复。而报告的目的则在于让上级知道、掌握某方面或某阶段的情况，不要求批复。

（3）行文时机的超前性。请示必须在事前行文，等上级机关做了批复之后才能付诸实施。报告则可在事后行文，也可在工作进行中行文，一般不事前行文汇报方案。

（4）请求事项的单一性。请示要求一文一事。报告可多事一报，但不得夹带请示的事项。

四、请示的基本格式

1．标题

请示标题大多采用公文的常规写法，即可以是由发文机关＋主要内容＋文种构成的完整标题，如《××省机器制造集团公司关于对×××新产品进行定价的请示》；也可以由主要内容＋文种构成，如《关于购买集装箱拖车的请示》。

写标题时要注意，不能将"请示"写成"报告"或"请示报告"。标题中尽可能不要出现"申请""请求"之类的词语。

2．正文

（1）请示缘由。即请示问题或事项的原因、背景、理由。这部分要求事实清楚，理由充足，因它是上级机关批准的依据，只有把缘由讲清楚，再写请示的事项，这样才有说服力。

（2）请示事项。请示事项是请示的核心，将请示上级机关给予指示、批准或批转的具体问题及事情全盘托出，请求上级机关做出答复。提出请示事项要详细，阐述说明道理要充分。如需要上级机关审核、批准的事项，要进行具体细致的分析，还可提出处理意见和倾向性意见，供领导参考。提出的请示，要符合有关方针、政策，并切实可行。

（3）请示要求。请示要求是结语部分，为了使请示的事项得到答复，发文机关应明确提出要求解决问题的方法或途径。一般是另起一行空两字书写。请示结语语气要谦恭，常用的结语有："是否妥当，请批示""以上请求，请批复""特此请求""以上请求，请审批"；"以上请求，如无不妥，请批准""妥否，请批准"等。

　　3. 落款

五、请示和报告的异同

　　1. 相同处

　　（1）行文方向一致。均属上行文，而且是公文中用得很广泛的两大文种。

　　（2）在格式上，都由标题、主送机关、正文、署名及时间四部分组成。

　　2. 不同处

　　关于请示与报告的不同，前文讲解"请示的特点"时已有涉及，这里进行进一步的说明。

　　（1）行文目的、作用不同。请示旨在请求上级批准、指示，需要上级批复，重在呈请。报告要向上级汇报工作、反映情况、提出意见或建议、答复上级询问，无需上级答复，重在呈报。

　　（2）涉及内容不同。请示用于向上级机关请求批准、指示，凡是下级机关、单位无权解决、无力解决以及按规定应经上级机关批准认定的问题，均可以请示行文。而报告用于向上级机关汇报工作、反映情况、提出意见建议、答复询问。

　　（3）行文时间不同。请示需要事前行文，报告一般在事后或者工作过程中行文。

　　（4）主送机关数量可以不同。请示只写一个主送机关。报告有时可写多个主送机关，如在情况紧急需要多级领导机关尽快知道灾情、疫情时。正式印发请示报送上级时，还应在"附注"处注明联系人的姓名和电话，以利主送机关在必要时查询，而报告没有此项要求。

　　（5）受文机关处理方式不同。请示属于办件，收文机关必须及时批复。报告多属阅件，除需批转的建议报告外，收文机关对其他报告都可不行文。

　　（6）写作侧重点不同。虽然都要陈述、汇报情况，但报告的重点旨在汇报工作情况，报告中不能夹带请示事项，而请示中所陈述的情况只是作为请示的原因，即使反映情况以及阐述缘由所占的篇幅再大，其重点依然是请示事项。

六、注意事项

　　（1）不可请示和报告混用。把"……的请示"写成"……请示报告"或"……报告"都是错误的。

　　（2）一事一文。不能一文数事，以免上级机关不好批文而贻误工作。

　　（3）避免多头请示。请示应只主送一个机关，切忌多头主送，以免出现单位之间互相推诿的情况，延误工作。如果是受双重领导的机关，应根据请示内容，主送一处上级机关，对另一上级机关采取抄送形式。

　　（4）不可越级请示。在一般情况下不得越级请示，应根据隶属关系和职权范围逐级进行请示。如果因情况特殊或事项紧急必须越级请示时，要同时抄送越过的上级机关。

　　（5）请示不得抄送下级机关。请示是上行文，不得同时抄送下级机关，更不能要求下级机关执行上级机关未批准的事项。

　　（6）语言要谦恭。请示的语气必须谦恭，要尊重上级，不要用要挟、命令、催促的口吻。在写请示事项时，只能写"拟"怎么办，不能写"决定"怎么办。

【写作模板】

框图模式	请示文字模板
标题 ↓ 主送机关 ↓ 正文 ↓ 落款	单位名称＋关于＋事由＋的请示 ×××（主管领导或主管部门）： ×××××××××××××××××××××××××××。（扼要写明请示缘由） ××××××××。（过渡句） ×××××××××××××××××××××××××××××。（请示事项：提出具体的请示要求和明确的观点） 结语（提出回复要求），（妥否，请批示；当否，请批复；以上请示，请予审批；特此请示） 　　　　　　　　　　　　××××× 　　　　　　　　　　　　×××年×月×日

【实训任务演练】

一、指出下列标题存在的问题。

1. 关于修建袁崇焕故居纪念馆的请求报告。

2. 关于扶贫贷款的申请报告。

3. ××公路局关于请求投资修建公路客运站的请示。

4. ××××设计院关于汇报调整机构设置的报告。

5. 关于筹备召开××市人民代表大会的请示。

6. 关于培训办公室主任的请示报告。

二、你认为下面这份请示的缘由部分写得如何？

某派出所打算从所处的 A 区搬迁到 B 区，在向上级机关请示时，陈述了以下几条理由。

1. 房屋朝向不好，冬冷夏热，还有日晒。

2. 地处偏僻，市民报案不方便。

3. 周围有一家印刷厂，噪音声污染较严重。

4. 现有办公室 5 间，房间狭小，不够使用。

5. B 区刚好搬走一家单位，房子空着，可提供给本派出所使用。

三、根据下述材料，拟写一份请示。

××省外资局拟于 2015 年 12 月 10 日派人员（局长×××等 5 人）到美国纽约市××设备公司考察并引进设备。此事需向省政府请示。该局曾与对方签订过引进设备的合同，最近对方又来电邀请前去考察。在美考察时间需 20 天，所需外汇由该局自行解决。各项费用预算，可列详表。

【相关链接】

如何写好请示理由？

1. 理由要真实

例如，一家单位申请资金购买电梯。其中，有一个理由——电梯由于使用多年，已不能运行了。于是领导派人去调查情况，一看这些电梯还没有到报废年限，仍能正常运行。结果领导大为恼火，资金问题当然也就得不到解决了。

2. 理由要合理、充分

例如，一家单位申请资金盖办公楼。"我单位长年没有合适的办公地点，这些年一直租用其他单位的房子办公，每年的租金就 5 万元，已远远超出了我们的财政支出，如果建一座办公楼，根据测算，只需要资金 50 万元，约等于 10 年的租金，这样 10 年后每年将节约 5 万元经费。"又如，一家单位申请资金疏通排水沟。不但着重写了挖排水沟的几个理由：淤泥厚，雨季来临，影响排涝；夏天蚊虫孳生，气味难闻，影响居民乘凉等。而且还引申下去，写了挖好排水沟后会美化周围环境，而且对居民生活也有很大好处，两岸种上树木后将来会产生较好的社会效益和经济效益等。

又如，申请扩建校舍的请示"学生众多，校舍紧张"这个理由不够充分，可修改为："近几年来，我校招生规模不断扩大，在校学生总数由 2008 年的×××ｘ人上升到 2012 年的×××ｘ人，而目前校舍设计容纳学生人数为×××ｘ人。我校基础设施建设的滞后，影响了学生的学习和生活，成为制约教学质量提高的瓶颈。为此，……"

3. 理由中可恰当渗入感情

例如，一单位请求解决学校房屋建设资金问题。"这些年学校连年失修，致使孩子们长年在一所破旧的房屋里上课。冬天，窗户没有玻璃，四处透风，孩子们手脚都冻裂了，简直无法写字；夏天，雨水较多，房顶漏雨，房梁遭到虫蛀，非常危险，一旦倒塌，后果不堪设想。看着这些可怜的孩子我们心里十分难受，为此，经乡里同意，我们决定重新盖一座教室，目前我们已筹集了×万元资金，还缺×万元，能否适当给予解决？"

4. 认清站在谁的角度来写理由

"蠢人用他知道的道理说服我，智者用我知道的道理说服我。"——亚里士多德

理由要站在领导的角度来写。

请示是呈给领导阅批的，只有得到领导的认可才能得到满意的批复。因此，写作要站在领导的角度，以领导的思路来写才更有说服力。例如，一家单位申请搬迁，在写搬迁方案时就具体提供了几个方案，详细写出每种方案所需经费。这样，几个方案放在一起，让领导很容易就做出选择。

项目十一
函

　　小李是黄河地产公司办公室新招聘来的文员。某日，办公室主任老李给她布置了一项写作任务，主题是向区国土资源局申请购买位于南山脚下的一块土地。小李不知用什么文种：用请示？用报告？没有上下级关系！用申请？又过于民间化，不正式！经咨询办公室"老前辈"得知，应该用函。

　　那么，函适用哪些范围呢？

【布置任务】

　　根据下述材料，写一封报价函和一封还价函。要求具备标题、函号、称谓、正文、信尾五项格式。

　　（1）乐家家食品有限公司收悉大有客联营商场希望订购"乐家家"儿童食品350箱的询价函。

　　（2）乐家家食品有限公司报出"乐家家"儿童食品的商品名称、质量等级、包装规格、单价（每箱80元）及总金额、结算方式、交货日期、交货方式。

　　（3）大有客联营商场要求降价10%，提出还价后的单价及总金额。

【任务要求】

　　（1）了解函的特点和类型。

　　（2）掌握函的基本格式和内容要素。

　　（3）能正确写作和使用不同类型的函。

任务一　公　　函

【例文借鉴】

【例文一】

关于商请派车运送农民工的函

浙江省交通厅：

　　为做好今年的春运工作，及时运送在我省工作的外省农民工回家过年，我们组织了农民工运送专门车队，但由于我们运力不足，车辆不够，估计不能满足农民工的要求。特请贵省派出大型客车20辆，与我省组成运送农民工车队，负责运送贵省在我省工作的农民工。

妥否？请尽快函复，以便办理有关手续。

广西省交通厅

××××年×月×日

【评析】这是一则商洽函。正文的缘由部分，开门见山，即陈要旨，继而提出要求。文末一句，语言得体，又暗含催促对方办理的压力。

【例文二】

关于请求协助解决技术人员进修外语的函

××大学校长办公室：

为适应引进国外先进技术和设备的需要，我厂拟选派 10 名技术员到贵校出国人员英语强化进修班进修半年。为此，特与贵校商洽，恳请给予大力支持，有关进修费用等事宜按贵校有关规定办理。

妥否，请函复为盼。

××市机械厂（公章）

××××年×月×日

【评析】这是一份商洽请求函。正文分三个层次：其一，写引进先进技术设备缺乏人才技术，这是行文的缘由、背景；其二，写请求参加进修班；其三，进修具体事宜遵照对方规定。最后，请求对方答复。文章思路清晰，环环相扣，逻辑性强。

【例文三】

关于机械厂请求协助解决技术人员进修外语的复函

××市机械厂：

贵厂《关于请求协助解决技术人员进修外语的函》（××字〔××××〕××号）已收悉，经与外语系研究，复函如下：

同意接受贵厂 10 名技术人员到我校英语强化进修班进修，关于经费、时间安排等具体事宜，请贵厂速派人到我校与外语系有关人员商议。

特此函复。

××大学校长办公室（公章）

××××年×月×日

【评析】这是答复对方商洽事项的函。正文开头引述对方来函标题及发文字号，以作复函缘由，继而用"经……研究，复函如下"一语过渡到主体部分。主体部分先概括对方来函所商洽的事项，既是对来函的回应，又表达了自己的态度。紧承这句，做出"商议"合作的表态，并提出面谈要求。文章针对性强，态度诚恳，表述严谨，行文规范。

【例文四】

××奔驰汽车有限公司关于大学生实习计划商洽函

××大学动力机械及车辆工程研究所：

为了让高校大学生能够在暑假期间获得更多的社会实践机会，我公司将开展大学生暑期实习计划。实习期间，我公司将就近安排实习的学生至专营店进行实习。

实习内容包括：

1. 暑期实习，学习汽车知识，掌握销售技巧等；

2. 在实习过程中，撰写实习日志，参加有奖实习博客评比；

3. 实习期间，根据实习表现评比出优秀实习生，可获得一定奖励。

望贵所能够对实习计划的以下项目予以协助：

1. 推荐实习的学生（汽车工程系）2 名，并提供学生详细情况（姓名、年龄、联系方式）；

2. 实习学生选取标准为：家中有困难的学生优先考虑；

3. 提供推荐的实习学生所在院系的具体放假时间；

4. 由于实习处于暑假期间，望贵所能解决推荐的实习学生的住宿问题；

5. 我们会寄送海报至贵所，请协助将海报张贴于研究所、宿舍公告栏中。

感谢贵所的支持！

为方便贵所及贵所学生了解我公司，附上企业介绍及其他一些资料，请收到后复函或回电确认。

本次实习计划，我公司全权委托北京××企业管理顾问有限公司负责，如有疑问请致电：010-××××××××，许小姐。

特此函达，盼复。

××奔驰汽车有限公司（印章）

2015 年 6 月 18 日

【评析】这是一份商洽函。奔驰与××大学并没有隶属关系，但因推广品牌与大学生实践是共同需求，因此，请求商洽合作应该用函行文。正文开门见山，直陈需求，表示可提供大学生实践岗位，并提出如何管理，食宿等问题，比较坦诚，便于对方接受。理由说得入情入理，充分可信。

【必备知识】

函，就是信，公函即指公务信件。这里的函，即指公函，一般是用来处理公务的，与一般个人的信函是不同的。一般公函有文件头、文件名称、发文字号、公章等。

函是适用于不相隶属机关之间商洽工作，询问和答复问题，请求批准和答复审批事项的公文。它是平行公文，使用起来简洁、灵活、具体、方便，使用范围十分广泛，有时上下级机关也可以使用函。

函是一种较为特殊的公文，具有行文的多样性、功能的多样性、表述的灵活性等特点。依据不同的标准，可以将其划分为不同的类别。

从函的形式上看，它可以分为公函和便函两类。尽管二者都可以用于处理公务，但公函属于正式公文，要用文头，写编号，严格按公文格式行文，还要立卷、存档；便函只是普通件，不用文头，也不编号，无需存档，使用较为方便。

从函的行文关系上看，它可分为来函与复函两类。来函又叫发函，是主动给其他机关去的函，用以交流信息、协商工作。复函，是被动地答复相应商请的函件。

从函的作用上看，函可分为五种：商洽函，用于互不隶属或平级机关之间商洽工作；询问函，向有关机关询问情况，提出问题，要求对方答复；答复函，针对询问答复问题；知照函，把需要知照的情况告知对方；请批函，一般是就某一方面的业务向没有隶属关系的"主管"部门的行文，请求批准。

函一般由标题、发文字号、主送机关、正文、签署等部分组成。

（1）标题。正式公函的标题与其他公文文种标题格式相同，由制发机关、事由、文种三部分组成，如《国家税务局关于人民银行委托加工饰品征税问题的函》。

（2）发文字号。为完全式，即由发文机关代字、年号、顺序号组成。但函的发文字号机关代字要加一个"函"字，如粤府函〔2012〕23号。

（3）主送机关。因为需要商洽工作，询问情况或答复问题的有关单位一般应写全称。最后一个单位名称之后应加上冒号。

（4）正文。一般书信在内容上没有限制，函原则上应当一事一函。函的正文包括缘由、事项和结语三部分。

缘由，发函要说明原因与目的，而复函一般是引叙来函："你单位×××年×月×日的来函收悉。"

事项，无论是发函还是复函，都要写清楚有关事情。发函要将本单位想要商洽或询问或请求批准的问题具体、明确地写出来。而复函也要将本单位对来函的意见说明白。

结语，函的结束语是一些习惯用语，发函用'特此函告""即请函复"等；复函用"特此函复""此复"等。

（5）签署。在信笺的右下角写上发（复）函单位的名称、主要负责人的签名，有的还要写上联系人。如果是几个单位联合发函，发函单位的名称应当并列。在签名之下写明成文日期。要在签署和日期上加盖公章。

【写作模板】

框 图 模 式	去函文字模板
标题 ↓ 主送机关 ↓ 正文 ↓ 落款	关于××××××（事由）的函 ××××： 　×××××××××××××××××××。（依据、缘由、背景） 　为了×××××××××，（行文目的）现函商（现函请、现函洽、现函告）如下：（文种承启语） 　×××××××××××××××××××××。（事项） 　××××××××××××。（事项） 　是否同意（是否慨允、是否可行），请函复（请函批、请函告）。（要求、希望、祈盼） 　　　　　　　　　　　　　　　　　　××××公司 　　　　　　　　　　　　　　　　　　××××年×月×日
框 图 模 式	复函文字模板
标题 ↓ 主送机关 ↓ 正文 ↓ 落款	××××（复函方）关于×××××（事由）的复函 ××××： 　贵公司（贵方）《关于×××××的函》（××××〔×××〕20号）已收悉。（依据、缘由、背景）经研究，现函复（现函批，现函告）如下：（文种承启语） 　×××××××××××××××××。（事项） 　××××××××××××××××××。（事项） 　专此函复。（特此函复、特此函批） 　　　　　　　　　　　　　　　　　　××××集团公司 　　　　　　　　　　　　　　　　　　××××年×月×日

【实训任务演练】

找出下面函件的错误并改正。

××学校关于解决进修教师住宿的函

××大学校长办公室：

首先，我们以校方的名义向贵校致以亲切的问候。在此，我们冒昧地请求贵校帮助解决我校面临的一个难题。

事情是这样的，最近，我校为了培养师资，选派了5名教师到××学院进修。因该院基建工程尚未完工，学校住宿紧张，我校几位进修教师的住宿问题几经协商仍得不到解决。在进退维谷的情况下，我们情急生智，深晓贵校府高庭阔，物实人济，且有乐于助人之美德，因此，我们抱一线希望，冒昧地向贵校求援，请求贵校救人之危，伸出援助之手，为我校进修教师的住宿提供方便。为此，我们将不胜感激。有关住宿费用等事宜，统按贵校的有关规定办理。

以上区区小事，不值得惊扰贵校，实为无奈，望能谅解。最后，再次恳请予以关照！

××学校（印章）

××××年×月×日

关于举办艺术节的复函

市文化局：

你局《关于申请拨款举办艺术节的函》已见到，经我们考虑，同意拨给你局举办艺术节的经费，于下月由财政拨出，请专款专用。

特此告知。

××市财政局（印章）

××××年×月×日

任务二 商 函

【例文一】

××公司关于询洽建立贸易关系的函

××公司：

我们从《××日报》广告部得悉贵公司的名称及地址，现借此机会与你们通信，意与你方建立业务关系。我们是一家专门出口台布的国有企业，可根据顾客对产品的花样图案、规格尺寸以及包装装潢的不同需求接受来样订货。我们也愿意接受顾客指定商标或牌号的订单。为使你大致了解我公司台布的品种，我们将另航空邮寄一份最新目录供参考。若其中有哪些产品你们感兴趣，请尽快告知我方。一俟收到你方具体询盘，我们将寄送报价单与样品。

特此函达，盼予函复。

××公司

××××年×月×日

【评析】这是一份商洽生意的函。主动说明联系的来由，不让对方感到"来路不正"，反感推销的套路。为表达自己的意愿，提出可根据客户需求订货，甚至接受客户指定的商标，还有目录供参考。文章思路清晰，环环相扣，逻辑性强。

【例文二】

关于建立贸易关系事宜的复函

××公司：

贵公司《关于询洽建立贸易关系的函》（××××〔××××〕××号）已收悉。

贵公司愿意与我公司建立直接贸易关系，这恰巧与我公司的愿望一致。我公司非常愉快地答复贵公司所需要的资料。所附上的商品样件，将会向贵公司提供一套完整的各种货物的详细说明和出售价格。

目前，我公司对混纺人造纤维感兴趣，如蒙贵公司寄来商品目录、样品以及有关需要的资料，便于我们熟悉贵公司的供货用料和质量情况，将不胜感激。

我们保证，如果贵公司货物的质量及价格均具有竞争性，我方将大量订货。

欣然等候贵方信息。

××进出口公司

××××年×月×日

【评析】这是答复对方商洽事项的函。正文开头引述对方来函已收悉，表明自己同意且"愿望一致"，然后提出自己的订货要求，并抛出"性价比高，量大从优"来吸引对方。文章针对性强，语言得体，有理有据，态度诚恳，表述严谨。

【例文三】

××市塑料二厂关于询问 TK-89 型自动考勤打卡机维修事宜的函

××市海威企业有限公司：

我厂于两年前购进贵公司组装生产的 TK-89 型自动考勤打卡机，两年来使用情况良好，但近来发现打印出现断痕，造成 3、6、8、9 等字难以分辨，估计是打印头断针。我厂曾在我市寻找多家电脑维修站（店），均无此配套的打印头。特发函向贵公司询问，贵公司在我市何处设有该种机型的维修部，应如何送交维修，预计维修费用多少，以及付款方式等。

特此函达。

××市塑料二厂（公章）

××××年×月×日

【评析】这是一份询洽函。正文交代了行文原委，发现的情况、采取的措施，这是行文的背景，也是请求对方帮助维修的来龙去脉。要求写得有礼有节，请求合理，若能写上联系人及电话更好，便于联系。此文行文得体，层次明确，思路周密。

【例文四】

××市海威企业有限公司关于自动考勤打卡机维修问题的复函

××市塑料二厂：

贵厂×月×日《关于询问 TK-89 型自动考勤打卡机维修事宜的函》（××函〔××××〕11

号）已收悉。鉴于我公司在××市尚未设立维修网点，我公司决定派出售后服务部经理×××并一名技师前往贵厂上门维修 TK-89 型自动考勤打卡机。

特此函复。

××市海威企业有限公司（公章）

××××年×月×日

【评析】这是一份答复对方的商洽函。正文开头引述对方来函标题及发文字号，以作复函缘由，然后说明自己的维修方式方法，达到解决问题让客户满意的目的。文章针对性强，态度诚恳，表述严谨，行文规范。

【必备知识】

商务信函简称商函，是一种主要通过邮政系统递送的有关经贸事务的书信。

一、商务信函的作用、特点和类型

1. 商务信函的作用

（1）处理经贸业务。商函的基本用途是处理各种经贸业务。并且，它所涉及的业务范围极其广泛，任何工商企业都可利用商函的这一主要作用来实现一定的经营目的。

（2）交流经贸信息。商务信函是生产企业和供应厂商同销售商和用户保持密切联系的重要途径之一，也是工商企业相互沟通信息，获取经济效益的一种重要手段。

2. 商务信函的特点

（1）业务性强。商务信函具有纯粹的业务性，一般不涉及当事人之外的任何事情。业务性是商函区别于其他信函的最突出特点。

（2）凭证效用。商务信函一经签署发出，便具有司法凭证的性质，可以作为办理商务的凭据，也可备日后查考。

（3）内容单一。商务信函写作要求一函一事，内容集中单一，行文叙述具体。商函内容的单一性决定了它在结构上的简明性和语言上的简洁性、明确性。

（4）讲究礼节。商函往来主体之间地位平等，互惠互利，由此决定了商函写作虽然不说过分客套的话，但却比较讲究礼节性用语。

3. 商务信函的类型

从商函形态看，可分为公函式商函和普通商函。公函式商函仿效行政公文函的形式，普通商函就是便函在商务交往中的运用。公函式商函和普通商函的格式有繁简之别。从行文关系看，可分为致函和复函，致函是主动发出的商函，复函是答复来函的回函。从发函缘由看，可分为建立关系函、推荐聘用函、商务邀请函、商务确认函、询价报价函、推销订购函、信用调查函、发货催货函、付款索款函、索赔理赔函等。

二、商务信函的基本格式

商务信函的信文格式包括信头、标题、函号、称谓、正文、信尾、附件标注、附言等项。公函式商函的格式如下。

（1）信头

信头出现于信文首页的上部，在左上方写收件人地址、单位、职称、职衔、姓名等；右上方写发信人地址、法定名称、姓名、电话、传真、电报挂号、E-mail、邮政编码、寄信日期等。信头并非中文商函的必有格式，国内商函往来多无信头。

（2）标题（事由）

标题位置在信文首页上方，居中书写，其内容是标明事由。事由要求概括出函件的主旨、中心，使收信人通过标题一目了然地明白信文的主要内容。

商函标题常见有两种形式：一是由事由加文种名称"函"构成，类似于行政公文函的两项式标题，如《关于要求承付打印机货款的函》；二是先写"事由"二字，加冒号提示，然后直接标写该信件的内容，如"事由：机动车索赔"。

（3）函号（编号）

函号即发函字号或发函编号。中文商函编号常见有两种形式：一是仿效行政公文发文字号，形成"×函〔20××〕×号"或"〔20××〕×函第×号"的形式，如"琼纺财函〔20××〕99号"或"〔20××〕琼纺财函第99号"，不过，商函的发函字号不像行政公文发文字号那样有严格的要求。二是采用直接编号，如"第23号"。

设置函号是为了便于收发函双方对商函的处理、归档、备查，是否需要编制函号或采用何种形式编排函号是发函者的自由行为。函号的标注位置也没有固定、统一的要求，通常出现在标题右下方或信头的左上方。

（4）称谓

称谓是对收信人或收信单位的称呼。称谓的位置在标题或函号的左下方，单独占行，顶格书写，后面用冒号。商函比较注重称谓。若收信方是单位，应写全称或单位内的部门名称；若写给个人，要在公司名称和对方名字之后加职务衔，以示尊重。

（5）正文

正文的基本结构由开头、主体、结语构成。

开头应直截了当、简单扼要地说明发函意图、缘由。复函则要引述对方来函，以示复函的针对性。

主体表达信函的中心内容。一般是根据发函缘由详细地陈述具体事项，或是针对所要商洽的问题或所联系的事项，阐明自己的意见。主体的写作要求观点明确，一文一事，文字简明，事实有据，行文礼貌。

结语一般用精练的词语将主体所叙之事加以简要概括，并提出本函的有关要求，如"候复""希望上述答复能够满足贵方的要求，并候早复"等。有的商函在结语时使用惯用语，如"此致""此复""候复""见复"等。也有的商函不设结语。

一般商函不使用祝颂语，个别商函如联系信、庆贺信，为联络情感、表示礼貌，常在结语写一些表示祝愿或致敬的祝颂话语，如"谨祝商安""顺颂商祺""恭祝健康"等。

（6）信尾

信尾包括落款、签章、日期等格式。

落款通常写在结语后另起一行（或空一两行）的偏右下方位置。以单位名义发出的信函，落款可写单位名称或单位内具体部门名称，也可同时署写信人的姓名。有负责人姓名的还须注明职衔。

签章包括签字和加盖公章。重要的信函，为郑重起见要加盖公章。有发函人署名的必须亲自手签真名，不能用图章代替手签；打印的信件在打印的姓名前面也必须签署真名，因为商函是重要的凭证。

日期一般写在署名的下一行或同一行偏右的位置。发函日期要写明具体的年、月、日（甚至时）。作为凭据，日期是商函非常重要的一项格式，要求书写完整，不可省略、遗漏。

（7）附件说明

附件说明的标注位置可在落款之前也可在落款之后，靠左侧写"附件："或"附："字样，注明附件的名称和件数，如"附件：安图公司最新地图目录三份"。

（8）附言

信函写完后，发现内容有漏，或有补充说明之事，或有必须修正之处，可在落款左下方标写"又及：""又启：""再者：""再启者："字样，然后提行予以补叙，交代有关事项。也可直接补叙有关事项，然后标写"又及""又启"字样。如果附言补叙的内容较多，应重写此函，以示尊重。

上述公函式商务信函的八项格式并非每件商函必备，其中标题（事由）、称谓、正文、信尾四项是必有的格式；而信头、函号（编号）、附件说明、附言四项是或有的格式，依实际需要选用。

【实训任务演练】

一、下面是一份函的一种写法，试分析这种写法是否恰当，恰当和不恰当各表现在哪些地方。

关于请××商厦准备介绍工作经验材料的函

××市商业局：

你局××商厦狠抓安全保卫工作，成绩突出。经市综合治理办公室同意，我局准备于12月中旬召开全市经保工作经验交流会，请××商厦在会上介绍加强内部防范工作的经验。请速通知该单位，于12月10日之前将此材料报送我局×处秘书科（写作要求附后）。

此致

敬礼

××市公安局

××××年11月20日

二、下面是一则病文，请写出格式规范、具有函的语体特征的修改稿。并请根据此内容写一份复函。

关于要求报价的函

××茶厂经理：

我们对你们厂生产的绿茶很有兴趣，十分想买一批君山毛尖茶。我公司要求不高，只要求该茶叶品质一级，规格为100克一包，望你厂能告诉单价报价和交货日期、结算方式等给我公司。

如果价钱合理，且能给予最好的折扣，我们将做到大批量订货。

××副食品公司

××××年×月×日

【相关链接】

附：商贸信函常用文言词语汇释

1. 称呼部分的习惯用语

台鉴："台"，敬辞，旧时对别人的敬称。"鉴"，审察明鉴的意思。"台鉴"，请您审阅的意思。

台览："览"，阅看的意思。"台览"义同"台鉴"，请您审阅的意思。

惠鉴："惠"，有求于人的敬辞，有劳您的意思。"惠鉴"，劳您审阅的意思

雅鉴："雅"，高尚不俗的意思，对人的称誉之辞。"雅鉴"，请您指教、审阅的意思。

2．开头部分常用的习惯用词语

已悉：已经知道了的意思。

收悉：收到并知道了的意思。

兹启者："兹"现在的意思。"启"，陈述的意思。"兹启者"，现在陈述的意思。

兹有：现在有的意思。

兹将：现在把的意思。

顷接："顷"，刚才的意思。"顷接"，刚才接到的意思。

3．主体部分常用的惯用词语

鉴于：由于考虑到的意思。

应予：应该给予的意思。

希予：希望给予的意思。

特予：特别给予的意思。

惠予：请求给予的意思。

贵公司：贵，敬辞，这是对对方的尊称。

敝公司：敝，谦辞，这是对自己的谦称。

赓即："赓"，继续的意思。"赓即"，即随即的意思。

不日：不多天、不久的意思。

即日：当天的意思。

即可：立即就可以的意思。

竭诚：竭尽全力、真心实意的意思。

4．结语部分的常用惯用词语

函达：写信表达的意思。

函复：写信答复的意思。

函告：写信告知的意思。

见复：答复我。

此复：就这样答复的意思。

查照：查看并按照要求办事。

为盼：所盼望的意思。

项目十二
总　结

【情景导入】

　　唐太宗说："以铜为镜，可以正衣冠；以史为镜，可以知兴替；以人为镜，可以明得失。"这里的借鉴就是总结经验，找出教训。对一个部门、单位、管理者和个人来说，只有正确评价得失，不断总结，积累经验，找出失败的教训，探索事物的规律，各项工作才能有做好的希望，才能不断进步。勤于思考，善于总结，能更好地发挥主观能动性，增长才干，在工作中不犯错误，少走弯路。正如毛泽东同志所指出的："人类总得不断地总结经验，有所发现，有所发明，有所创造，有所前进。"

【布置任务】

　　任何一个人在生活、工作、学习中，总有取得成功的时候，只是有些人获得成功的次数多一些，有些人获得成功的次数少一些；有的人成功在学习上，有的人成功在其他方面。那么，请你回顾自己的生活，将你认为是成功的一件事，写成一篇小总结。

【任务要求】

　　（1）掌握总结的概念、类型、基本格式。
　　（2）了解总结的写作方法和要求。
　　（3）能够运用辩证的观点总结经验和教训。

【例文借鉴】

【例文一】

××分院卫生部2014—2015学年第一学期工作总结

　　随着新年的到来，不知不觉中本学期的工作即将宣告结束，回顾本学期我们分院卫生部的工作历程，既有值得我们高兴的成绩和成功的经验，也有许多不足之处。下面，我就本学期的工作情况总结汇报如下。

　　一、成绩

　　在本学期的卫生部工作中，我们主要做了以下几件事。

　　（一）完善了卫生部的制度建设

　　为了增强大家的卫生意识，做好校园美化建设和卫生工作，使同学们有个舒适干净的学习环境，摒弃不良卫生陋习，我部先从完善制度着手，一如既往地听取同学们对卫生部的意见及建议，制订了《卫生优秀班级评比制度》《卫生定期检查制度》《寝室卫生检查标准》《教室卫生检查标准》《卫生普查制度》等，使同学们执行时有标准、有要求、有目标，做到心中有数。

（二）抓好了卫生监督工作

为了改变过去制度流于形式的不足，使卫生打扫工作落到实处，我们把工作重点放在抓卫生监督上，本学期我们采取了如下监督措施。

1. 学生会干部每周进行不定期的检查，让班级与班级进行评比，并把检查、评比的结果列入优秀班级考评内容中。

2. 以定期检查或突击检查的方式，对教室卫生进行检查，争取做到清除各个班的卫生死角。

3. 每个月月初召开卫生委员会议，让他们了解本月卫生方面的情况，及时上传下达，调整工作方式，改正工作中的不足。

（三）开展了卫生普查工作

卫生普查既有助于我们了解教室的情况，也有助于我们及时发现教室存在的一些卫生死角，从而使存在的问题及时得到解决，还有助于我们大学生良好卫生习惯的养成，提升学生们的精神风貌。在本学期，我们开始了全分院卫生普查工作，为规范全系的卫生普查工作，我们还专门印发了《卫生评分标准》，使每个卫生委员了解自己的具体工作内容。尽管刚开始时部分同学对此有异议，但通过我们耐心细致的宣传工作及协商沟通工作，同学们的思想问题很快得到了解决，我院的卫生状况也焕然一新。

（四）举行了"我爱我家"宿舍风采大赛活动

为了更好地管理我分院的卫生，给同学们树立卫生工作方面的榜样，我部于2014年11月16日举行了"我爱我家"宿舍风采大赛活动。活动通知13日贴出，由卫生部通知各班卫生委员。活动于16日开始，分两阶段进行：第一阶段由卫生部检查各宿舍卫生状况，并说明注意事项及不足，作为活动前准备。第二阶段由各辅导员老师及卫生部成员进行评分，对比较优秀的宿舍拍下照片，用于最后的评比。根据各宿舍打分情况，最后评出优秀宿舍六个，我们按照大赛规则对他们进行奖励，包括物质奖励及综合测评分数的奖励。将优秀宿舍的照片制作成展板，让同学们参观、学习。活动中同学们积极准备，显示出了非常高的热情。此次活动，增加了同学们对卫生工作的认识，为我们更加系统地管理分院卫生创造了良好的平台。

（五）进行了卫生干部自身素质建设

自身素质建设是部门建设生命力的源泉。它既能树立部门的威信，又有利于学生干部自身业务素质和工作能力的提高。为确保本学期工作能够有效进行，我们要求每位卫生干部本着"严谨、认真、务实"的工作态度，加强自身素质建设，力争在卫生打扫工作方面做同学们的表率。同时，我们还要求卫生干部注意加强自我教育的力度，也为学生骨干营造发挥自我特长的平台，培养他们较强的工作责任感和事业心，使他们不仅素质提高，而且具有较强的工作能力。

二、体会

通过一学期的真抓实干，我们有如下工作体会。

（一）作为干部，必须增强自我服务意识

学生会永远是同学们的勤务员，学生会活动只有以"一切以同学们的根本利益"为出发点，才能够获得同学们的信任，使我们的集体保持更加旺盛的生命力，具有更强的战斗力。

学生会干部必须时刻树立"为同学服务"的意识，认真对待每一件事，力争做好每一件事，配合有关部门开展活动，提高办事效率，提高部门的生命力、凝聚力、号召力。

（二）作为干部，必须提高自身的工作能力和素质

俗话说得好："干部干部，先干一步。"学生干部作为学生中的骨干分子，其作风一定要正派，态度一定要端正，品格一定要高尚。并且，学生干部还要有不怕苦，肯付出的精神，踏实肯干，所谓"在其位，谋其事"。不断增加责任感，提高工作积极性和为同学服务的热情。同时，学生干部应树立良好的人格风范，处处起表率作用。凡是要求广大同学做到的，自己首先做到，如搞好自己的卫生；凡是禁止同学做到的，自己坚决不做，如打架、斗殴等；总之，做到光明磊落，公道正派，严格自律，宽厚待人，不昧着良心，应问心无愧。只有这样，才能树立自己在学生中的地位和威信，才能使工作顺利开展并获得成功。

三、存在问题

在取得成绩的同时，我们的工作中也存在一些不足。如星期二的大扫除，还是有个别班级没有按时打扫，这也与我们部门人员未及时通知、工作不到位有关。还有，毕业班的卫生情况抓得不是很严，也很少跟他们的卫生委员沟通，导致检查结果不理想等，这有待于我们进一步改进工作方法。

四、今后建议

由于我们卫生部工作成员的工作时间不是很长，所以工作经验不足，工作中不可避免地还存在这样那样的问题，请领导、老师、同学及时指出，以便我们下学期的工作开展得更好。

××分院卫生部

2015 年 1 月 15 日

【评析】这是一份由学生会干部撰写的年终总结。作者从自身实际出发，采用了"分部式"即"情况—成绩—经验体会—问题—今后设想或建议"的结构写法。正文的成绩分五部分对一学期的工作进行了叙述，事例具体，条理清晰。全文结构完整，思路清晰。

【例文二】

××水电集团公司 2012 年度工作总结

2012 年度，是公司全体员工拼搏进取、攻坚克难的一年，同时也是硕果累累、成就斐然的一年。一年来，我们按照公司 2012 年的工作思路和工作部署，在公司的主营业务方面，实现了历史性突破；同时在资产管理运营工作、体制与机构改革方面取得了显著的成绩，使我公司各项工作有了新的提升。现就我公司 2012 年的工作情况总结如下。

一、2012 年完成的主要工作和取得的成绩

2012 年公司紧紧围绕投资开发水电和加强资产管理两大业务，大力推进体制改革，各项工作都取得了长足的进步。资产管理运营工作成效显著，电力生产经营创造历史最高水平。改革工作稳步推进，取得重要阶段性成果，基本实现了改革工作的年度目标，管理工作扎实有效。

（一）水电开发取得历史性突破

一年来，在××董事长的直接领导下，公司依托行业优势，把握好工作方向和工作时机，积极寻求水电开发资源，规避各种风险，明确了重点实施四大项目、跟踪两大项目的开发目标，全体员工不畏艰苦，战胜困难，使水电投资主业取得了突破性进展。

1. 宁夏沙坡头水利枢纽是国家西部大开发首批十大重点建设工程之一，主要承担灌溉和发电任务。电站总装机12.03万千瓦，总投资11.97亿元，目前主体工程已近收尾，其1、2号机组已并网发电，3、4号机组今年上半年投产。近期公司已组成专门力量，加强对沙坡头水利枢纽工程的开发建设与管理运营工作。该项目预计2015年就可实现投资收益回报。

2. 新疆新水股份公司主营业务是水利发电和水利施工，其资产总量为3.2亿元，控制水电装机4.25万千瓦，经济效益较好，新水股份在新疆水利行业具有良好的行业背景和声誉。新华公司出资7840万元收购新疆新水股份公司56%的股份。下一步我公司以新水股份公司为平台，重点实施"建二筹二改一，再签订3～5个项目开发权"的工作，进一步拓展新疆水电市场。

3. 云南××枢纽工程前期工作取得明显进展。公司及时与相关单位组建了云南龙江水电枢纽有限公司，选派业务骨干进驻现场，全面展开工程项目前期工作。重新修编完成了预可研报告，环评、水资源、水保等专项报告编制工作已经全面启动，组织进行了项目重大技术咨询和研究工作，基本完成了淹没补偿的实物核查和补偿费用测算工作，为今后的项目实施打下了坚实的基础。

（二）资产管理运营工作成效显著

在加快推进体制改革步伐的基础上，转换企业经营机制，加强资产管理，加强对所属企业、控股公司的监管和指导，参控股公司和所属企业的生产经营成效显著。同时，关系到公司长远发展的资本公积金转增注册资本金工作进展顺利。

1. 万家寨公司的发电量和发电收入创历史新高，2012年发电量首次突破20亿度，比上年同期增加11.1%；发电收入达6.7亿元，比上年同期增加36.7%，效益也有明显提高。万家寨电站发电耗水率比上年降低0.33%，实现6.07立方米的来水发1度电的水平，在相同来水的情况下，多发电660万度，增加经济效益240多万元。

2. 三门峡水工机械厂和重庆水文仪器厂在完成公司制改革的基础上，生产和销售取得了历史最好成绩，一举遏制了产量徘徊不前、亏损逐年增加的局面。三门峡水工机械厂当年完成工业总产值3.47亿元，产品销售收入2.6亿元，利润161万元，实现年内扭亏为盈；重庆水文仪器厂当年完成工业总产值800万元，与上年同期相比增加了170万元，销售收入906万元，利润49万元，实现年内扭亏为盈。

3. 公司公积金转增注册资本金工作进展顺利。为进一步提高公司的市场竞争实力，促进公司长远发展，公司决定抽出公司的7亿元资本公积金转增为注册资本金，使公司注册资本金由5000万元增加到7.5亿元。目前，转增报告已得到国资委正式批准，正在进行工商注册变更，不久即可完成。该项工作完成后，对公司提高融资能力、提升市场信誉、增强竞争实力以及长远快速发展都将起到极大的促进作用。

（三）体制与机构改革工作稳步推进

今年是公司改革工作取得突破的一年，公司按照局党委制订的改革部署和要求，采取有效措施，把握大局，深化改革，加强管理，改革工作取得了明显成效，实现了年初制订的改革目标。

1. 根据综合事业局的部署和要求，公司把改革工作作为年度重要任务之一，明确公司三位副总经理分别负责"三厂"的改制工作，将改制责任和任务落实到人。一年来，在多次调研的基础上，具体研究并指导直属企业的改制工作，协调解决改制中出现的情况和问题，实现了三门峡水工机械厂和重庆水文仪器厂从"工厂制"到"公司制"的改革目标，分别更名为三门峡新华水工机械有限责任公司和重庆华正水文仪器有限公司。郑州厂改制工作，一年来历经坎坷和反复，在综合事业局的领导下，经过各方艰巨努力，克服了改革过程中的诸多困难，锻炼了队伍，积累了经验，保证了稳定大局，现进一步明确了改革目标和方向，为其进一步深化改革奠定了坚实基础。

2．为适应公司发展的要求，公司本部的机构改革和人员调整工作正式启动，以重大项目跟踪、协调为主要职能的重大项目办公室已经组建，新华公司水电建设管理分公司、多种经营部等机构筹建工作正在进行中。公司本部的机构改革为公司未来的发展，理顺了关系，打下了基础。

二、一年来的主要工作体会

回顾一年来的工作，公司之所以取得显著的成绩，之所以成功发展，与正确确立发展思路和目标，与公司决策层的科学决策、执行层的坚强执行、全体员工的积极努力，与深化改革及全面加强资产管理和内部机制管理等工作密不可分。最主要的体会有以下4个方面。

1．坚持科学发展观，正确确立公司总体发展思路和目标，准确把握公司发展方向，从而形成了思路清晰、目标明确、重点突出的发展格局。这是公司发展的根本。

2．××董事长以发展的战略眼光统揽全局，审时度势，科学决策，及时调控，同时身先士卒，率先垂范，带领全体员工战胜困难，奋发进取，使公司在较短时间内走上了成功、快速发展的道路。公司领导班子全面提高执行能力，坚决落实发展思路和要求，团结协作，勇挑重担，敢于负责，大胆工作，使公司面貌焕然一新，呈现出蓬勃发展的良好局面。公司上下思想统一，以饱满的工作热情和工作积极性，齐心协力，奋发图强，出色完成了各项工作任务。这是公司发展的关键。

3．通过机构调整和深化改革，进一步理顺了管理关系，逐步建立起适合公司发展的机制，在稳步实施主辅分离的同时，围绕主业配置资源，有力地促进了主业的不断发展壮大。这是公司发展的保障。

4．不断完善公司内部管理机制，注重培育公司形象，创造有利于公司发展的内部环境；加大资产管理与经营力度，管好并用好存量资产，最大限度地发挥存量资产所产生的经济效益。这是公司成功发展的基础。

三、2013年的主要工作任务和目标

2013年是公司继续改革和发展十分关键的一年，公司工作的基本思路和主要任务是，全面贯彻党的十八大精神，按照综合事业局对经济发展的要求，进一步搞好主业开发建设和辅业生产经营，继续深化体制改革，在全年工作中再创新成绩，再上新台阶。

1．切实做好"两个主战场"的水电开发工作，同时关注广西大藤峡和四川亭子口等项目的前期工作。黄河中游段的重点是在抓好沙坡头工程的运营管理并尽快取得收益。新疆开发的重点是"建二筹二"，即开工建设上千佛洞、哈德布特两个电站，协调筹建吉林台二级等两个电站的项目公司，同时签订区域内3～5个项目的开发权。

2．加大经济财务工作力度，重点解决融资问题，同时抓好投资收益、成本控制和资金的统筹调度工作，以确保主业的发展。

3．合理调整机构设置，继续深化改革。公司本部在机构设置调整的同时，抓紧进行股权多元化改革。三门峡公司和重庆公司要坚持产权多元化的改革目标不动摇。郑州厂要坚定信心，按照既定的改革方向和"退内进外，盘活土地资源"的原则，继续推进体制改革，同时做好职工思想教育和职工稳定工作。

4. 进一步加强资产管理。不断完善直属企业及控股公司经营目标责任制和考核办法，做好董事、监事的选派和管理调配工作。要进一步改善经营机制，加强经营手段，保持效益持续增长。

5. 树立为主业发展服务的思想，进一步加强公司人才队伍建设。要以"围绕主业发展培养人才、引进人才"为原则，采取岗位培训、学历教育和引进等多种方式，加快人才队伍建设，培养和造就一支思想素质高、工作能力强的适应主业发展的专业技术人才队伍和管理人才队伍。

新的一年，新的征程，面临的将是更多的机遇和挑战。我们将坚决落实综合事业局和××董事长的部署及要求，坚定信心，鼓足干劲，以更加饱满的热情，继续开拓进取，励精图治，在前进的道路上，克服困难，扎实工作，一定会取得新成绩，迈上新台阶。

××水电集团公司
××××年×月×日

【评析】这是一份综合性的年终工作总结。年终总结对本单位全年工作做出的回顾，不能面面俱到，必须突出重点。这篇总结准确、客观地概括主要成绩，以事实说话，用数字"做证"；恰当有条理性地阐述了主要工作体会，有针对性地设计出了下一年的工作目标。全文材料有点有面，点面结合，叙述过程滴水不漏。

【必备知识】

一、总结的含义

总结是单位、部门或个人对前一段的实践活动进行回顾、检查、分析和研究，从中找出经验教训和规律性的理性认识，以指导今后实践而写成的应用文书。总结主要是指工作总结。

二、总结的作用

总结的目的是通过对已完成的实践活动的分析研究，找出规律性的认识，以指导今后的实践活动，这也是总结最基本的作用。具体来说，总结有以下几个方面的作用。

（1）有助于肯定成绩，增强信心，鼓舞干劲，积累和推广经验，起到宣传鼓动的作用。

（2）有助于发现问题，吸取教训，改进今后工作，避免重蹈覆辙。

（3）可以及时向领导和上级机关反映情况，以取得领导的支持和帮助。

（4）有助于提高分析问题、解决问题的能力，培养调查研究的习惯和理论联系实际的工作作风。

三、总结的类型

按内容分，有工作总结、生产总结、学习总结、思想总结等。

按范围分，有单位总结、部门总结、班组总结、个人总结等。

按时间分，有年度总结、季度总结、月度总结、阶段总结、学期总结等。

但最具有实际意义的总结分类还是以下两种分类：一是按性质分，二是按写作的侧重点分。

按性质分，总结可分为综合总结和专题总结。综合总结又叫全面总结，它是对一个单位或部门在一定时期内所做工作的各个方面进行的总结，其特点是"全方位""多视角"。如《××学院 2014 年工作总结》，就是对学院在该年度的教学工作、科研工作、学生工作、后勤工作、财务工作等进行的全面总结。

专题总结又叫专项或单项总结，它是对某项工作、问题或某项活动所做的专门总结，其特点是"集中""专一"。

按写作的侧重点分，总结分为工作总结和经验总结。工作总结是介绍一个单位或部门在一定时期内工作的做法、成绩、不足和今后努力的方向，一般侧重于做法、成绩、问题等的全面总结，其特点是内容广泛，注重全局。各级机关单位的年终总结和各级人代会上政府工作报告中的工作回顾及财经执行情况的汇报均属于这一类。工作总结若是对一定时间内的工作做全面的总结即是综合总结，若是就某项工作或活动进行总结则是专题总结或单项总结。

经验总结是专门用来总结先进经验的，它对某一工作、某一任务完成后的先进做法进行专项总结，常是从成绩或存在的问题入手，总结典型经验，找出规律，指导工作，其特点是内容集中，针对性强，一般受到上级嘉奖、舆论好评、行业会议表扬的先进单位和某些工作的先行、试点单位所撰写的总结都属于这一类。经验总结多属于专题总结。

四、总结的结构和写法

（一）标题

标题常见形式有两种。总结标题一般用公文式标题。

1. 公文式标题：多用于综合性总结

（1）"单位名称+时限+事由+文种"。例如，《××大学 2014 年度教学工作总结》《×××商场 2014 年销售工作总结》。根据情况可有所省略。

（2）"单位名称+事由+文种"。例如，《××公司第三季度销售工作总结》。

（3）"时限+事由+文种"。例如，《2014 年春季植树造林工作总结》。

（4）"事由+文种"。例如，《宣传工作总结》。

2. 新闻式标题

（1）文章式标题：多用于专题总结。文章式标题即概括文章的内容或基本观点的标题，标题中不出现文种"总结"两字。如陈述句，《加强科学管理是企业发展的关键》《股份制企业走上快速发展之路》；设问句，《我公司是怎样进行优化组合的》；对偶句，《科技立厂，人才兴业》《立志改革，企业巨变》。

（2）双标题：一般由正标题和副标题组成。这种标题的正题揭示主题或概括经验体会，副题标明单位、时限、事由和文种等，双标题的表述一般是正标题字体大于副标题。例如，《一本书一页纸一句话——职业技能考证学习方法浅谈》《辛勤拼搏结硕果——××市造纸厂 2014 年工作总结》《搞好审计调查，为宏观决策服务——××市××局 2014 年工作总结》。

（二）正文

正文由开头、主体和结语（落款）三部分组成。

1. 开头

总结开头的写法多种多样，有概述式、背景交代式、提问式等。

（1）概述式。概括介绍时间、地点、背景、工作历程及总体收获或对工作做总的评价。

综合总结的开头常用这种写法。如《××市国家税务局20××年税收工作总结》的开头："20××年，我市税收工作在省局和各级政府的领导和支持下，认真贯彻党的'十八大'精神，积极组织税源，加强征收管理，全面完成了今年的各项税收工作任务。"

（2）背景交代式。概括介绍工作历程，说明主要成绩，揭示成功经验。如原广州白云山制药总厂撰写的《科技立厂，人才兴业》的开头："白云山制药总厂20年前以30万元贷款、两口煮中草药的大锅和3台压片机起家，现在已发展成拥有70多家分厂（公司）的大型综合性企业集团公司。1992年在全国500家大型工业企业中名列第73位，制剂生产能力居全国同行业首位。1993年与1973年建厂时相比，全厂职工从20多人增加到8200多人，产值从24.7万元增加到11.95亿元。白云山制药总厂之所以能迅速发展，效益显著，主要经验就是走'科技立厂'之路，依靠科技进步促进企业发展。"

（3）提问式。在概述基本事实或交代背景的基础上，就主要经验或中心问题提出问题，引出下文。例如，"在新形势下如何做好大学生的思想政治工作？如何培养开拓型创造型人才？……，开头之后可用过渡句转入正文主体部分，如"我们抓了以下几方面的工作""我们的主要做法是""现将前一阶段工作总结如下"等，也可以不用过渡句。

写前言（开头）要注意以下几点：一是介绍情况要高度概括，善于综合全面情况，抓住基本点，予以准确的反映；二是介绍情况要与主体部分的具体内容既有关照又有区别，它们的区别在于一个概括简练，一个具体详细，而不是前后互相重复；三是宜短不宜长，前言要简明精练，突出重点，有吸引力，不要在前言写空话、废话、套话、无关的话。

2. **主体**

主要写取得的成绩或存在的问题与经验教训，在写法上要求做到观点鲜明、材料典型，叙述和议论相结合。主体一般有以下三个方面的内容。

（1）基本做法、成绩和经验

一个单位或一个部门在一定时期内所做的工作是多方面的，取得的成绩也是多方面的，同时也可能存在不少问题，那么，是不是总结里面都要写到呢？一般来说，总结是以总结成绩、找到经验为主，存在的问题或教训相对来说占据次要地位。全面性工作总结一般是成绩、经验、问题、教训几个方面都有涉及，但以成绩经验为主；而专题性的经验总结以成绩经验为主要内容，一般不涉及问题与教训。因此，写总结也牵涉到选材和用材的问题。

选材上，要注意围绕总结的主旨选材，是工作总结还是经验总结，是以论述为主还是以陈述为主；其次，要考虑总结的类型，是全面性总结还是专题性总结要区分。

用材上，要注意选取真实、充分、典型的有说服力的事实材料、理论材料，包括具体的人、事、数据及一些评价性的语言。另外，对于总结来说，还要注意总述与分述、概述与细述、点与面的结合。总结中的叙述总的来说是对事实要加以分析概括，因为它要陈述的事实较多，不可能做到一一叙述得那么清楚，即使是叙述也是要抓住时间、地点、事实经过与结果等的简要叙述，不可能也不必要面面俱到，因此，总结中对事实的叙述多用概述。概述有助于我们了解事实的整体情况，给读者完整印象与认识，但过多则会导致流于抽象、空洞。细述对事实的表达较具体、可感，有说服力，但过多使用就显得琐碎、分散，从而削弱其说服力，所以较好的方法是两者的结合，做到既让读者了解整体，又能通过对具体事实的了解留下深刻印象。点与面结合的目的也在于此。"面"就是整体情况，"点"就是个别有代表性的典型事例。它们分别用概述与细述来表达。

材料的组织安排上，要做到条理清楚。一般来说，全面性总结常按工作情况、具体做法、成绩、经验、问题教训几个方面组材；专题性总结，多是将某一专项工作概括为几个方面，特别是专题性经验总结，将经验概括为几个方面，然后按一定逻辑关系组织安排，或是由果到因，或是由主到次。总结的组材方式概括起来说有三种，即分部式结构、阶段式结构、观点式结构。

① 分部式结构（综合性总结的基本形式）

● 情况—成绩—经验体会—问题—今后设想

● 做法—效果—体会

每部分可用序号列出。也可恰当地运用小标题，或采用段旨句表示。

② 阶段式结构（纵式结构）

指根据工作开展过程中的几个阶段，按时间先后分成几部分来写。每一部分对每个阶段的工作，都要既讲情况、做法，又讲经验教训及存在的问题。这样写便于看出整个工作的发展进程和各个阶段的特点、经验。周期比较长而又有明显阶段性的工作，不管是专题性总结还是综合性总结，都宜采用这种结构。写作时要注意抓特点，保证各部分之间的连贯性。

③ 观点式结构（横式结构）

较适合写专题经验总结。将内容归纳为几个观点，每个观点就是一个大层次，以"一、二、三……"序号排列，逐条叙述。这种结构条文间的逻辑关系较严密。

表达方式运用。总结的表达方式总的来说是叙议结合，以叙为主，议为辅，或先叙后议，或先议后叙，或夹叙夹议。叙述部分主要是陈述事实；议主要是分析情况，概括出规律性的认识。议是建立在叙的基础上，是对叙述事实本质的揭示。

（2）问题与教训

问题是指工作中的缺点和失误，教训就是反面经验。要用一分为二的观点总结工作，写明出现了什么问题，采取了哪些措施，目前的情况如何，它们给工作带来哪些影响和损失。要着重分析出现问题、失误的主客观原因，并由此得出主要的工作教训。

存在的问题虽不在每一篇总结中都写，但思想上一定要有个正确的认识。每篇总结都要坚持辩证法，坚持一分为二的两点论，既看到成绩，又看到存在的问题，分清主流和枝节。这样才能发扬成绩，纠正错误，虚心谨慎，继续前进。写存在的问题与教训要中肯、恰当、实事求是。

以一分为二的观点看问题，写工作中存在的问题与不足，不同的总结，可以有不同的侧重。反映问题的总结，重点分析主客观原因，并由此得出教训；典型经验总结，这部分不写。

也可以把这部分内容合并到"努力方向"中去写。常规工作总结，则概括写存在的主要问题。

（3）今后的工作和努力的方向

习惯上在写完工作中的问题、缺点、不足之后，提出今后工作的设想以及改进意见。诸如要发扬什么，克服什么，要采取哪些措施和方法，要朝什么方向努力，达到什么目标等。这部分内容也可以不写。

可以写成条款式，即不做展开，一条一句话，一条即今后的一项工作或一个努力方向。

3. 结语（落款）

以主要负责人的名义所做的总结，署名在标题下；以单位或党政机关名义所做的总结，署名可在标题下，也可在文末；若标题上出现了单位名称或负责人姓名，则可不另署名。总结日期可加括号放在标题下，也可不加括号放在文末。

五、总结和计划的关系

总结和计划都是做好工作的重要环节，是同一工作的两个方面，它们都以实践为基础，以指导实践为最终目的，因此，两者有不可分割的联系。一方面，计划与总结是互相制约、互相依赖的关系。一般来说，下一阶段的工作计划要根据上一阶段的工作总结来制订，没有全面、系统、深刻的总结，不可能制订出符合实际、切实可行的计划；而总结是以前一阶段的计划为依据，是对前一阶段计划完成情况的检查。另一方面，计划与总结是相互促进、不断提高的关系。计划→实践→总结→再计划→再实践→再总结，周而复始，循环往复，但这种循环不是简单的重复，而是不断提高、不断发展的。

但两者毕竟是不同的，具体如下。

（1）从时间上看，计划是对未来行动的安排，在工作之前制订；总结是对过去所做工作的认识、评价，是须在工作进行到一定阶段或完成之后才能进行的。

（2）从内容侧重点看，计划要回答的是"做什么""怎么做""何时完成"；总结要回答的是"做了什么""怎么做的""做得怎样"。

（3）从表达方式看，计划是工作前的打算、部署，重在叙述说明；总结是工作后的认识、评价，重在理论概括，它以叙述和议论为主要表达方式，叙议结合是它表达上的重要特点。

六、总结和报告的关系

（1）相同点：总结与报告也有一定联系，它们都需要客观、全面地反映实际情况。

（2）不同点：总结是为"自我"（本单位、本部门）而写，通常在内部流通，除了介绍、推广经验外，一般无需向外公布。报告则是写给上级或有关部门人员看的，如果向上级汇报工作，反映情况，要用"报告"而不是"总结"。从表达上看，总结采用夹叙夹议的方法，通过分析评议，找出经验教训；而报告则以叙述为主，以反映情况为主。

七、注意事项

（1）总结前要充分搜集占有材料。一定要实事求是，成绩不夸大，缺点不缩小，更不能弄虚作假。这是正确分析、得出经验与教训的基础。

（2）总结中若无数字，就没有说服力。可以适当把数据做成饼形图、条形图等种种直观、可视的图表。

（3）工作总结切忌回避问题。在总结成绩的同时，要客观地查找工作中存在的不足和问题，正视缺点，以警示今后的工作，少走弯路，避免在将来的工作中犯同样的错误。

（4）要避免成绩注水，体现实事求是的原则。

（5）总结要写得有理论价值。一方面，要抓主要矛盾，无论谈成绩或谈存在问题，都不要面面俱到。另一方面，对主要矛盾要进行深入细致的分析，才能对前一段的工作有所反思，并由感性认识上升到理性认识。

（6）忌事无巨细，要体现突出重点的原则。

【写作模板】

框图模式	总结文字模板
标题 ↓ 前言 ↓ 正文 ↓ 落款日期	×××××总结 ×××××（概括基本情况，总结分析、评价；或总结的目的、意义；或主要成绩、经验；或存在问题、教训）××××××××××××，具体情况总结如下。 一、××××（工作情况，做法、收效） 1. ×××××××××××（提炼小标题） 2. ×××××××××× ××××××××× 二、××××（成绩与体会） 1. ×××××××××××（提炼小标题） 2. ×××××××××× ××××××××× 三、××××（问题与教训） 1. ×××××××××××（提炼小标题） 2. ×××××××××× ××××××××× 四、××××（今后努力方向） 1. ×××××××××××（提炼小标题） 2. ×××××××××× ×××××××××××（结语） 　　　　　　　　　　　　　　××××× 　　　　　　　　　　　××××年×月×日

【实训任务演练】

一、病文修改

下面是一份总结的初稿与修改稿，请大家仔细对照阅读，看看初稿中有什么不足，修改稿中又是如何弥补这些不足的。

【初稿】

暑假生活回顾

一个热爱生活的人，每天都尽量充实自己的生活。一个多月的暑假生活被时间老人带走了，而我却觉得意义无穷，回顾起来记忆犹新，下面我就简单地说一说。

一、到心安镇去串亲调查

目前改革政府机构、精减行政人员是热点问题，在学校时，我就听说我的老家心安镇政府是机构改革的典型，还上了报纸、电视。为了看爷爷奶奶，再完成团委布置搞社会调查的任务，我于放假第三天便乘车赶到心安镇。我在那里住了十天，通过走亲访友，再去镇政府向我二表叔（任副镇长）了解情况，搜集到了大量材料，知道心安镇政府已精减了近1/3的人员。通过调查，我还了解到精减后的留用人员都是各部门的骨干，虽然比原来人少了，但机关工作效率却大大提高了。

二、到市民政局为灾区人员捐款

暑假正赶上长江、嫩江发生了水灾，电视、报纸天天报道全国军民万众一心投入抗洪抢险斗争的消息，那些天我都坐不住了，真想亲自去抗洪第一线与解放军并肩战斗。尤其是从电视上看到国家领导人在大堤上与抗洪官兵紧紧握手，与一位将军紧紧拥抱并流下眼泪，充分表达了国家领导人对子弟兵的热爱、信任和感激之情，那种情景场面会令全国人民感动。社会各界都向灾区人民伸出援助之手，我是名大学生，作为中华大家庭的一员，怎能袖手旁观呢？于是在8月10日，我带着父母的嘱托，到市民政局郑重地向灾区人员捐赠了一床被子和100元钱。

三、到培训班参加计算机培训

在当今高速发展的信息社会里，计算机的作用非常大，不学好计算机在社会上将寸步难行，所以我从心安镇回来后就参加了计算机培训班。这个班离我家很近，学起来很方便。在半个月的培训中，我学会了计算机的基本操作，打字水平有了较大程度的提高，为我今后在校学习计算机打下了一定基础。

四、去北京旅游

这个假期最开心的事是我与父母去北京旅游，在北京逛游了一个星期，日程安排得很紧。到北京第二天我们便到了天安门广场，这是我平生第一次来到祖国的心脏，面对雄伟、庄严的天安门城楼，我的心都快要跳出来了。接着我们参观了人民大会堂，那宽敞明亮的宴会厅，柱子上、天花板上都描着金花彩画，看得我眼花缭乱。然后，在人民英雄纪念碑、历史博物馆前照了相。以后的时间我们又参观了长城、故宫、颐和园和《红楼梦》中的大观园。给我印象最深的是颐和园，那万寿山上金碧辉煌的佛香阁、长长的画廊、碧玉般的昆明湖，雕刻着姿态不一的小狮子的十七孔桥等，美丽的景色真是说不尽。遗憾的是，返乡途中未在北戴河下车，如果能在海边踩踩浪花、游游泳该多么惬意啊。

除上述活动外，在这个假期我还约了高中时代的几个老同学去浪山玩了一天，到母校走了走，看望了班主任，还到二姨家串了个门儿。还抓紧时间，读了一些中外名著，如《红楼梦》《漂亮朋友》《简·爱》等，这些书使我受益匪浅，丰富了知识，陶冶了情操。

回顾这个假期，我过得很充实，做了很多事，当然还是很有意义的，从中学到了不少知识，身体更健康了。对暑假生活的回顾实际上就是总结过去，开拓未来，从现在开始我会更加努力学习，鞭策自己，使自己做得更好。

高职××××级3班　刘××

××××年9月15日

【修改稿】

暑假生活回顾

一个多月的暑假生活已经结束，回顾起来，我主要做了以下几件事。

一、进行社会调查

调查的内容是关于改革政府机构，精减行政人员的问题。调查的对象是心安镇政府。我用了近十天的时间，通过询问、走访，搜集了大量材料。现在心安镇政府已精减了近 1/3 的人员。精减的都是一些工作懒散、群众反映恶劣以及一些靠走后门、拉关系捧上"铁饭碗"的人员。据镇政府负责人说，留用人员都是各部门的骨干。虽然人数比原来少了，但机关工作效率却大大提高了。

二、为灾区人民捐款

暑假期间长江、嫩江发生了水灾，我天天收看电视、阅读报纸，关注着抗洪抢险的消息。社会各界都向灾区人民伸出援助之手，我是大学生，更重要的是作为中华大家庭的一员，怎能袖手旁观呢？于是在 8 月 10 日，我带着父母的嘱托，到市民政局郑重地向灾区人民捐赠了一床被子和 100 元钱。

三、参加计算机培训

我参加了计算机培训班，在半个月的培训中，学会了计算机文字输入的基本操作——五笔输入法，打字水平有了较大程度的提高，为我今后在校学习计算机打下了一定的基础。

四、去北京旅游

这个假期最开心的事是我与父母去北京旅游，在北京游览一个星期。我们参观了人民大会堂，游览了长城、故宫、颐和园和《红楼梦》中的大观园等名胜古迹。给我印象最深的是颐和园，那里的美丽景色真是说不尽。

五、阅读中外名著

在这个假期，我还抓紧时间读了一些名著，如《红楼梦》《漂亮朋友》《简·爱》等，这些书使我受益匪浅，丰富了知识，陶冶了情操。

综上所述，这个假期我过得很充实，做了一些有意义的事，从中学到了不少知识，身体更健康了。今后，我会更加努力学习，鞭策自己，使自己做得更好。

高职×××级 3 班　刘××

××××年 9 月 15 日

二、在期末考试结束后，班主任要求班长李伟认真总结本学期的学习、工作情况，以便来年能更上一层楼。

1. 请你根据总结写作格式和要求，代李伟写一份学期学习总结。
2. 请你根据总结写作格式和要求，代李伟写一份关于某一门课程的学习总结。
3. 请你根据总结写作格式和要求，代李伟写一份班级工作总结。

【相关链接】

总结与工作报告的区别

总结与工作报告是秘书人员与基层管理人员常用的应用文种。但由于不少撰写人未能辨别清晰二者之间的关系，总结与工作报告混用的情况经常可见。要想减少这种状况的出现，提高这两个文种在现实工作中的使用效率，撰写人可从文种使用范畴与主体内容两个方面把握它们之间的差异。

一、文种的使用范畴不同

总结与工作报告虽都属于应用文，但总结为一般事务性应用文，工作报告则属于法定公文的一种，二者在使用范畴、行文规范与用语要求上有明显的差异。

在使用范围上，总结要比工作报告宽泛。总结是单位、部门或个人对前一段的实践活动进行回顾、检查、分析和研究，从中找出经验教训和规律性的认识，以指导今后实践而写成的应用文。其适用范围既可以是单位与部门，又可以是个人。而工作报告是指向上级机关汇报本单位、本部门、本地区工作情况、做法、经验以及问题的报告。工作报告主要是在汇报例行工作或临时工作情况时使用，是报告中常见的一种，属于公文报告的一种，只适用于机关、团体、企事业单位。在使用中主要存在把本属于个人的工作总结，冠以报告之名的误用现象。只要注意到了这两个文种的定义差异，就能避免此类情况的发生。

二、主体部分的内容构成侧重点不同

总结的主体部分一般由"成绩＋不足＋努力方向"三部分构成，工作报告则一般由"工作进展＋存在问题＋下一步工作安排"三部分构成。如果不细究不同表述后面意义的差异，则很容易造成撰写内容的混淆。

首先，主体部分的第三板块，即"努力方向"与"下一步工作安排"的内容最容易混淆。"努力方向"与"下一步工作安排"其时间都指向未来，且内容指向也都是未做到或未做好的事情，但不同的是"努力方向"比"下一步工作安排"的内容要抽象，它只是表述了明确的范畴；而"下一步工作安排"表述的则是工作的要点，相对具体得多。因此，从表述的条目数量来看，"努力方向"1～3 条即可，而"下一步工作安排"则一般为 3 条以上。当下，常见的误用是将总结的第三块内容写成工作报告的第三块内容。

其次是主体部分的第一板块即"成绩"与"工作进展"的内容容易产生混淆。它们之间的误用情况较隐蔽，较容易被忽略。"成绩"与"工作进展"其行文的时间都可指向过去，且内容也都可以为已完成的工作，并都体现经验性。但它们之间却存在着多方面的细微差异。

其一，时间与内容指向有差异。"成绩"与"工作进展"都可以是"过去的"和"已完成的"，但"工作进展"的时间与内容指向还可以是"现在的"和"正在做的"。

其二，内容及内容展开的表述形式不同。工作报告第一板块的内容除了成绩之外，还包括工作过程。"成绩"展开的表述形式为概述（所取得的成绩）＋说明（用相关事实证明）。而"工作进展"展开的表述形式为简述（所做事项的名称及完成情况）＋说明（用以连贯事实性材料说明过程），应该用事实性材料进行说明。

其三，对事实性材料的使用情况不同。"成绩"板块的事实性材料经过了双重使用：一是用来归纳成绩，看不到事实性材料的表述；二是用来证实成绩，可以看到事实性材料的表述，其数量可多可少。而"工作进展"板块使用的事实性材料则无需归纳，只需选择有代表性的事项用数字事实性材料加以说明。

最后是主体部分的第二板块，即"不足"与"存在问题"的混淆。只要清楚了文种的内涵，这部分的差异相对而言容易辨清。"不足"与"存在问题"其时间都指向过去，且内容指向都是未做到或未做好的事情。基于总结的文种要求找出"规律性的认识"，"不足"板块的内容具有抽象性的特性；而基于工作报告的文种内涵是"汇报某一阶段的工作"，"存在问题"板块的内容具有针对性强的特性，相对而言其内容较具体。这一板块与第三板块内容密切相关，解决好了这一板块的问题，也会有助于第三板块问题的解决。

机关、团体、企事业单位的文秘人员，如能很好辨清总结与工作报告在写作要求上的细微差异，则有利于其应用文写作水平的提高，也有利于相关部门工作效率的提高。

项目十三
辞职报告

【情景导入】

李明在一家公司上班 3 年了，随着公司业务转型，自己的专业特长无法发挥，而且薪资待遇较低，明显感到自己被边缘化了。于是，他提出辞职，并且在辞职信中"直抒胸臆"。一名老员工提醒说这样不对，应该多说感谢的话，李明百思不得其解，为什么不能实话实说呢？那么，辞职信到底应该怎样写才好呢？

【布置任务】

李正，2008 年毕业于某高职院校计算机专业，从毕业后一直供职于×××软件公司，但随着公司业务发展转向房地产行业，他感到专业不对口，工作不顺心，想辞职继续在软件行业钻研。请以李正的名义向公司写一份辞职信，要求有理有据，感情真挚。

【任务要求】

（1）了解辞职报告的特点和类型。
（2）掌握辞职报告的基本格式和内容要素。
（3）能正确写作和使用辞职报告。

【例文借鉴】
【例文一】

辞职报告

尊敬的公司领导：

你好！

首先祝公司在新的一年中蓬勃发展，取得更加优异的成绩；祝愿公司上下所有领导和员工身体健康，万事如意！我为能在这样一家公司工作过感到无比的荣幸和自豪，我会怀念在这里的每时每刻，感谢公司给了我这么一个机会。在公司这一年多，公司领导和周围同事给了我无比的照顾和关怀，让我深切地感受到了公司倡导的人性化管理给我们带来的亲切和温馨。我深信，公司将沿着通往胜利彼岸的高速轨道飞速前进，将一如既往地在行业领航！

我是 2006 年年初带着满身激情来到北京的，原打算在我们伟大的首都能有一番作为，现在看来这些远大抱负都将离我远去了。也许我是一个弱者，不能去面对困难与挫折，没能很好地预料到即将到来的暴风雨，以至于现在让我措手不及，不敢面对，面对重重压力，我只能选择逃避。毕竟我不单单是我，我还有我的家庭，有我的父母和妻子，我不能过于自私，不能为了自己的事业而忽略了他们的感受。一切的理想和抱负都是过眼云烟，在这繁忙的首都我终将迷失方向。回家过着一份安静平和与世无争的生活，也许是我最好的选择。在家里我能照顾我年迈的双亲，能和妻子相濡以沫、恩恩爱爱，能很好地养育我的孩子。但是在北京这一切都无法做到，面对疯涨的房价，高额的房租，攀升的物价，想在北京安个家永远只是那些被上帝宠坏了的人所能实现的，而我只能痴心妄想。我不想眼睁睁地看着自己的双亲老去，而自己不能很好地尽到做儿子的职责，不想忍受等我有所成时"子欲养而亲不待"的那种痛苦；我不想看着妻子和我在北京居无定所，漂泊不定地一天天老去，这会让我一辈子永远愧对我的妻子；我不想让我的孩子在刚出生时就不知道他的爸爸在哪儿，不想让他成为时下最为关注的留守儿童，如果不能尽到一个父亲的责任，我会永远对不住我的孩子……所有这一切让我不得不重新考虑自己的人生，我想我最好的选择就是回家，虽然那会让我留下终生的遗憾，但是我想，做一个好儿子、好丈夫、好爸爸比什么都更重要，况且回家我照样可以有自己的一番事业，是金子到哪儿都会发光。

　　这段时间，我会把自己负责的项目完成好，会把自己的活儿交接完毕。如果我的离去给公司带来了不便，我表示万分的歉意，希望公司领导考虑考虑我的实际情况给予理解。恳请公司领导批准我的辞职申请，在这里我表示衷心的感谢并同时祝愿公司不断壮大发展！

　　此致
敬礼

×××
××××年×月×日

　　【评析】这是一个有家有室在北京打拼的年轻人，面对北京强大的生活压力，以及家庭责任，最终选择离开。信中先感谢公司的帮助和支持，特别提到"人性化管理"，然后陈述自己在京工作遭受到的经济、家庭责任的压力和煎熬。整篇文章真挚感人，但语言可再精练一些，以达到言简意赅的效果。

【例文二】

辞职报告

尊敬的公司领导：

　　您好！

　　首先想对您说声谢谢，在工作上您多年来给予的信任和关照，让我在任何时候内心都洋溢着感激之情。

　　回顾这几年的工作情况，我深深觉得能得到您的赏识进入××工作是我莫大的幸运。我一直非常珍惜这份工作。在生活和工作中，公司领导对我的关心和教导，同事们对我的关怀和帮助，一直是我自信而积极的源泉和动力。在公司工作的几年里，我受益良多：无论是从财会专业技能还是人际关系处理上都有了很大的提高。感谢公司提供的发展平台和锻炼机会。我很希望自己能够发挥最大的努力，全身心地投入工作，这才是对公司对您以及对我自己的负责。但我发现自己对于从事××行业工作的兴趣已经减退，目前的状况下要圆满完成公司的托付我已经开始有心无力。所以我决定提出辞职，请您支持。

　　对于我此刻的离职我表示诚挚的歉意，请您谅解我做出的决定。衷心希望还能获得与您共事的机会。我会在递交辞职报告后一到两周内配合公司安排的工作交接再离开公司，把因为自己离职带来的影响控制在最小范围内。

公司成立至今创造了很多优秀的业绩，持续地在发生可喜的变化。不能为公司辉煌的明天继续贡献自己的力量，我感到痛心与遗憾。真心祝愿公司的规模不断地扩大，业绩不断地提升，也祝愿公司领导及各位同事工作顺利！

此致

敬礼

李静

2015 年 2 月 10 日

【评析】这是一个在工作后"发现自己对所从事行业的兴趣减退"的年轻人，但情真意切地感谢领导和同事们过去多年中在工作上、生活上、思想上的帮助，最后表示做好眼下手头工作，站好最后一班岗。整篇文章简要全面，言辞得当。

【例文三】

辞职报告

尊敬的赵化勇台长，孙玉胜副台长，李挺副总编，江和平主任：

经过一段时间的慎重考虑，我决定向中央电视台提出辞职。

首先，我要感谢中央电视台多年来对我的培养，各级领导和同事给我的帮助，给我的舞台，才使我取得了一点小小的成绩，成为了一个在全国范围内有一定影响力的主持人和解说员。并且能够参加很多人梦寐以求的三届世界杯和三届奥运会的前方报道。当然，在很多其他的重大比赛里，领导们对我的信任更是难以计数。

特别让我难忘和感动的，是在 2006 年德国世界杯期间，由于我个人的严重工作失误，给各位领导造成极大麻烦，给我台造成前所未有的压力的时候，各位领导对我进行的帮助、教育和保护，在工作上给予我的极大信任，让我继续了后面的解说工作。这样的事情始终让我十分感动。

世界杯之后，我在领导的帮助下，也作了认真的反省和检讨，并且重新投入了正常的日常工作。但是，树欲静而风不止，一些缺乏善意的、以恶搞和滥炒为目的的媒体，始终没有放过我，故意在我身上不断制造各种假新闻，还在我正常解说工作里断章取义歪曲捏造，刻意杜撰骇人听闻的所谓独家消息，给我造成极大压力和痛苦。

例如，9 月我正常解说评论的一场中国队同巴勒斯坦队的比赛，就有些不怀好意的媒体，歪曲捏造事实，断章取义移花接木，制造所谓围绕我的新的热点，给我造成很大精神压力。

在这样的环境下，我已经无法正常工作，解说时完全没有过去的状态和感觉，自己最喜欢的事业已经变成一种痛苦。甚至，连我的健康状况也受到很大影响，我的颈椎病目前十分严重，睡眠很差，精力严重下降，解说比赛时难以承受高度集中的工作要求。

另外，其他各种媒体的恶意炒作、胡编乱造也在随时干扰我的心情，干扰我的个人生活，也在台里造成不良影响。在这样的情况下，经过仔细反复的思考，我决定辞职，离开这个我已经不再适应的工作，让自己有机会清净一下，远离这些喧嚣纷扰。请各位领导批准我的请求。

今后，无论我将怎样生活，我都会永远感激中央电视台对我的培养，在我困难的时候、犯错的时候给我的帮助和宽容。是中央电视台，是体育频道给了我现在拥有的一切。现在的我，已经不再适应体育解说和播音主持的要求，精神上的压力和外界的干扰使我完全崩溃。

所以，如同我以前说过的，当我认为自己不再胜任、不再适合的时候，我是不能容忍自己赖在这个神圣的岗位上的。于公于私我都不会。中央电视台是一棵参天大树，而我，只不过是树上的一片叶子。每年的秋风起时，都有些树叶会掉落，但是，大树总是那么挺拔和伟岸。

再次感谢中央电视台，感谢体育频道，感谢各位领导。

请接受我的辞职请求。

黄健翔

2006 年 11 月 13 日

【评析】 这篇例文选自中央电视台体育频道著名主持人黄健翔撰写的辞职报告。2006 年德国世界杯比赛期间黄健翔"冲动的解说"给自己带来麻烦，在各方炒作压力下被迫辞职，但他还是感谢央视的"帮助、教育和保护"。面对媒体"断章取义移花接木"式的炒作，黄健翔身心疲惫几乎崩溃。最后结尾以树叶从树上掉落形象地比喻自己离开央视，不失风度。

【必备知识】

一、辞职报告的含义和作用

辞职报告又称辞职信、辞职书、辞呈等。它是员工向所在单位或上级主管部门提交的请求解除劳动合同关系的实用文体，是国家机关、人民团体或企事业单位的人事工作环节中常用的一种事务性文书。在现代社会人才流动的网络中，人们普遍重视求职信的写作，而往往忽视了辞职报告写作的重要性和规范化要求。其实，辞职报告和求职信的写作具有同样重要的意义。

以写作辞职报告和认可辞职请求的形式解除劳动合同关系，彰显出现代社会的人才流动不断追求正规化和人性化的特点。辞职报告的写作，从侧面体现了当事人双方对《劳动法》的尊重和遵守，也体现了人与人之间的相互关心和相互体谅。辞职报告的写作者相对而言占有着主动的地位，但在离开原来岗位的时候，要"来得清楚，去得明白"。不说临别时"缠绵悱恻"，至少也不至于不欢而散。更何况单位锻炼和培养了自己，临去时感情自然就比较复杂。这样，辞职报告就成了一种最为合适的表达感激、留恋和歉疚之情的媒介。

二、辞职报告的写作格式

1. 标题

辞职报告的标题应该注意简洁精练，一般在首行正中写"辞职报告""辞职信"或"关于请求辞去××工作（或××职务）的报告"即可。

2. 称谓

辞职报告的称谓指向性应该非常明确，一般为某一工作单位的最高行政长官，也有的是最高领导集团。应注意在称谓前加上合适而得体的敬辞，如"尊敬的×××"等。

3. 正文部分

正文部分在写作时要注意层次清楚，一般依先后顺序可以有如下几个层次。

（1）明白清楚地告知对方自己请求离开单位以及离开的具体时间。在写到离开的时间时，要注意给自己和对方留下充分的回旋余地。可以由自己提出具体的时间，也可以采用征询对方意见的方式来确定。例如，我考虑在此辞呈递交之后的 30 天时间内离开公司，这样您将有时间去寻找适合人选来填补因我的离职而造成的空缺，同时我也能够协助您对新人进行入职培训，使他尽快熟悉工作。另外，如果您觉得我在××时间内离职比较适合，不妨尽早指示我。

（2）客观诚恳地陈述自己辞职的原因。辞职的原因一般都和所在的单位、部门有着或多或少的关系，有些还是令人不愉快的。对于对方来说，你的辞职原因可能是他最为关心的问题。如果想借辞职报告来发泄自己的不满或怨恨，那是一种不妥当、不明智的做法，不但会让对方不高兴，而且还可能给自己以后的名声和工作带来不利。如果你实在想一吐为快，可以考虑换一个环境和方式。这种辞职理由的陈述不妨个性化的色彩更加浓厚一点。总之，在写作的时候，内容要客观，态度要诚恳，措辞用语要使对方能够接受。例如，在过去的两年时间里，公司给予我很多的机会，让我学习市场方面的运作。但由于自己缺乏足够的经验，加上相关知识积累得不够，因此，就没有能很好地为公司做好新市场的开发，其中有的工作失误还给公司带来了较大的损失。我自己深感有愧于公司对我的培养。希望在辞职请求被批准以后，能有更多的机会去学习和深造。

（3）对单位让自己获得的业务培训，积累的工作经验，建立的人际关系表示真诚的感谢，同时对自己的离开为单位所带来的不便表示由衷的歉意。这些内容对辞职报告的写作来说相当重要。对于任何一个辞职者来说，这些"财富"都是即将离开的单位无偿给予的，有些可以使自己一生受益不尽。因此，"吃水不忘挖井人"，不管你是出于什么原因提出辞职，借辞职报告的一角抒发自己的感谢之情始终是非常必要的。例如：在过去的两年时间里，公司给了我多次参加大小项目的机会，使我在这个工作岗位上积累了一定的技能和经验，同时也学到了许多本职工作以外的为人处世的道理。所有的这些都使我非常珍惜也非常感激，因为这些都对我将来的工作和生活带来莫大的帮助和方便。另外，在和××部各位同事朝夕相处的两年时间里，也使我和这个部门过去的、现在的同事建立了由浅到深的友谊，我从内心希望这份友谊和情感能够继续并永久保持下去。在做出离开这里的这个不得已的决定的时候，我除了感谢公司对我提供的帮助和方便外，我更要就我的离去而为公司带来的一时不方便表示我由衷的歉意。

（4）充分表达自己对即将离开的工作单位未来发展前景的关心。不管所担负的工作是不是特别重要，自己的辞职所产生的负面影响都是客观存在的。因此，要表示在辞职报告尚未获准的这段时间内，自己依然是单位的一员，会站好最后一班岗。另外，会尽量清楚地交还自己手中正在使用的公物，不会拿走单位的任何资料等。特别重要的是会做一回好老师，带一带接替自己工作的新人，把自己在任职期间积累的工作经验和业务资源，例如客户资源、业务网络资源等大方地留在这里。所有的这些，都有必要在辞职报告的这一部分内容里写清楚。更为重要的是，自己对单位的现状有什么具体的看法、对单位未来的发展有什么合理化的建议，以附件的形式写出来，也是体现你的忠厚诚恳和重情重义的好方式。例如，我希望在我提交这份辞职报告的时候，在未离开岗位之前，是我的工作请主管尽管分配，我一定会尽到自己的职责，做好应该做的事。另外，在公司的两年时间里，我积累了一些相应的工作经验，平时也对公司的运作和发展做过一些思考。这些都一并以附件形式附于辞职报告的文尾。工作经验留与本岗位的后继同仁，那些不成熟的想法就请公司决策层参考。最后，希望公司的业绩一如既往一路飙升！祝主管及各位同仁工作顺利！

4. 敬颂词

敬颂词一般写"此致敬礼"或"顺祝……万事如意"等即可。

5. 署名和日期

要注意辞职报告不管是手写还是打印稿，署名都应是提请辞职者的亲笔签名。

三、辞职报告的写作原则

1. 情感化的原则

情感化的原则实际上就是通常所说的人性化原则。社会主义和谐社会的建设从某种意义上说就是呼唤人性的回归和人性的美好。"忠厚诚恳""重情重义""善良宽厚"等永远都是美好人性中光彩夺目的内容。因此，用规范化的辞职报告这种形式来解除劳动合同关系，实际上就是给一种冷若冰霜的人事更替行为赋予了更多的人性化和情感化的色彩。要达到这个目标，就需要在写作辞职报告的时候，做到以情驭文、以情动人。这种"情"包括了辞职者对单位的感激之情、歉疚之情、不舍之情、关心之情等。纵使是一笔带过，也足以让对方感到温暖。这一点可能有些人认为并不重要，但我们今天的社会不正是需要多一些这样的"不重要"的内容吗？

2. 艺术化的原则

辞职报告让我们必然要面对"写什么"和"怎么写"的问题。对这两方面的问题都必须做艺术化的认识和处理。首先要明确的是，辞职报告不是用来陈述自己对单位运作模式的不同意见的，更不是自己用来发泄不满和怨恨的工具。这些内容可以通过另外的方式，比如当面进行交流等，效果会更好一些。其次，在具体写作的时候一定要注意措辞用语的简洁精练、委婉动人。再就是在表情达意时要注意把握好分寸感，因为感激之情的表达过于热烈奔放会让人觉得言不由衷，不舍之意的表达过于缠绵悱恻会让人觉得虚假造作。另外，在语体的选用上最好是白话语体，语言平实达意就可以了，没有必要堆砌辞藻，把辞职报告写成文采出众的抒情散文，就难逃卖弄之嫌。

3. 具体化的原则

现实社会中并不是所有事情的处理都可以随意为之的。辞职报告在写作时，对自己个性化的请辞理由的陈述一定要写得具体明确。这样既可以使自己的离开心安理得、不留遗憾，又是对自己曾经效力过的单位关心和负责的体现。请求离开的时间要清楚明确，而且要尽量从对方的角度出发来提出离开的时间要求。对离开前后相关工作的安排要具体细致，尽量争取把因为你的离开所带来的工作损失减少到最低程度。最后要强调的是，在结束一段工作经历的时候，不是所有的人都会去选择这种规范的、动人的、文明的离开方式，但是，现代社会人与人之间的联系和依赖越来越紧密的特点将促使我们在不得不离开的时候，去尝试着写一份精彩的辞职报告递交上去。也许，你会从中得到很多意料之外的收获。

【写作模板】

框 图 模 式	辞职报告文字模板
标题 ↓ 称谓 ↓ 正文 ↓ 结尾 ↓ 落款	辞职报告 ×××××××： 　　××××××××××××××××××××××。(问好、感谢) 　　×××××××××××××××××××××××××××××××××××××。(回顾工作成长经历，辞职理由) 　　×××××××××××××××××××××××××××××。(表达谢意) 　　×××××××××××××。("此致敬礼"或"再次表示诚挚的感谢"之类的话，也可自然结束正文，不写结尾) 　　　　　　　　　　　　　　　　　　　××× 　　　　　　　　　　　　　　　××××年×月×日

【实训任务演练】

一、一位教师因管理学生不当，被迫辞职，以下是该教师辞职信中的一段，找出问题并改正。

辞职申请书

赵宝辉平时也算班上的一个好学生吧，可那天他找我请假时实在太过分。我不知平时随和的他，那天却那样的固执。我无论怎么讲，他就是不听，我不准假他就是不走。我由于下午有课，中午饭间时间又短，我是个非午后休息会儿不可的人。中午哪怕打个盹儿也行，否则整个下午我就像丢了魂一样，头昏昏沉沉，精神委靡不振。因此，我让他下午上完课再找我说，可他就是非要我当场给他批假条。关于学生请假，我班刚开过班会，制定了具体措施，我不能为他破班里的规矩。长说短说，他耗在那里就是一个主意，我实在是生气。但强压住并未发火，后来又以我该休息了，下午还有课，企图让他先走，他不动。我躺在床上，心想他站就让他站吧。可这时他却走到我床边，嘴里仍嘟嘟嘟嘟嘟让我准假，我实在压不住火了。我站起来说你走不走，他说不走。我随手抓了把水果刀，撵他走。其实当时我只是随意拿了件东西，并未太在意手里究竟拿的是什么。他走后，我才发现我是拿了把小刀的。从他离去的表情上我已预感到什么了，我本想上完下午的课再去找您说此事的。可上完第一节课后，李主任就找了我。

二、以下是某员工的辞职信，请找出问题并改正。

辞职信

敬爱的各位领导：

　　您好！

自××××年年底入职以来，我一直都很享受这份工作，感谢各位领导的信任、栽培及包容，也感谢各位同事给予的友善、帮助和关心。在过去的近两年的时间里，利用公司给予的良好学习时间，学习了一些新的东西来充实了自己，并增加了自己的一些知识和实践经验。我对于公司两年多的照顾表示真心的感谢！当然，我也自认为自己在这两年的工作中做出了自己的最大努力。

但因为某些个人的理由，我最终选择了向公司提出辞职申请，并希望能于今年 9 月 30 日正式离职。希望领导能早日找到合适的人手接替我的工作，我会尽力配合做好交接工作，保证业务的正常运作，对公司、对客户尽好最后的责任。

希望公司对我的申请予以考虑并批准为盼。

　　此致

敬礼

申请人：×××

××××年 9 月 12 日

【相关链接】

辞职过程中的注意事项

（1）写辞职信并不是写辞职申请，申请是要双方达成一致才有效的，也就是说企业批准了你的申请，你才可以辞职，而劳动法赋予的辞职权是绝对的。辞职信其实是一种通知，告诉企业你将在 30 天后解除劳动合同，离开企业，不需要企业批准，当然如果企业同意你提前离开就另当别论了。

（2）不要在辞职信中透露个人的不满情绪。如果辞职的意见非常大，一定要反映出来，不妨采用面对面交谈的方式，在白纸黑字上面写出自己的愤怒是不恰当的。

（3）在作出辞职的决定或者办理辞职的过程中，不要在企业大肆宣扬个人要辞职的事情，不要散布一些对企业不利的言论。反正都要离开了，留一个好的印象给企业，总比留一个不好的印象好一些。

（4）站好最后一班岗。在离开企业的最后时间里，你仍是企业的一员，尽自己所能做好自己的工作，协助企业做好交接。

（5）过往的就职经历是我们人生的宝贵财富，而且不定在什么时候我们可能需要原来的企业为我们写推荐信或介绍信，新的企业也许会打电话到过往企业了解我们的工作情况，因此，要保持与原就职企业的良好关系。

（6）在你开始新的工作后，你可以给你的前任老板或同事发一封信，告诉他们你现在的有关信息，这样你们可以保持联系并建立牢固的关系。

（7）许多人辞职离开原有企业是犹豫不决的，渴望从事新的工作，又担心新的工作不如原有的工作。在这种情况下可以采用下述方式辞职，以身体健康或短期培训的理由向企业提出辞职，保持好与原企业的关系，留有余地。如果新的企业无法让自己满意，就可以以身体已经完全康复或者培训已经结束的理由尝试与原企业联系，如果你是不可或缺的，自然可以得到重新工作的机会。当然，笔者个人是不赞成采用这种方式的，毕竟这是一种非诚信的行为。

下 篇

选修内容

项目十四
日常事务文书

任务一　条　据

【情景导入】

　　李明是某高职院校的学生，正当他外出军训时，其父为他送来了600元生活费，宿舍管理员张田老师接待了李明的父亲，代收了钱物，等军训结束后，再交给李明。张老师应该写一张什么给李明的父亲呢？

【布置任务】

　　2015年3月6日早晨，××××种子公司财务部助理罗瑞于早上8：30准时到公司上班。他先到行政部领取了10本18栏明细账本和两个印台。刚回到财务部接收完下属营业部的年度财务报表，他就接到妈妈的电话：爸爸突然中风入院了，妈妈正在医院等他拿钱去办理入院手续。

　　于是，罗瑞把去××审计师事务所取审计报告的事委托给同事曾蓉，然后经领导同意向公司借了1万元钱，并写了请假条给财务部张经理后，到银行取出了自己仅有的1.5万元存款就直奔省人民医院。到了医院才知道要交3万元，于是他想到了离医院所在地不远的表哥。等他赶到表哥家时已经是11点了，不巧的是表哥已经外出了。他匆匆地写下一张请表哥帮忙筹钱的纸条后又回到医院。罗瑞在城里没有什么亲戚，表哥又一时联系不上，他急出了一身汗。这时他突然想起该医院主管财务的陈敏副院长和他曾经开过一次研讨会，而且与他是同乡。在陈副院长的帮助下，罗瑞终于为父亲办好了入院手续，不足的那5000元钱则由陈副院长担保，由罗瑞向医院签下字据。

　　任务一：罗瑞代××××种子公司财务部在行政部领取了10本18栏明细账本和两个印台，请你以罗瑞为经手人，写一份领条。

　　任务二：罗瑞收到营业部××××年度财务报表一份，请代他写一份收条。

　　任务三：罗瑞向××××种子公司借1万元人民币给爸爸看病，请你以罗瑞的名义写一份借条。

　　任务四：因所带现金不足，罗瑞尚欠医院住院费5000元，请代罗瑞给医院写一份欠条。

【任务要求】

　　（1）了解各类条据在日常生活中的应用范围。

（2）掌握各类条据的写作规范。

（3）把握各类条据写作的要点。

（4）了解条据写作的相关法律知识。

【例文借鉴】

【例文一】

请假条

×老师：

昨夜我突然发烧，经医生诊断为重感冒，今晨仍觉头昏脑涨、四肢无力，特请病假壹天（附医院病休证明），请予批准。

学生：赵××

××××年×月×日

【例文二】

留言条

小刘：

今天下午我和××来你家，准备跟你商量明天团支部组织参观市"青年志愿者在行动"图片展览一事，恰巧你外出未归。今晚8点半我们再来找你，望你在家等候。

蒋××

×月×日下午××时

【例文三】

托事条

×老师：

听说您明天去北京出差，若方便，请帮我购买一张北京地图和一册故宫资料（要详细一点的），费用请您先代垫，回来再向您付清。有劳大驾，不胜感激！

高××

×月×日

【例文四】

借条

今借到田福堂人民币柒仟元整，作房子装修费用，借期六个月，2015年7月7日前如数归还。

此据

借款人：张××

××××年×月×日

【例文五】

欠条

原借田福堂捌仟元，今归还伍仟元，尚欠叁仟元整，三个月内还清。

此据

赵××
××××年×月×日

【例文六】

收条

今收到××公司赠与我校的方正 7188 型台式计算机壹台、SHP6 型激光打印机壹台及计算机桌壹张。

此据

××市职教中心
××××年×月×日

【例文七】

领条

今领到学校产教中心发给××班的实习工作服、钳工组合工具各肆拾陆套，工具箱钥匙肆拾陆把。

此据

××班 领取人：朱××
××××年×月×日

【必备知识】

一、条据的概念

条据是"便条"和"单据"的合称，是单位或个人处理日常临时性事务的书面凭证。

二、条据的类型

根据性质和作用的不同，条据可分为说明性条据（简称条子）和凭证性条据（又称单据）。说明性条据，是在不能面谈的情况下，以书面形式转达需要说明的事项，因行文简洁，使用方便，又称为便条。常见的便条有请假条、留言条、托人办事条等。

凭证性条据，是在领到、收到、借到钱物以及出售商品时，写给对方的字条，作为报销、归还、查考、保存等的凭证。常见的单据有收条、领条、借条、欠条等。

三、条据的特点

条据的特点是：内容单一，叙事扼要，篇幅短小，格式简明，时间性强，应用范围广。

四、条据的格式和写法

1. 便条

（1）便条格式

便条是一种最简单的书信。应写清四点：写给谁，什么事，谁写的，什么时间写的。便条包括四部分。

① 称呼。第一行顶格书写对方的称呼。

② 正文。第二行空两格写清楚向对方说明的事情。

③ 结尾。写完正文，另起一行空两格写"此致"，下一行顶格写"敬礼"。这一项也可以省略。

④ 落款。在正文的右下方署名，署名下一行写日期。

（2）几种常见便条的写法

① 请假条。因病、因事不能上班、上课或参加某种活动，向有关领导请假而写的便条。它可以由当事人自己书写，也可由别人或单位代写。

请假条要写清：向谁请假、请假理由、请假期限、请假人姓名、日期。请病假时要附医生证明。请假条常用"请准假""希予准假""特此请假"等习惯用语作结。

② 留言条。访人不在，又有事相商或代人转告某事；本人外出，又有事通知来访者；替别人接电话，不能当面交代，就写张字条说明情况留给对方。这些都是留言条。

写留言条时说清楚留言内容。访人不遇时，要写明来访目的，或另约会面时间、地点；本人外出，要把回来时间告诉对方。

留言条的有效时间短，一般不写年月，但需要写清具体日期和时间。

③ 托人办事条。它是在要托他人代办某件事情时写的条子。它有时需要托人转交代办人。托人办事条与请假条、留言条的写法类似，但要把托付对方的事情写清楚，正文结束后还要表示谢意，通常写上"谢谢""拜托了"或"××拜托"之类的字样。

2. 单据

（1）单据格式

① 在第一行中间位置写"（今）借到""（今）收到"等标明单据性质的字样。如果是代别人借、收钱物，要在前面加"代"字。

② 第二行空两格写正文，写明对方单位名称及有关物品名称、数量或钱款金额。

③ 正文右下方写明本单位名称、加盖公章；有的要写经手人姓名。署名下一行写日期。

（2）几种常见单据的写法

① 收条。收到别人或单位的钱款、财物时写给对方的条子。

② 借条。借到个人或单位的现金、财物时写给对方的条子。钱物归还后，要把条子收回销毁。

③ 欠条。应该付还别人钱物而未付还时写给对方的条子，或付还了部分钱物，尚有部分拖欠，对拖欠部分打的条子。

④ 领条。向有关部门领取钱物时写给负责发放人留存的条子。

五、写条据的基本要求

（1）格式规范。一定要按照条据的结构格式来写，只有把条据的形式划分开来，才能分清各种条据的性质和作用。

（2）内容清楚，文字要简明（写明事实，不用讲道理）。借条或欠条中，必须写清归还期限，以免无理拖延。便条和请假条，务必写清写给谁，什么事，谁写的，何时写的，使人一看就明了。

（3）数字要用汉字壹、贰、叁、肆、伍、陆、柒、捌、玖、拾、佰、仟、万。一般不用阿拉伯数字或汉字一、二、三、四、五、六、七、八、九、十。数字后面要用"整"或"正"

字表示到此为止，以防篡改或添加。

（4）凭证性单据的结束语用"此据"作为结尾，以防添加内容。便条的结尾各不相同，请假条用"此致敬礼"，留言条不用结束语，托事条结尾用"谢谢""拜托"等。

（5）具名应是亲笔签的真实姓名。慎重的条据，姓名前要写单位或地址，签名之后还要盖章或按手印，以示负责。

（6）单据要写明日期，包括年月日。便条、请假条要写明日期，留言条和托事条可以简写。

（7）条据的文字必须工整，文面必须清洁。书写时要用黑色钢笔或签字笔，字迹要端正、清楚。

【写作模板】

框图模式	条据文字模板
标题 ↓ 正文 ↓ 结尾 ↓ 落款	借（欠、收、领）条 　　今借×××（姓名、单位名称）××××（人民币、物品名称）××××（数量）×××（规格）×××（单价）×××，××××年×月×日之前归还。 　　此据 　　　　　　　　　　　　　　　　　　　立据人：××× 　　　　　　　　　　　　　　　　　　　　　××××年×月×日
标题 ↓ 正文 ↓ 落款	留言条 　　今×××××××××（写明来访的目的——告知某事、通知某事、相商某事或代人转告某事），或另约会面时间、地点。 　　　　　　　　　　　　　　　　　　　　　　　　××× 　　　　　　　　　　　　　　　　　　　　××××年×月×日
标题 ↓ 称谓 ↓ 正文 ↓ 结尾 ↓ 落款	请假条 ×××（受文单位主管领导）： 　　因×××××××××（请假的原因），××××（请几天），请批准。 　　　　　　　　　　　　　　　　　　　　　　×××× 　　　　　　　　　　　　　　　　　　　　××××年×月×日

【实训任务演练】

一、下面画横线的地方有误，请改正过来。

1．说明性条据有请假条、留言条和<u>收据</u>三种。

请改为：_____。

2．为人代借东西，写借条时，可以在"借到"前，<u>加上自己的名字</u>。

请改为：_____。

3．如果收到对方归还的钱物，<u>不仅写收条</u>，还要把原来写的借条当场销毁，以示钱物还清。

请改为：_____。

4．请假条必须写称呼，称呼要写在<u>首行正中</u>。

请改为：_____。

二、情景模拟训练

1．2015年5月10日，家住偏僻地区的某公司张林的孩子病了，需到省城的大医院治疗，他想向公司王经理请三天假，请你替他写个请假条。

2．2014年12月5日，周琼同学去王小凤同学家联系周日看电影的事，但王小凤不在家。周琼想在电话中与王小凤联系，可是王小凤的电话无法接通。请你替周琼写个留言条，周琼家的电话是6836601。

3．为举办新年联欢会，学生科派干事刘青于10月24日到市文艺学校借一架手风琴、两把吉他，10天后归还。请代刘青写张借条。

【相关链接】

借条和欠条的区别

在日常经济生活往来中，人们往往将借条写成欠条，将欠条写成借条。其实，借条和欠条是有重要区别的。二者的区别如下。

（1）含义及其相应法律关系不同。借条证明借款关系，一般反映为法律上的借款合同关系，借条是借款合同的凭证；欠条证明欠款关系。借款肯定是欠款，但欠款则不一定是借款。欠条往往是当事人之间的一个结算，是一种比较纯粹的债权债务关系。

（2）产生的原因不同。借条形成的原因是特定的借款事实。欠条形成的原因很多，可以基于多种事实而产生，如因买卖产生的欠款，因劳务产生的欠款，因企业承包产生的欠款，因损害赔偿产生的欠款，等等。

（3）法律后果不同。当借条持有人凭借条向法院起诉后，由于通过借条本身较易于识辨和认定当事人之间存在的借款事实，借条持有人一般只需向法官简单地陈述借款的事实经过即可，对方要抗辩或抵赖一般都很困难。但是，当欠条持有人凭欠条向法院起诉后，欠条持有人必须向法官陈述欠条形成的事实，如果对方对此事实进行否认、抗辩，欠条持有人必须进一步举证证明存在欠条形成事实。

任务二　启　　事

【情景导入】

李红是一名刚毕业的大学生，给总经理当秘书。总经理说公司因业务发展需要招聘3名工程施工员，要李红写一份招聘启事发布出去，但并未告诉李红要求哪些条件，比如年龄、身高、学历，有国家一级建造师的是否可以宽限年龄，工作经验几年以上，有驾驶证的是否可以优先等。李红陷入了迷茫。

那么，正确的启事应该怎样写？启事是干什么的？写启事要注意哪些事项？

【布置任务】

2014年9月，原×××职业技术学院经国家教育部、自治区人民政府批准，更名为×××应用职业大学，由高职大专升格为应用型本科学校。请你以学院校友会成员的身份向社会发布一则启事。

【任务要求】

（1）了解启事的特点和类型。

（2）掌握启事的基本格式和内容要素。

（3）能正确写作和使用启事。

【例文借鉴】

【例文一】

招聘启事

　　青岛××有限责任公司（香港独资）随着公司业务的不断扩大，经市人才交流服务中心批准，现诚聘销售公关人员 6 名，具体如下。

　　（1）应聘条件：具有本市户口，初中以上学历，年龄 20 岁以上，身高 1.65 米左右，相貌气质佳，口头表达能力强。

　　（2）本公司对受聘人员试用 3 个月，正式聘任后工资待遇从优。

　　（3）招聘方法：应聘人员持简历、照片、学历证明到×××××报名。

报名时间：××年×月×日　　　上午：8：30—11：30　　下午：2：00—5：00

联系人：×××

电话：×××××××

青岛××有限责任公司×××年×月×日

　　【评析】开头以精练的语言对公司情况与招聘缘由做了介绍。然后对招聘对象的数量、要求、报名手续、报名地点、报名时间、联系人及电话等一一做了详细的说明，并对待遇问题做了承诺，态度真诚。启事语言简洁，重点突出。

【例文二】

征集标志启事

　　"广州××科技专修学院"已正式升格为"广州××理工职业学院"，同时，今年 8 月 8 日，欣逢学院建校 20 周年。为了利于宣传，广州××理工职业学院面向社会征集学院标志，诚请社会精英参与设计。

　　学院将组织专家对所有来稿进行评选，将分别评出"设计奖"1 名和"入围奖"3～5 名。要求作品能体现学院的办学宗旨，并富有时代气息。作品请附不超过 1000 字的"释义"稿。

截稿日期：2012 年 6 月 5 日

通信地址：广州市×××××××

邮政编码：×××××

联系人：×××

电话：×××××××

广州××理工职业学院

×××年××月××日

　　【评析】全文标题主旨鲜明，该启事具备启事的公开性、事项单一性和期望性特点。正文内容目的、原因、事项及要求齐全。格式规范，文字简洁、明晰，值得借鉴。

【例文三】

寻物启事

本人不慎于 3 月 18 日上午 10 点左右乘 6 路公共汽车时，将内装身份证、驾驶证和单位业务发票数张的一黑色公文包遗失。有拾到者请与××机械局 201 办公室联系，必有重谢。

电话：×××××××

启事人：×××
××××年×月×日

【评析】首行居中写标题，简明醒目。正文写明丢失物及丢失的原因、具体时间和具体地点，交代清楚发文者的具体联系方式，并写有表达谢意的话。落款标注姓名及时间，结构完整。

【例文四】

寻人启事

×××，男，8 岁，身高 1.28 米，圆脸，平头，上穿橘黄色运动背心，下穿白色运动短裤，篮球鞋。12 日外出玩耍，至今未归。有知其下落者，请速与××市××街道×××和××电视台广告部联系，必有重谢。

联系电话：×××××××

××××年×月×日

【评析】这是一份寻人启事，写明被寻人的姓名、性别、年龄、身高以及外貌、衣着等方面的特征和走失原因，如果有照片可以附上，便于辨认。语言精练，篇幅短小精悍，格式规范。

【必备知识】

一、启事的含义

"启"字含有"陈述"的意思；"事"即"事情"。启事，就是公开陈述事情。单位或个人将需要向大众说明并请求予以支持的事情简要写出，通过传媒等公开，这样的应用文书就是启事。

二、启事的类型

根据事项的不同，启事分为寻找、征招、周知、声明四大类。

（1）寻找类启事：寻人启事、寻物启事、招领启事等。

（2）征招类启事：招生、招考、招聘、招工、招领、征稿、征婚、换房等启事；征文、征订、征集设计启事等。

（3）周知类启事：开业、迁址、变更、婚庆启事等。

（4）声明类启事：遗失、更正和其他声明启事。

三、启事的结构和写法

1. 标题

一是以文种作标题，如"启事""紧急启事"。

二是以事由作标题，如"招聘"。

三是以启事单位和文种作标题，如"××公司启事"。

四是以事由和文种作标题，如"招标启事"。

五是由启事单位、事由、文种构成标题，如"××商城开业启事"等。

2. 正文

具体说明启事的内容，必须将有关事项一一交代清楚。正文一般包含启事目的、原因、具体事项、要求等。如果内容较多，可分条列项，逐一交代明白。正文部分是体现各种启事不同性质和特点的关键部分，应依据不同启事的内容和要求，变通处置，注意突出启事的有关事项，不可强求一律。如寻物启事应着重交代丢失物品的名称、特征、时间、地点、失主姓名、住址或单位名称、联系地址、联系方式，发现后交还的办法和酬谢方式等；开业启事则应写明开业单位的名称、概况、性质、地点、经营项目和开业时间等内容；招聘启事一般包括招聘基本情况、招聘对象、应聘条件、招聘待遇、招聘方法等内容。文末可写上"此启"或"特此启事"，也可略而不写。

3. 落款

写明启事单位名称或个人姓名和启事日期。如果标题或正文中已写明单位名称，此处可以省略。有的启事还需要写明单位地址、时间、电话、电子邮箱、联系人等。凡以机关、团体、单位的名义张贴的启事，应加盖公章，以示负责。

四、启事写作的注意问题

（1）标题要简短、醒目。启事标题应力求简短、醒目，主旨鲜明突出，高度概括，能抓住公众的阅读心理。尤其是广告性、宣传性的启事，标题更要注意艺术性。

（2）内容要严密、完整。启事的事项一定要严密、完整，不遗漏应启之事，且表述清楚。要求内容单一，最好一事一启，便于公众迅速理解和记忆。联系方式等都要一一交代清楚。

（3）用语要热情、恳切、文明。启事的文字要通俗、浅显、简洁、集中，态度庄重、平易而又热情、恳切、文明礼貌，以使公众产生信任感，达到预期的效果。

【写作模板】

框图模式	启事文字模板
标题 ↓ 目的、原因或背景 ↓ 具体事项 ↓ 期望、要求 ↓ 联系方式 ↓ 落款	××××启事 ××××××××××××××××××，（目的、原因或背景）本公司（本单位）××××××××××××××××，××××××××××××× ×××××。（具体事项） ××××××××××××××××××××××××××××××××× ×××××××××××××××。（期望、要求） 联系电话：×××××××。 联系人：×××××××（联系方式，联系人视需要而写） ×××厂 ××××年×月×日

【实训任务演练】

一、病文评析。

寻物启事

昨日，本人遗失钱包一个，如有拾者，请通知本人，本人不胜感谢。

本人启

×月×日

二、请指出下列两则启事的不足。

寻人启事

王芳，于 3 月 4 日因精神病发作外出未归。望见到者同王刚联系。能提供线索找到王芳者酬谢 3 万元。

联系电话：1303268××××

2012 年 3 月 10 日

寻物启事

本人不慎于 1 月 25 日乘七路公共汽车时，将部队复员证、驾驶证、复员介绍信遗失。有拾到者请与××厂机修车间×××联系，必有重谢。

电话：×××××××

启事人：×××

××××年×月×日

【相关链接】

启事和启示的含义及区别

"启事"和"启示"，是人们日常生活中用得较频繁但又容易混淆的两个词。遗失了东西，写一张"寻物启事"；某单位要招工，贴一份"招聘启事"。但是，上述"启事"却常被人写成"启示"，这类错误甚至见诸报刊上的广告用词，可见对这两个词的构成和它们各自的含义大有辨析的必要。

"启"是个多义字。"启"的甲骨文字形像用手去开门，所以它的本义是打开。例如《左传·襄公二十五年》"门启而入"，"启"指打开，后来"启"由打开的意义引申为开启、启发、让人得以领悟等意思。双音词"启发""启迪"均用此义。开导蒙昧叫"启蒙"。例如宋朝朱熹著的《易学启蒙》，其书名就表明该书乃是示人学习易学的门径。教导初学者也叫"启蒙"，现在称幼儿教育为启蒙教育即用此义。再引申之，"启"还有陈述、表白的意思。古诗《孔雀东南飞》中有"堂上启阿母"，此处"启"的意思就是告诉、表白。旧式书信在正文开头称"某启"或"敬启者"，"启"均表写信的人向对方表白启告。"启"的这个意义构成的双音词有"启白""启告""启报"等。

在合成词"启事"和"启示"中，"启"表示意义并不相同。"启示"的"启"义为开导启发，"示"也表示同样的意义。"示"本指把东西给人看。在"示威""示弱""示众"等词语中，"示"皆表此义。由让人看的意义再引申，"示"又有指示、开导、让人明白某种道理的意思。例如："老师，这个问题怎样解答，请您给我一些启示。"因此，在合成词"启示"

中，"启"与"示"是同义并用。"启示"的意思是启发指示、使人有所领悟的意思。至于"启事"的"启"，则为陈述表白的意思。"启事"即为公开声明某事而刊登在报刊上或张贴在墙壁上的文字。

因此，为寻找失物、招聘职工或其他事情写个文告，都应当称"启事"才对。如果自称"启示"，那不仅与文意有悖，而且似乎摆出一副居高临下、自以为给别人启发的架势，这就闹出了笑话。

任务三 会议记录

【情景导入】

李明是一名青年志愿者，校团委书记召开2013年度青年志愿者活动，要他做会议记录，但他不知道会议记录的格式，情急之下就以时间顺序，所见所闻全部记录下来。书记看后说这是流水账，要他好好学习会议记录的写作技巧和方法。

那么，会议记录到底应该怎么写？

【布置任务】

假如你班要召开2015年"国家奖学金"会议，请你做一份会议记录。

【任务要求】

（1）了解会议记录的特点和类型。
（2）掌握会议记录的基本格式和内容要素。
（3）能正确写作和使用会议记录。

【例文借鉴】

【例文一】

××市个体劳动者协会征询协会活动会议记录

时间：××××年8月12日上午8时
地点：市××路2号市个体劳动者协会办公室
出席：宋××（市个体劳动者协会秘书长）、陈××（市个体劳动者协会团委书记）、王××（劳保旧物商店经理）、王××（个体户）、杨××（××街轻工市场8号摊摊主）、姜××（××灯光夜市场21号摊主）、张××（老友货架式自选商场老板）、马××（个体户）
缺席：宋××（市个体劳动者协会会长，银都大酒店董事长，因事缺席）、马××（明记餐厅老板，感冒请假）、苏××（靓靓发廊老板，出国旅游未归）
列席：吕××（《××日报》记者）
主持人：宋××
记录员：徐××
议题：如何组织个体劳动者活动
宋××：各位女士、先生，大家好（有人说话："没女士。"），今天请大家来，是征求大家的意见，如何开展市个体劳动者协会活动。我市个体劳动者协会成立一年多了，还未开展活动（又有一人插话："什么协会？我不知道有这个协会。"大家笑），现在请大家随意发言。

陈××：我先介绍一下市个体劳动者协会吧。这个协会成立于去年春节期间，现在有会员423人。刚才主持的宋××同志是协会的秘书长，我叫陈××，是协会的团委书记。协会的会长是宋××，银都大酒店的董事长，他今天太忙没能到会。在座的都是个体劳动者，有兴趣的可以自愿入会。今天要研究的是协会该搞些什么活动。我们很想把这个协会办好，开展受大家欢迎的活动，所以请大家来谈谈。

（会场安静。有人说话："胜哥先讲，你见多识广，你不讲，我们都不敢讲。""讲吧。""讲吧。"）

王××：讲就讲，我做个体生意，没组织太自由了，又想有个组织管管。人一年，一半在外，在外时，想回家，回家又闲得受不了。我爱好文艺、体育，可没有地方施展，没办法，就到舞厅穷泡，到点回家睡觉。

王××：我也如此，一星期到舞厅两三次，说实在的真没啥意思。离开学校，就没有参加过什么活动。今年一年，就公安局给我们开过一次会，告诉我们不能收赃物。听说市里有个劳协是我们的"头"，可谁都不知道它在哪儿。

马××：我毕业干个体六年了，六年多没处交团费，恐怕早就自动退团了吧。（众人又笑）

王××：我家七口人，六个党员，就我一个"白丁"。（记者问：你想入党吗？）入党？哪儿入啊？没人管，完全靠自己管自己。

宋××：确实如此。目前，全市个体从业人员近17万，但个体劳动者协会只有7个工作人员。各区劳协仅是挂个牌子，干部基本都是工商人员兼职，有的连办公室都没有，党团组织关系也一直没有理顺，工商部门每年拨给劳协那点经费，仅够一年两次会的费用。

杨××：没钱可以再从会费集资。向大家说清楚，增加会费，专款专用，相信大家不会有意见。（众人又议论纷纷）

姜××：建议除搞文艺娱乐、旅游、茶话会这些休闲联谊会外，还搞些讲座，例如政策法律讨论。我去一家厂子里拣点钢铁，公安局把我收容了8个月，犯了啥法我现在都不知道。（有人插话说，肯定犯了婚姻法，大家哄堂大笑）真的，除了个婚姻法之外，我不知道还有什么法。我们很关心与我们有关的政策变不变。

张××：我建议搞些精彩的业务讲座。听说美国有个卡耐基，开设推销术培训班，求学的经理老板相当多。我们协会也可以请专家、有经验的行家来传授业务技术。准受欢迎。（众人："好"）

……

宋××：今天的会开得很好，大家发言十分热烈，还是提了不少很好的建议。归纳起来。协会计划做如下几件事。

（1）健全协会组织，由在座各位担任各区协会分会长，回去宣传协会，发动更多个体劳动者入会，做好登记工作。

（2）九月九日重阳节搞一次协会文体活动。具体由筹办组策划。

（3）每月中旬举办一次讲座，地点在市文化宫，凭会员证入场。

（4）明年"五四"举行卡拉OK大奖赛。具体由筹办组策划。

记录员：徐××

主持人：宋××

【评析】 这是一份会议详细记录。由标题、会议组织情况、会议内容和尾部四个部分组成。标题显示了会议单位和会议内容。会议组织情况部分，注明了每一位与会者的身份、缺席者的身份及缺席原因。对会议进行情况的记录详细生动，会场的笑声、插语、沉默、嘈杂等情景跃然纸上。决议部分记录得条目清晰。尾部的结束语及签名齐备。全篇记录格式规范，详细到位，是一则很好的会议记录。

【例文二】

学生干部培训中心第×次办公室会议记录

时间：2015年3月4日14：30—17：00

地点：培训大楼第×会议室

出席人：刘××（主任）、杨××（副主任）、张××（办公室主任）、吴××（办公室秘书）及学生处主要负责人

缺席人：王××、张××（上课）

主持人：刘××（主任）

记录人：吴××（办公室秘书）

一、报告

（一）杨××报告学生干部作风基本建设进展情况。（略）

（二）主持人传达学生处《关于转变学生干部工作作风的通知》（以下简称《通知》）。（略）

二、讨论

我中心如何按学生处《通知》的精神抓好学生干部工作作风，又不影响正常的竞赛、管理等活动的开展。

三、决议

（一）利用两个半天时间（具体时间由各培训部自己安排，但必须安排在本周内）组织有关人员集中传达学习《通知》精神，提高认识，统一思想。

（二）各培训部负责人在认真学习的基础上，利用下周政治学习时间向各班级传达、宣讲。

（三）利用学习和贯彻《通知》精神的机会，对全校学生干部普遍开展一次勤俭节约、艰苦朴素的传统教育。

散会。

主持人：××（签名）

记录人：××（签名）

【评析】 这是一份摘要式会议记录。格式符合会议记录的要求。正文分三部分。第一部分记述会议的组织情况；第二部分摘要记录了会议的过程情况；第三部分为会议作出的决议记录，决议记录具体、清楚。

【例文三】

宏远公司项目会议记录

时间：2015 年 3 月 12 日上午 9 时

地点：公司第一会议室

出席人：各分公司与直属部门的经理

缺席人：第三分公司总经理×××（出差深圳）

主持人：高×（集团公司副总裁）

记录人：周×（总经理室秘书）

一、主持人讲话：今天主要讨论一下"美廉娱乐城"的兴建立项以及如何开展前期工作的问题。（略）

二、发言

第一分公司李总：该项目的选址应定位在亚运村以北，清河以南……（略）

第二分公司张总：该项目应以体育健身为龙头带动其他餐饮娱乐项目。（略）

市场部刘总：汇报该项目市场调查与预测的结果。（略）

财务部莫总：汇报公司的资金状况。（略）

技术部王总：汇报建筑项目投、招标情况。（略）

策划部梁总：讲述三种关于该项目的前期策划设想，前期的宣传投入应该加大。（略）

财务部莫总：前期宣传投入要慎重，理由有三。（略）

策划部梁总：前期投入一定要加大，理由有三。（略）

三、决议

（1）一致通过该项目的选址定在×××地段（举手表决）。

（2）一致通过该项目第一期投入人民币×××万元（举手表决）。

（3）（略）

四、散会（上午 12 时）

主持人：××（签名）

记录人：××（签名）

【评析】这是一份格式规范的会议记录，记录依据会议的程序，紧扣会议主题，分为主持人讲话、集体发言讨论、会议决议三部分，条理清楚，重点突出。

【必备知识】

一、会议记录的概念和作用

会议记录是开会时把会议的基本情况和会上的报告、讨论的问题、发言、决议等内容记录下来的书面材料。

会议记录是对会议整个情况的真实记载。它的作用在于正确地反映会议情况，作为整理会议文件、汇报会议精神、研究工作等存查备考的一种历史资料。

二、会议记录的格式和写法

1. 会议记录的格式

会议记录一般分为两部分。

第一部分记录会议的组织情况。包括会议名称、开会时间、地点、出席人、列席人、缺席人、主持人、记录人等，这些内容要在主持人宣布开会之前写好。

第二部分记录会议的内容。一般包括会议主持人的发言，会上的报告或传达了什么事情，讨论了什么问题，做出了什么决议等。

2．会议记录的写法

会议记录的写作方法主要有以下两种。

（1）摘要记录。这是一般会议常用的方法。它不是有言必录，而是只记发言要点、结论和会议上讨论的问题，以及通过的决定、决议等主要内容。

（2）详细记录。这种记录一般用于重要会议。要求详细记录，特别是对领导人讲话和重要决议，要尽量记原话，这种记录一般采用速记法。会后还要进行整理。

三、会议记录的写作要求

会议记录的写作要求具体如下。

一是记录速度必须快。精力要集中，跟上会议发言的速度；如果跟不上发言，记录断断续续，残缺不全，就失去了它的意义，将不利于内容的贯彻执行。

二是记录要准确。会议记录是会议情况的真实记录，所以一定要如实准确地记录会议内容。如实反映会议情况，准确记录领导人的重要讲话和主持人结论性的发言。

三是要使用专用记录本，最好使用专用记录纸，这样一则为了规范，二则便于保存，三则便于保密。

四是会议结束后，会议记录要由主持人和记录人签字。

【写作模板】

框图模式	会议记录文字模板
标题 ↓ 依据 ↓ 目的 ↓ 文中承启语 ↓ 事项 ↓ 要求 ↓ 签名、日期	××××会议记录 ××××年×月×日，××××会议在×××××××召开。参加会议的有各部门负责人。会议由×××总裁主持。会议讨论了×××××××××问题。 现纪要如下： 一、××××××××××××××××。 二、××××××××××××××××。 三、××××××××××。 ××（签名） ××××年××月××日

注：以上为公文的基本内容模块结构模式，除了"事项"，其余模块也可视情况作相应的省略。

【实训任务演练】

下面是两份病文，试指出其存在的毛病。

【病文一】

××公司党支部会议记录

时间：20××年3月8日

地点：会议室

出席：赵×× 白×× 于×× 刘×× 郑×× 刘××

记录人：刘××

主持人：赵××

首先由赵××发言。接着进行了两项内容。第一项是对入党积极分子的培养情况进行了总结。对各人的缺点和进步进行分析，提出了改进之处。支部成员一致同意将蔡××、尚××列为党建对象。

第二项是召开了党内民主生活会，全体党员进行了自我检查，并开展了相互批评。张××认为支部成员的工作还不够细致，工作方法还应改进。支部书记赵××对此进行了解释，并表示将尽力改善。

散会。

【病文二】

新人计算机公司项目会议记录

时间：××××年9月1日

地点：公司会议室

记录：祁××（办公室主任）

一、主持人讲话：今天主要讨论一下"中国办公室"软件是否投入开发以及如何开展前期工作的问题。

二、发言

技术部朱总：类似的办公软件已经有不少，如微软公司的Word、金山公司的WPS系列，以及众多的财务、税务、管理方面的软件。我认为首要的问题是确定选题方向，如果没有特点，千万不能动手。

三、各部门都同意立项，初步的技术方案将在十天内完成，资料部预计需要三个月完成资料编辑工作，系统集成约需要二十天，该软件预定于元旦投放市场。

散会。

主持人：（签名）

记录人：（签名）

【相关链接】

会议记录注意事项

会议记录是有关会议情况的笔录。一般用于比较重要和正式的会议。它的作用在于正确反映会议情况，以作为整理会议文件、总结经验、研究工作等存查备考的一种历史资料。比较重要的会议都有一个或两个以上的记录员。

会议记录的要求如下。

（1）准确写明会议名称（要写全称），开会时间、地点，会议性质。

（2）详细记载会议主持人、出席会议应到和实到人数，缺席、迟到或早退人数及其姓名、职务，记录者姓名。如果是群众性大会，只要记参加的对象和总人数，以及出席会议的较重要的领导成员即可。如果某些重要的会议，出席对象来自不同单位，应设置签名簿，请出席者签署姓名、单位、职务等。

（3）忠实记录会议上的发言和有关动态。会议发言的内容是记录的重点。其他会议动态，如发言中插话、笑声、掌声、临时中断以及别的重要的会场情况等，也应予以记录。

记录发言可分摘要与全文两种。多数会议只要记录发言要点，即把发言者讲了哪几个问题，每一个问题的基本观点与主要事实、结论，对别人发言的态度等，做摘要式的记录，不必"有闻必录"。某些特别重要的会议或特别重要人物的发言，需要记下全部内容。有录音设备的，可先录音，会后再整理出全文；没有录音条件，应由速记人员担任记录；没有速记人员，可以多配几个记得快的人担任记录员，以便会后互相校对补充。

（4）准确记录会议的结果，如会议的决定、决议或表决等情况。

会议记录要求忠于事实，不能夹杂记录者的任何个人情感，更不允许有意增删发言内容。会议记录一般不宜公开发表，如需发表，应征得发言者的审阅同意。

任务四　社会实践报告

【情景导入】

2014年7月，某高职院校组织学生"三下乡"活动，李明积极参加，并发挥自己的专业特长——园林专业果树嫁接。他帮助指导20户农民运用"枣树坐果"技术，得到林果专家的高度赞扬。回校后，辅导员让他写一份大学生社会实践报告，他就完完整整地从前到后把整个"三下乡"过程写下来了，当然少不了自己的真情实感。结果辅导员却说写的是"随笔加流水账"。李明很郁闷：做事情简单，为什么写报告这么难？这个社会实践报告到底怎么写呢？

【布置任务】

作为高职院校，每年都要开展"工学结合，半工半读"社会实践活动，请你以自己最有收获的社会实践，写一份大学生社会实践报告。

【任务要求】

（1）了解大学生社会实践报告的特点和类型。

（2）掌握大学生社会实践报告的基本格式和内容要素。

（3）能正确撰写大学生社会实践报告。

【例文借鉴】

【例文一】

暑假社会实践报告

大学生参加社会实践，一方面可以锻炼自己，使自己在实践的过程中学会怎样独立地去生活，怎样独立去面对生活中的困难与挫折；另一方面可以锻炼分工协作能力。古今中外的成功人士，无一是单枪匹马而达到目标的，在这个信息瞬息万变、知识日新月异的时代，我们更需要合作精神。

出于对广告行业的懵懂，日常生活中我常感受到广告创意的魅力，我很早以来就产生了想去更深地了解它、接触它的愿望。

当 7 月 16 日学校召开以"青春励志奉献，共建和谐社会"为主题的社会实践动员大会，学校领导宣布社会实践活动自即日起正式启动时，我就和另外两位同学一起到深视广告有限公司进行了为期二十多天的社会实践活动。

前期准备工作

由于我们三人是自由组队，所以所有的事情都得靠自己解决，当然很多的麻烦是不可避免的了。又由于时处期末，我们每天都处于紧张的复习之中，但我还是抽出了时间在放假前先去联系实践单位。出于偶然的原因当时我就联系了深视广告有限公司。我前几次同该公司联系都未果，也许是我的真诚打动了他们，最后一次我终于见到了沈总经理，向他表达了想来进行社会实践的强烈愿望，希望我们的社会实践活动能得到公司的支持。跟沈总经理谈了十几分钟后，我的热情和渴望终于感动了他，他终于同意给我们一次实践的机会，条件是得听从公司的安排。沈总经理答应我暑假一放假就可去公司报到。

开展实践的情况

7 月 17 日，我们一行三人（另两人是经济管理学院的宫萍和人文学院的吴兴虎）穿着统一的服装来到了深视广告有限公司，公司负责人蔡珊珊小姐给我们开了一个小会，讲了具体计划及这 20 多天的工作及要求。我和吴兴虎同学被分配到了媒介部实践，宫萍到设计部实践。第一天，我们熟悉了公司的有关情况。

7 月 18—22 日，我们学习并使用 CorelDRAW、AdobeIllustrator 等软件制图。公司的户外广告媒体位置遍布市区，所以需要一份集大成的公司广告位置地图，按公司要求，若客户对广告位置感兴趣，可点击该位置，在另外的页面有图片及其详细的资料介绍。我跟吴兴虎同学对照市区地图，边学习使用软件边画图。花了 5 天时间，一份不专业的地图终于出炉了。最后还把它做成了 PowerPoint。完成这项工作时心中不免有几分喜悦，因为这是我们仔细合作并辛苦工作的结果。

7 月 23—30 日，我们负责调研的是了解××产品的代理商有无恶意竞争。我们在调研中第一步是对所有的代理商进行电话采访，第二步是扮成顾客去销售中心进行咨询。调查对象涉及市区的 11 家经销商，共 22 款办公设备。

调查结果表明，有些公司存在严重的恶意竞争现象，一些公司为了提高公司销售额，不惜加大折扣，以骗取总公司高额的回扣。

7 月 31 日至 8 月 5 日，我们去市场访问收银系统，并对办公设备、计算机和餐厅音响、灯光系统及其价位进行市场调研。调研目的是了解市场价格，与各家代理公司所报价格进行对比，查看是否谎报价格。

调查结果表明谎报价格现象十分严重，有些产品的价格虚报达一倍。

收获和体会

社会实践的帷幕落下来。通过这次社会实践，我最大的感受就是锻炼了自己，使自己成熟多了。年幼时渴望长大，但那仅仅是年龄上的成长，而现在是渴望更深层次的思想上、行为上的成长。每个人成长的方式不可能完全一样，但相同的是我们都能体会到成长的快乐。在生活中体验成长的艰辛，在收获中体验成长的喜悦。也许人的一生大多是酸甜苦辣交织，喜怒哀乐相汇，苦中有甜，甜中有苦，笑中有泪，泪中有笑，只有如此才能造就丰富多彩的人生。人生体验多，各种滋味都品尝过了，各种感觉都体验过了，财富一多，才能真正地认识到人生的丰富。我渴望着丰富的人生阅历，这次社会实践，使我更体验到了成长的快乐。

这二十多天的社会实践，虽然时间不算长，但使我确确实实地学到了很多在学校及书本上不曾见过的东西。尽管我以前也有过实践经历，但这次社会实践的感觉与前几次却有很大的不同（以前都是一个人去做促销或者家教），感觉比以前的收获更多。比如，在人际交往方面，书本上只是很简单地告诉你要如何做，而社会上的人际交往其实非常复杂，这是在学校里不能感受到的。社会上有各种人群，每一个人都有自己的思想和自己的个性，要跟他（她）们处好关系还真需要许多技巧，而这种技巧是来自社会阅历与社会实践的。在社会生活中，有关心你的人，有对你无所谓的人，有看不惯你的人，这就看你如何把握了。实际的社会生活或实际的交际，要求你学着去适应它，如果不适应，那就得改变一下自己的某些做法再去适应。

这二十多天的社会实践，还锻炼了我不管遇到什么困难都不被它吓倒、从不轻言放弃的品格。人要想实现自身的价值，一定要有顽强的意志和坚强的品格、勤奋工作的品质和严谨的生活作风，需要有一个积极向上的心态。只有这样，你才可以做到不管遇到什么挫折、什么困难，即使遇到失败，都不怕，你都可以吸取经验教训，再次站起来向前。

【评析】这份摘自网上的"大学生社会实践报告优秀作文"，其实是优缺点并存的文章。文章的开头写了社会实践的目的，写了公司的基本情况、实践的基本形式和内容。不足之处是开头部分缺少作者简介，后面缺少社会实践单位的评价；关于前期准备工作可以放入前言简写，如果对实践单位有建议也可以写在报告里。文中的有些词句还有待修改。比如，"所有的事情都得靠自己解决"中的"事情"应改为"困难"，而"当然很多的麻烦是不可避免的了"却成了赘语；"出于偶然的原因我去了深视广告有限公司"应改为"一个偶然的原因我去了深视广告有限公司"。文章中还存在一些过于口语化的字句，如"沈总经理答应我暑假一放假就可去公司报到"中的"答应"应改为"同意"。

【例文二】

大学生暑假社会实践报告

实践单位：汇嘉时代苏宁电器商城

实践职位：小家电促销员

实践时间：2014年7月12日至2011年8月8日，共28天

实践目的：主要促销的电器品牌有格兰仕、美的、奔腾、飞科、飞利浦等国内外小家电品牌。之所以选择该公司作为实践单位，第一是想了解公司在小家电方面的销售运行情况；第二是想挑战一下自己，试试在品牌知名度不大的情况下自己的销售能力如何；第三是在不断的学习与实践中提高自己，融入社会，体验就业，为将来的走入社会打下良好的基础。

社会实践是大学生课外教育的一个重要方面，也是大学生自我能力培养的一个重要方式，因此，对于我们在校大学生来说，能在暑假有充足的时间进行实践活动，给了我们一个认识社会、了解社会，提高自我能力的重要的机会。作为大二的学生，社会实践也不能停留在大一时期的那种毫无目的的迷茫状态，社会实践应结合我们实际情况，能真正从中得到收益，而不是为了实践而实践，为了完成任务而实践。我觉得我们在进行社会实践之前应该有一个明确的目

标，为自己制订一个切实可行的计划。应注重实践的过程，从过程中锻炼自己、提高能力。

因此，为了更好地了解社会，锻炼自己，感受社会就业的现状，体验一下工作的乐趣，这学期的暑假我根据时间及自己的实际情况在假期期间找了一份促销的工作。虽然仅有 28 天时间，但我觉得受益匪浅，基本上达到了自己的目的。短短的工作让我体会到了就业的压力，自己能力的欠缺及社会的艰辛，同时让我感到工作的无比快乐，一种在学校自由天地无法体会到的残酷竞争的"愉悦"。

促销是一种很好的工作体验，通过人与人的沟通，可以了解一些跟我们专业相关的知识，比如不同的人夏日的旅游计划等。我的促销工作主要是促销电器。

促销的一天基本工作安排：

促销前的短暂培训，了解电器的名称、性能、型号、价格、行情等方面的知识，以及面对顾客时的语言组织、仪容仪表等。接下来就是正式的工作。每天早上 8：30 开始上班，到达指定地点后做好准备工作，摆好宣传资料、礼品赠品，然后调整好心态迎接顾客。每天工作 7 个小时，在下午工作完后还有个必需的程序——一天的工作总结。经理、主管及促销员一起讨论促销工作中的战果及存在的问题。

促销过程中的体会及感触：

通过促销实践，我觉得就是通过自己把厂商的产品推销给消费者，对于一个促销员来说，促销产品的同时也是向别人推销自己，通过自己的言语、形态让他人了解自己。因此，对于一个优秀的促销员来说必须具备以下素质。

一、要有良好的专业素质

当我们促销一种产品时，首先我们必须对产品的相关知识及厂商的具体情况有一个明确的认识。大量的相关知识的储备可以使我们能在促销过程中自如地面对顾客的一系列问题，自己的介绍可以使顾客了解产品的一些具体问题，能使顾客明明白白地消费。

二、要有良好的语言表达能力及与陌生人交流的能力

促销是促销员跟顾客以产品为媒介的一种陌生的交流，所以语言表达必须合理得当，说话要有条理，同时应让他人感觉到你的亲和力。要通过自己层次清晰的说明，把产品介绍给顾客。同时，要用自己的魅力吸引顾客，让他们通过自己来了解产品。另外，在面对具体问题时我们应保持良好的心态，不能自乱阵脚、语无伦次。

三、要有良好的心理素质及受挫折的心态

促销每天会面对社会上的形形色色的人，每个人的道德修养及素质不同，会使工作中遇到很多问题。比如，有的顾客会用各种方式刁难你，此时你必须保持良好的心态，不能跟顾客发生不愉快的事。有时候一天的工作可能收获不大，这时候我们不应气馁，要学会自我调节、自我鼓励，及时地自我总结，自我提高。

四、要有吃苦耐劳的精神，要坚持不懈

促销是一种比较枯燥的工作，每天站着用一个笑脸面对不同的顾客，这生活需要我们坚持，要让自己在烈烈炎日下磨炼。

本次社会实践体会：

一、不管做什么事，态度决定一切

从事服务工作，顾客就是上帝，良好的服务态度是必需的。要想获得更多的利润就必须提高销售量。这就要求我们想顾客之所想，急顾客之所急，提高服务质量。语言要礼貌文明，待客要热情周到，要尽可能满足顾客的要求。只要你有一个服务于他人的态度，你就会得到

他人的肯定及帮助，用自己的热情去换取他人的舒心。

二、明确目标，合理地设计规划自己

我们现在要根据自己的实际情况合理地为自己规划，找到自己的发展道路。要通过社会实践切身地了解自己的专业。要循序渐进地提高自己的能力，锻炼自己，让自己成为社会优秀的人才，为社会服务。

短暂的促销工作让我在劳累中得到快乐，在汗水中得到磨炼，我觉得自己的能力有了一定的提高，达到了自己预定的目标。残酷的社会就业压力让我不再感到恐惧，我想，只要我们有能力有信心，一定会创造一个属于自己的乐园。

【评析】这篇报告是大学生暑期社会实践报告，是把自己的学校知识与社会实际运用对接的一次实践。通过实践，作者认识到了二者之间的差距，有利于他调整自己的学习方式方法，更好地成长成才。文章条理清晰：社会实践中做了什么，学到了什么，自己要做哪些调整，这些都总结出来了，达到了社会实践的目的。

【必备知识】

一、社会实践报告的含义和用途

社会实践报告是大学生在参与社会实践活动之后，对社会实践进行总结分析，对实践单位或实践事项做出基本评价，汇报收获，提出有关意见和建议的书面报告。

通过大学生提交的社会实践报告，学校可以了解大学生对社会上有关事物的认识水准，以及学生的素质和技能水平。

二、社会实践报告的特点

（1）实践性。社会实践报告以大学生亲身深入参与社会实践为基础。

（2）调研性。社会实践报告还需依托深入细致的调查研究，并将调研情况真实地诉诸文字。

（3）评价性。社会实践报告必须反映有关问题和矛盾，并且力求向实践基地提供可资借鉴的经验和参考性的工作建议。

（4）个人素质体现性。社会实践报告非专业实习报告，也非大学生毕业实习报告，相对来说，专业性较弱或者说专业性较为宽泛，但需体现社会实践对个人素质的提高等实践成效。

三、社会实践报告的类型

社会实践报告的类型，可按作者是个体还是多人合作撰写划分，也可按大学生开展社会实践活动的类型进行划分。

其中，社会实践报告按大学生开展社会实践活动的类型，可分为大学生深入社区、街道、农村开展学习落实科学发展观等活动，开展"真情进万家"的志愿服务活动，赴企业进行就业实践，开展"感恩社会"系列调研活动和社会调查等类型。

四、社会实践报告的结构写法和写作模板

1. 标题

社会实践报告的标题一般有两种写法。

（1）由实习地点和文种构成，如《赴×××开展社会实践报告》。

（2）正、副标题式。正标题概括社会实践的主题，副标题标明社会实践单位名称和文种，如《质量为本，服务社会——×××集团社会实践报告》。

2．正文

一般来说，尽管因大学生深入社会实践的单位或社会实践的内容不同，社会实践报告正文的写法有所差异，但基本内容结构和写法一般都包括以下几个方面。

（1）前言。一般写社会实践的缘由、目的、实践单位（地点）情况或实践事项、时间、背景。介绍实践者本人的学籍情况。

（2）主体。主体包括以下几个方面。

① 介绍社会实践的形式和具体的实践内容等。

② 对实践单位（地点）或实践事项的基本认识与基本评价。如果有必要，社会实践报告还可对进行社会实践的单位提出富于专业性、建设性的工作意见或参考性的工作意见。

③ 介绍作者参加社会实践的收获，包括个人在思想、人生体验、个人素质乃至专业技能上的提高。假如社会实践的内容与专业结合得比较密切，也可以根据社会实践的情况，对学校的专业教学提出建议。

五、注意事项

（1）明确实习报告与社会实践报告的异同。实习报告与社会实践报告都要对实习（实践）的内容进行介绍，都注重实践。不同点是实习报告专业性强，对作者的专业学习质量具有检视性；而社会实践报告专业性相对比较弱，但注重调研性，注重对社会实践地点进行评价，注重体现作者人文素质的提高而非专业技能的提高。在具体的写法上，实习报告需表述作者的专业知识与技能是否能适应实习的内容；而社会实践报告一般不涉及对专业能力的评价，却需写对社会实践地点的评介，乃至提出建设性的建议等。

（2）不缺写社会实践报告的各项内容，尤其是主体内容。

（3）在实践过程中注重调查研究，注重收集有关撰写资料，比如注意收集社会实践地点的基本情况，注意了解其工作规程、效益、前景和存在问题以及员工的评价等。

（4）社会实践报告是写实性文书，必须言之有据，切记凭空杜撰。

【写作模板】

框图模式	社会实践报告文字模板
标题 ↓ 缘由、时间等 ↓ 实践单位简介 ↓ 目的	×××× 社会实践报告 　　我是××××××学院×××专业×××级××班的学生。我响应学校的号召，于今年×月×日至×月×日到×××公司进行了社会实践。（作者简介及社会实践的缘由、时间） 　　×××× 公司主要从事××××××××。（社会实践单位基本情况） 　　此次这社会实践的主要目的是×××××××××××。（社会实践目的） 　　现将本次社会实践的情况报告如下：（文种承启语）

续表

框图模式	社会实践报告文字模板
文种承启语 ↓ 社会实践形式、内容 ↓ 对实践单位、事项的认识、评价 ↓ 收获、体会	一、社会实践的形式和主要内容 1. ××××××××××××××××。（形式） 2. ××××××××××××××××。（内容） 二、对实践单位（地点）或实践事项的基本认识和基本评价 1. ××××××××××××××××。（基本认识） 2. ××××××××××××××××。（基本评价） 3. ××××××××××××××××。（视需要对单位提出相关建议） 三、本次社会实践的收获和体会 ×××××××××××××××××。（包括作者在思想、人生体验、个人素质乃至专业技能提高上的收获，以及对专业教学提出的建议）

【实训任务演练】

一、下面是一份学生习作，请指出其错误并改正。

大学生社会实践报告

俗话说：不打无准备之仗。经过再三考虑，我将本次暑期社会实践的地点选在了新疆××工贸有限公司。根据我的观察和了解，这是一家集油料生产、加工和销售为一体的综合性工业公司，其主要经营项目有各种油料、原材料的采购、加工生产、销售及饲料的生产和销售，考虑到我在学习市场营销专业中学的有关知识，所以我决定在××食用油销售店打工来锻炼自己。由于我认真地对待了自己的工作，一个月下来，受益匪浅！

要成功将食用油产品售出，营业员必须全面了解本店商品的类型、价格和各自的特点。同时还要揣摩顾客的心理，了解顾客对商品的关注点。拿食用油的销售来说，顾客最看重的、最在意的无非就是口感和价格，其次是食用油是否是绿色产品。针对这两点，我在向顾客介绍产品时，先要介绍这类油的口感，然后再同顾客讲谈价格。有好多顾客都担心食用油是否过期，针对这一问题，我向店里的同事询问了一些辨别食用油是否过期的小技巧，也丰富增加了自己的知识。我明白了只有全面地想顾客所想，才能促成每一笔交易！

我发现好多家庭购买食用油一般都是通过超市，而直接到厂家来购买的人数是少之又少，除非是些大厂家大销售公司的大宗进货，所以我们销售部门便采取一定的活动来促进销售量的增加。比如新产品上市，低价销售，仅供试用，买三赠一，让利酬宾等；或是进行设立奖项的有奖销售，总之，通过一切可行的方法，千方百计地吸引顾客的注意力，扩大销售量。同时做好全面的售货服务，维护支持公司多年的老顾客，并注重建立与××市本地区几个大型超市的良好合作关系。

通过打工，我自己亲身践行了服务行业的服务要求。对待顾客的询问要热情有耐心，进行微笑服务，不厌其烦地讲解。时刻注意维护公司的良好形象，同时与同事友好相处。自觉树立主人翁意识，勤于动手，做好卫生工作。作为一名××学院的学生，注意自己的言行代表着学校的形象。受到上司的批评时，要学会忍耐，不断激励自己，使自己的心理素质得到提高。

通过打工，我或多或少地了解了一个公司运营的内部机制。当今社会经济发展速度快，竞争压力大，要在这样的环境下，做好食用油工业，食品卫生安全最重要。要降低风险，从原材料采购、加工、生产甚至销售的每一个环节，都要严把质量关，同时又要加强与同行业及相关行业的竞争与合作，维持良好的伙伴关系，实现互利双赢。

通过本次实践，我把在书本上学到的知识加以验证、运用，感觉认识有了进一步的强化。本次实践我也发现自身存在的一些问题，比如时间观念不是很强，对本职工作的了解不够全面等，在今后的学习或工作中我会进一步改正的。

二、学院要求以"保护家乡环境，我在行动"为主题，写一份社会实践报告。

【相关链接】

撰写实践报告的准备与主要步骤

实践报告的写作过程应包括以下步骤：收集资料、拟订报告提纲、起草、修改、定稿等。各个步骤具体做法如下。

1. 收集资料

资料是撰写实践报告的基础。收集资料的途径主要有：通过实地调查、社会实践或实习等渠道获得；从校内外图书馆、资料室已有的资料中查找；通过互联网搜索。

2. 拟订报告提纲

拟订报告提纲是作者动笔行文前的必要准备。根据报告主题的需要拟订该文结构框架和体系。我们在起草报告提纲后，可请指导教师审阅修改。

3. 起草

报告提纲确定后，可以动手撰写实践报告的初稿。在起草时应尽量做到"纲举目张、顺理成章、详略得当、井然有序"。

4. 修改、定稿

报告初稿写完之后，需要改正草稿中的缺点或错误。因此，应反复推敲修改后才能定稿。

任务五　述职报告

【情景导入】

小李自去年通过竞聘科长以来，协助局长管理科组，热情为科组服务，带领全科同志争取了多项荣誉，但也有同志对他存在不同意见。一个年度又即将过去，本届科长的功过是非怎样，自然由全科室同志评说。作为科长，首先要向全科室同志做一个交代，同时也是科长发扬成绩，克服缺点，不断完善自我的必要条件。如果你是小李，需要代表科室领导拟写一份述职报告，你打算如何提交一份令大家都感到满意的述职报告呢？

【布置任务】

假设你在××公司工作已满一年（专业对口），年底时间你需要对这一年来的工作情况作汇报，请选取自己在公司担任的职务或从事的工作，写篇述职报告。

【任务要求】

（1）掌握述职报告的特点及框架结构。

（2）能够写出比较规范的述职报告。

【例文借鉴】

【例文一】

述职报告

我叫×××，女，现年24岁，2013年毕业于××理工学院物理系，全日制四年本科学历，取得学士学位证书，同年8月参加工作，从事物理教学工作。在工作中，我坚持"教育即服务"的原则，勤恳尽责，言传身教，一丝不苟，为人师表，教书育人。现将我任职以来的工作情况简述如下。

一、政治思想方面

任职以来，我思想上积极上进，政治上立场坚定。能认真学习马列主义、毛泽东思想和邓小平理论，坚持党的四项基本原则，拥护改革开放，拥护党的各项路线方针政策，自觉遵守国家各项政策法令，忠诚党和人民的教育事业，全面贯彻党的教育方针，注意加强师德修养，遵纪守法，严于律己，以身作则，为人师表，教书育人。

二、教学科研方面

在教育教学过程中，潜心钻研，认真向老教师学习，做好教学工作，积极倡导自主、合作、探究的学习方式。一年来，自己积极投入到学校物理组组织的教学研究活动中，苦练扎实的基本功，认真钻研教学大纲和教材，熟悉教学内容，把握教学的重点和难点，注重各年级教材的共性与个性，寻求知识间联系，积极推进新课改，认真上好每一节课。在课堂教学中，我面对全体学生，分层教学与管理，因材施教，既加强对差生的转化，又注意对优生的培养；既夯实对知识的掌握，又着眼于生活中的应用，提高学生整体素质。优化课堂教学，切实提高学生素质，我深入学习新时期的教学思想，积极探讨物理教学方法。

作为一名教师，我深知在教学中对学生进行德育教育的重要性。一年来，我始终把德育工作放在首位，坚持育人为本、德育为先的指导思想和教育理念，切实学习和改进德育工作的方法和途径，努力把德育工作渗透到各个教学环节中去，把学生自身的发展和国家、民族要求紧密结合起来，为学生全面发展创造了条件。

我的身边有许多在教学工作中积累丰富教学经验、教学方法的年长教师，更有锐意进取、教法先进的青年教师，他们对我来说是最实惠而又最好的知识宝库。我和他们一起备课、探讨、集思广益，并请教他们如何抓重点，如何突破难点，全力做好自身教材教法把关。同时，我深入他们的课堂听课，还请他们来听我的课，然后和他们一起总结，扬长避短，共同提高。

三、履行职责方面

一年来，我积极承担繁重的教育教学工作，认真完成各项教学任务，不计个人得失，踏踏实实，勤勤恳恳，出满勤，干满点，言传身教，一丝不苟，出色地完成了各项教学任务，履行了育人的职责。同时，我也担任着班主任工作。我积极地深入到学生中去，与学生交朋友，全面了解学生情况，及时发现和解决问题，采取贴心关怀、严格管理，有的放矢地进行思想品德教育。

回顾自己一年来的工作历程，我深深感受到教书育人的担子之重，但我有决心、信心努力克服工作上的困难，扬长避短、戒骄戒躁，更加勤奋地工作，力争把教书育人的工作做到更上一层楼，提高自己的业务水平，服务学生，回报社会！

×××

2014年9月20日

【评析】这是一位教师的述职报告。正文导言简述了任职时间等基本信息。主体部分从三方面介绍了自己的工作内容及成绩。本文能很好地突出述职报告的自述性。报告目的明确，思路清晰，工作具有创新性，成绩突出。

【例文二】

述职报告

××××年6月18日，我正式加入××快捷这个集体，成为了一名快捷人，也开始接受公司实习期的考核。如今，四个多月过去了，转眼间就到了自己转正的时期了。回首这段时间，觉得自己一直在坚持，因为这种坚持，看着许许多多的毕业生离职了，而自己还坚定地留了下来！也因为这种坚持，在这个过程中自己慢慢学习，渐渐地成长了起来。

培训的日子是最枯燥无味的，每天和在学校的生活一样，这让我们这群厌倦了校园生活的学生觉得是种煎熬，不过现在回想起来没有最初的培训，后期的工作和学习会更加困难。例如，进入培训的第一堂课是由黄总主讲的"企业发展史与企业文化"，在1993年公司由邱总带领几十号人创立，经过磨砺和艰辛，历经风风雨雨才打拼出公司如今这种大规模。秉持着"顾客优先，快速高效，持续创新，共同成长"的核心价值观，快捷以务实的态度经过20年苦心经营成为国内最大的PCB小批量样板公司，力争进入全球领先行列。这堂课不仅让我们了解了公司的发展历程和企业文化，同时给我们树立了一个理念：在日后的工作中，作为一个快捷人，我们应该时刻以公司的发展为自身的义务，以务实的态度对待每天的工作和学习，秉持着时刻将顾客放在第一位的信念，不断地提高和改善自身的能力与技能，与快捷共同成长。

如果让我说出在公司最累的一段日子，我想非在工厂实习的那段日子莫属了，但是，现在所知道的关于PCB的知识大部分是那两个月的学习成果。记得刚刚进入工厂的时候，充满了好奇，心里有许多疑问。最开始我是分在阻焊进行实习，觉得很神奇，一块光溜溜的板经过加工后出现各种颜色图形。我开始发挥出自己问问题的本领，对领班主管开始"轰炸"。就从那时开始，我养成了每到一个工序就问问题的习惯，然后把一些自己认为没有明白和重要的问题记录下来，回宿舍后自己再琢磨。这种方法虽然会让自己觉得很乱，不过也让我学习到了许多工艺上的知识。在线上久了，也就不再局限于自己实习的工序，我会经常窜到别的同事实习的工序，向他们请教该工序的问题，就这样日积月累地发现自己学习到了不少东西。其实在工厂实习时最能锻炼自己能力的是案例分析了，它锻炼了我们团队合作能力，认识到了提出问题、分析问题、解决问题这种思路的重要性，还有让我们懂得了具体问题具体分析，方法不能脱离实际。如果说入职培训纠正了我们日后的工作理念，那这段工厂实习的日子是让我们实实在在地实践了一把，让我们明白了扛在我们工程师肩上的责任是多么的重要！无形中减少了以后工作中可能出现改进措施和生产不符的现象。

随着最后一周全流程实习的结束，徐工开始宣布我们这几个月来的考核结果和最后的部门分配，而我分到了封装基板事业部，但是还要在技术中心实习一个月。虽然我很想马上进入部门学习，早点熟悉掌握自己的岗位职责和所需技能，但是能在公司核心机构——技术中心进行学习也是一个不错的机会。进入技术中心为我们分配指导工程师，我们封装基板的三位成员是由谢工指导的，记得谢工与我们第一次接触的时候跟我们说过，我们要在技术中心学会的是一种如何学习的方法和养成一种主动去学习的习惯，这为我指明了学习的方向。在技术中心学习的第一件事情就是做计划，我们要学会做好一个月度工作计划，然后再分为每一个周计划，最后再细到每一天的计划，让自己的工作随着计划展开，这样才能使自己的工作井然有序地进行而不紊乱。于是，我开始让自己养成坚持每天做计划的习惯，不管自己第二天有没有按照计划进行都要坚持做下去。俗话说，计划赶不上变化，当变化不能按照计划工作的时候，要学会适当地进行调整，适当地调整时间或者改变计划内容，可以让工作依然有秩序地开展。

在技术中心的日子虽然体力活减少了，不过脑力活却大大增多了，以前在工厂实习的时候虽然累但是晚上还可以在宿舍看书或者娱乐，进入技术中心后，突然发现自己要学习的东西很多，而且被老员工的那种工作热情所感染，不仅下班晚了，每天晚上还会去加班学习。在这一个月里，我的工作内容主要是四件事——切片考核、制程测试、缺陷分析和工艺规范知识测试，这让我们忙得焦头烂额，以前的工作是一件件地分配，做完一件再接下一件。而现在却让我们一个月内做四件事情，刚刚做了计划的我们每天却做事毫无目的，所以在一个星期下来，工作效率十分低。通过和技术中心的工程师进行交流和请教，注意到了自己的工作思路出现了问题，制订出的计划也就是个没用的计划，要有一条清晰的工作思路，拿到自己的任务不着急立马下手，将课题再细分到每一个小步骤，然后再按照这些步骤做工作计划，这样的才是有效的工作计划。

在技术中心的一个月里确实让自己的工作思路和方法有了较大的改变，最为显著的是有了做工作计划的习惯，而在10月后我就要上岗实习了，这又是一个新的起点，不过也是一个严峻的挑战。那时候刘总向我们提醒过，在封装基板的学习全靠自己学习，而且要保持自己在技术中心学到的好习惯，否则在过了一段时间后我们会发现与技术中心的同事们之间的差距会越来越大。带着忐忑的心情我正式进入了封装基板。

我很荣幸来到了封装基板这个国际化集体，身边有严格要求我们的领导，技术精湛的外国顾问，还有一群将载板作为事业而努力奋斗的同事们。同时我也很庆幸在10月就来到了封装基板，并且分到了电镀小组，因为刚好这时候PKG工厂的电镀线刚刚开始安装验收，在验收、调试中有许多的机会让我去学习。

由于对验收工作并不熟悉，并没有给我分配任务，谢工只是让我们自己学习，最后写一个关于PKG VCP和P2 VCP设备对比报告，自己觉得很轻松，在过了一个星期左右就将报告提交了，后来谢工用两个字评价了我们的这份报告——肤浅。于是我懂了为什么刘总会要我们保持着良好的习惯，什么叫作靠自己学习，由于在封装基板这里没有人时时刻刻地督促，所以容易养成得过且过的心态，会慢慢地思想堕落，最后就开始退步落后了。意识到这点的我开始察觉到主动学习的重要性，调整自己的心态开始了在封装基板的学习。每天都要去PKG工厂学习设备，因为对于设备的不熟悉而且与供应商交流困难，所以学习起来非常吃力，主要靠自己琢磨然后提出问题大家一起讨论，我将每天学习到的东西，还有当天发现的一些疑问记录在本子上，虽然学习到很少，但慢慢地也积累了很多，随着学习的深入疑问也慢慢地可以自己回答了。除了学习设备外，为了以后调试设备做准备，期间我还练习了磨盲孔切片，学习了一些关于封装基板的知识。

以上是我在封装基板的工作，非常荣幸可以加入这里，加入这么优秀的队伍。目前在国内做封装基板的公司屈指可数，公司从2002年开始策划建造封装基板厂，到2009年正式把建造封装基板厂作为一个项目来做，并成立项目小组，也就是现在的这个封装基板组。在这里我慢慢地开始成长了起来，通过这么久的试用期，拥有了自己的工作思路、办事方法和职业习惯，在这里我的生活也已经融入公司。作为一名新人，未来的路很长，需要学习的东西很多，我会更加努力地去工作，秉持快捷的企业精神，努力完善自己，与公司共同成长，将自己的工作作为奋斗的事业。PKG工厂是新建的厂，万事开头难，但不经历风雨，怎能见彩虹，我会和同事们共同努力，为了载板的明天，为了快捷的明天！

×××

××××年×月×日

【评析】这是一篇实习转正述职报告。报告目的明确，思路清晰，语言通俗，富于节奏感，适合口述，详细地自述了各个时期的工作情况，推出"我认为自己是称职的"，颇富说服力，层次分明，给人留下清晰的印象。

【必备知识】

一、述职报告的含义

述职报告就是把自己履行职责是否称职的情况写成书面文字所形成的文体。具体来说，述职报告就是机关负责人就任职一定时期内所做工作向任命机关或机关群众进行汇报并接受审查和监督的陈述性文案。

个人述职报告是随着人事管理制度改革而出现的一种新文体。它是考察个人履行职责是否称职的一种手段。

二、述职报告的特点

1. 个人性

与一般报告不一样的是，述职报告特别强调个人性。强调个人对工作负有职责，自己亲身经历或者涉及的材料必须真实。这就要求在写作上更多地采用叙述的表达方式。还要据实议事，运用画龙点睛式的议论，提出主题，写明层义。讲究摆事实，讲道理；事实是主要的，议论是必要的。在写法上，以叙述说明为主。叙述不是详叙，是概述；说明要平实准确，不能旁征博引。

2. 规律性

述职报告要写事实，但不是把已经发生过的事实简单地罗列在一起。它必须对搜集来的事实、数据、材料等进行认真的归类、整理、分析、研究。通过这一过程，从中找出某种带有普遍性的规律，得出公正的评价议论。议论不是逻辑论证式，而是论断式，因为自身情况就是事实论据。

3. 通俗性

面对会议听众，要尽可能让个性不同、情况各异的与会代表全部听懂，这就决定了述职报告讲话稿必须具有通俗性。对于与会者来说，内容应当是通俗易懂的。即使是专业性、学术性很强的内容，也要尽可能明晰准确，以与会者理解为标准。述职报告形式更是通俗的，结构是格式化的，语言则是口语化的。

4. 艺术性

述职报告的艺术性也是其魅力所在，直接影响着整个报告这一艺术生命体。这样，写作述职报告必然联系整体的讲话活动特点来进行。"述职报告"一词，可以分为两部分来看待："述职"是主体的实质性道理；"报告"是呈现表象而又具有整体性的艺术生命体。报告者要两者并重。

三、述职报告的种类

述职报告的种类，可以从几个不同的角度进行划分，因而存在着交叉现象。

1. 从内容上划分

（1）综合性述职报告：是指报告内容是一个时期所做工作的全面、综合的反映。

（2）专题性述职报告：是指报告内容是对某一方面的工作的专题反映。

（3）单项工作述职报告：是指报告内容是对某项具体工作的汇报。这往往是临时性的工作，又是专门性的工作。

2. 从时间上划分

（1）任期述职报告：这是指针对任现职以来的总体工作进行报告。一般来说，时间较长，涉及面较广，要写出一届任期的情况。

（2）年度述职报告：这是一年一度的述职报告，写本年度的履行职责情况。

（3）临时性述职报告：是指担任某一项临时性的职务，写出其任职情况。比如，负责了一期的干部集训工作，或主持了一项训练改革，或组织了一项体育竞赛，报告其履行职责情况。

3. 从表达形式上划分

（1）口头述职报告：这是指需要向本单位同事述职时用口语化的语言写成的述职报告。

（2）书面述职报告：是指向上级领导机关或干部部门报告的书面述职报告。

四、述职报告的格式

述职报告的外在结构是格式化的，包括标题、称谓、正文和署名四部分。

1. 标题

述职报告的标题有好多种写法，可大致概括为单标题和双标题两种模式。

（1）单标题

由职务、时间、文种构成标题，如《××省教委办公室主任 2014 年度述职报告》。

由职务和文种构成标题，如《××公司总经理述职报告》。

由时间和文种构成标题，如《2014—2015 学年述职报告》。

只用文种名称做标题，如《我的述职报告》或《述职报告》。

（2）双标题

将内容的侧重点或主旨概括为一句话做标题，以年度和文种构成副标题，这就形成了双标题，如《全心全意为老干部服务——2014 年度述职报告》《努力抓好"菜篮子"和"米袋子"——我的述职报告》。

2. 称谓

称谓是报告者对听众的称呼。称谓要根据会议性质及听众对象而定，如"各位领导、代表"。称谓放在标题之下正文的开头，有时根据需要在正文中间适当穿插使用。称谓一般采用提行的写法。例如，在教职工代表大会上述职报告的称谓："尊敬的各位领导、来宾，全体教职工代表，全校教职工同志们。"

3. 正文

述职报告正文的写法依据报告的场合和对象而定，一般来说采用总结式写法，共分四部分。

基本情况：履行职责的基本情况，用平直、概括、简短、精练的文字，概括地交代，如主要情况、时间、地点、背景、事件经过等。

（1）工作过程。

（2）内容概括（成绩、经验为主）。可以将总结出来的规律性的认识、主要的经验或教训、主要的成绩或存在的问题用简短概括的文字写出来。

（3）主题认识。这样，听众对报告的全貌有一个大致的了解，也能够统领全篇，激发听众的兴趣，启发和引导听众积极思考。

成绩经验：自此以下包括问题教训和今后计划共三部分，要分出层次来分析证明主题，这才能条理分明。

层次安排方法，一般采取横向排列（各层次独立性强，共同论证主题的正确）。

每一层次都要有一个小的主题，写成层义句。层义句，一般写在层次前面，或者每一层次前后都要写出，也有的层义句写成了小标题。可以是口号（主题句）的反复。层次中间要恰当运用材料。

在写作成绩经验、问题教训时有三个要求。

一要以事实和材料为依据。述职报告是对以往的工作实践进行回顾、分析，因此，以往实践所发生的事件是写作的唯一依据。

二要点面结合，重点突出。写述职报告如果想顾及方方面面，企求十全十美、天衣无缝，什么工作都写，这样势必犯了"大而全"的错误。

三要分析事实与材料，找出规律。述职报告的目的是为了以后更好地工作，扬长避短，因此，经验与教训是一篇总结的关键。要从事实与材料中总结出具有规律性的东西，这样的述职报告才有意义。

五、述职报告的写作要求

1. 要充分反映出自己在任期内的工作成绩和问题

述职是民主考评干部的重要一环，也是干部自觉接受组织和群众监督的一种有效形式。干部作述职报告，是为了让组织和群众了解和掌握干部德才状况与履行职责的情况。因此，述职报告应该充分反映出自己任期内的工作成绩和问题，写出自身在岗位上办了什么实事，结果怎么样，有哪些贡献，还有哪些不足，包括工作效率、完成任务的指标、取得的效益，等等。工作成绩如何，以及存在什么问题，是检验干部称职与否的主要标志，述职人要充分认识这一点，实事求是地把自己的工作成绩和问题反映出来。

2. 要实事求是地评价自己

对自己的评价要实事求是，不夸大，不缩小，要准确恰当，有分寸，不说过头话、大话、假话、套话、空话。要做到这样，应注意处理以下几个关系。

（1）处理好成绩和问题的关系。就是理直气壮摆成绩，诚恳大胆讲失误。

（2）处理好集体与个人的关系。不能把集体之功归于个人，也不要抹杀了个人的作用，必须分清个人成绩和集体成绩。

（3）在表述上要处理好叙和议的关系。就是以叙述为主，把自己做过的工作实绩写出来，不要大发议论，旁征博引，议论也只是对照岗位规范，根据叙述的事实，引出评价，不能拔高。

3. 要抓住重点，突出个性

如果用口头报告表述，一般宜占用30分钟；如果用书面报告表述，一般以3000字以内为宜。因此，表述的内容应抓住重点，抓住最能显示工作成绩的大事件或关键写入述职报告。凡重点工作、经验、体会或问题等，一定要有理有据，充实具体；而对一般性、事务性工作，宜概括说明，不必面面俱到。抓住重点，突出中心，还应突出自己的特色，突出自己独有的气质、独有的风格、独有的贡献，让人能分辨出自己在具体工作中所起的作用。

4. 变文字为有声语言

在写作述职报告的时候，一定要随时考虑到讲话时的情况。这就要注意文字变成有声语言的特点。述职报告语言一般是生活化、口语化、大众化的。多用短句子，注意长短交叉合理。慎用文语（古语和欧化语），如果用也是作点缀之用。少用单音词。避免同音不同义或易混淆的词语。不随便用简略语。还可以适当增加语气词，如"吧""吗"之类。为了方便聆听，有些标点符号还要用文字代替，如部分顿号改为"和"，破折号改为"是"，引号表示否定时加"所谓"，括号补充另用文字说明等。

【写作模板】

框图模式	述职报告文字模板
标题 ↓ 前言 ↓ 主体 ↓ 结尾 ↓ 落款	述职报告 各位领导、各位代表：（称谓） ×××××。（导言：说明职务、任职情况及对工作的总体评价）×××××××××××××××：（文种承启语） 　一、×××××××××××××××××××××××××××××××××。（表述工作思路、工作指导思想） 　二、×××××××××××××××××××××××××××。（表述任职期间工作的成效和经验，注重介绍典型的工作实情） 　1. ×××××××××××××××××××××××××。 　2. ×××××××××××××××××××××××××。 　……………… 　三、×××××××××××××××××××××××。（表述存在的主要问题、工作上的不足） 　1. ×××××××××××××××××××××××××。 　2. ×××××××××××××××××××××××××。 　四、×××××××××××××××××××××××。（改正措施以及努力方向） 　1. ×××××××××××××××××××××××××。 　2. ×××××××××××××××××××××××××。 　×××。（结尾：通常写上"以上是我的述职报告，谢谢各位"一类话语） 　　　　　　　　　　　　　　　　　　　××× 　　　　　　　　　　　　　　　×××××年×月×日

【实训任务演练】

一、判断题。

1. 简言之，述职报告就是陈述自己任职期间履行岗位职责的情况。（　　　）

2. 述职报告不必介绍自己的工作思路。（　　　）

3. 述职报告不必陈述自己的努力方向。（　　　）

4. 述职报告需处理好成绩与问题、个人与团队的关系。（　　　）

5. 述职报告只讲履行岗位职责的情况，不必突出个人特点。（　　　）

二、根据你所在系部、班级、社团所担任的职务，结合自己工作情况，按照述职报告的写作内容与要求，写一份 2000 字左右的述职报告。

【相关链接】

述职报告与总结的异同

个人述职报告和个人总结既有联系，又有区别。

一、述职报告与总结的相同之处：它们都可以谈经验、教训，都要求事实材料和观点紧密结合，从某种程度上说，个人述职报告可以借鉴个人总结的某些写作方法。

二、述职报告与总结的不同之处在于以下三点。

首先，要回答的问题不同。总结要回答的是做了什么工作，取得了哪些成绩，有什么不足，有何经验、教训等。述职报告要回答的则是什么职责，履行职责的能力如何，是怎样履行职责的，称职与否等。

其次，写作重点不同。总结的重点在于全面归纳工作情况，体现工作成绩。述职报告则必须以履行职责方面的情况为重点，突出表现德、才、能、绩，表现履行职责的能力。

最后，表述方式不同。总结主要运用叙述的方式和概括的语言，归纳工作结果。述职报告则可以采用夹叙夹议的写法，既表述履行职责的有关情况，又说明履行职责的出发点和思路，还要申述处理问题的依据和理由。

项目十五
礼仪宣传

任务一　欢迎词、欢送词、答谢词

【情景导入】

当今社会是一个空前开放的社会，无论是机关、企业或个人，社会的公共交往，个人人际关系一定是不可或缺的，并且是一种可发展可利用的社会资源，同时也是社会文明生活方式的构成部分。人际交往充满着现代人文色彩，既体现着人文素养，也表现出行政机关和企业文化。一个好的恰如其分的欢迎词、欢送词和答谢词，既能为现场隆重场面增色添彩，显示主人或宾客热情好客，更能展示其精神风貌和文化素养，同时也是所在单位或整体人文文化名片的宣传。因此，学习欢迎词、欢送词和答谢词的写作技巧，不仅作为一种写作能力学习，而且是一种人才发展素养培养的体现。

【布置任务】

××市××职业学院正在举办第×届艺术节，邀请了××市领导，企业界和兄弟院校代表参加，尤其是特邀了某一外国友好合作的职业学校代表团。请以××职业学院的名义写一篇欢迎词。一周后，外国职业学校代表团结束了访问活动，××职业学院为此举办了隆重的欢送仪式，在欢送会上，主人与客人都以各自的名义祝了词，请以该学院的名义写一篇欢送词，再以外国职业学校代表团名义写一篇答谢词。

【任务要求】

（1）了解欢迎词、欢送词、答谢词的文体格式规范。
（2）能在不同的场景下选择恰当的语言进行表述。
（3）掌握撰写欢迎词、欢送词、答谢词的注意事项。

【例文借鉴】
【例文一】

欢迎词

女士们，先生们：

值此我厂 50 周年厂庆之际，请允许我代表我厂，并以我个人的名义，向远道而来的贵宾们表示热烈的欢迎！朋友们不顾路途遥远专程前来贺喜，并洽谈贸易合作事宜，为我厂50周年厂庆更添了一份热烈和祥和，我由衷地感到高兴，并对朋友们为增进双方友好关系做出努力的行动，表示诚挚的谢意！

今天在座的各位来宾中，有许多是我们的老朋友，我们之间有着良好的合作关系。我厂建厂50年能取得今天的成绩，离不开老朋友的真诚合作和大力支持。对此，我们表示由衷的钦佩和感谢。同时，我们也为有幸结识来自全国各地的新朋友感到十分高兴。在此，我谨再次向新朋友们表示热烈的欢迎，并希望能与新朋友们密切合作，发展相互间的友好合作关系。

"有朋自远方来，不亦乐乎。"

在此新朋老友相会之际，我提议：

为今后我们之间的进一步合作，为我们之间日益增进的友谊，为朋友们的健康幸福，干杯！

××厂长：×××

××××年××月××日

【评析】这篇欢迎词的内容可分为三个方面。先开门见山说明欢迎的目的，并突出以何种身份表达对客人的热烈欢迎之意。接着回顾宾客双方交往的历史、合作和深厚的友情，对宾客的支持表示感谢，以及对未来合作的良好祝愿。最后抒发宾客到来的喜悦之情，以及表达良好的祝愿。通篇语言情真意切，友好礼貌，恰到好处地营造了一种和谐欢快的气氛。

【例文二】

欢送词

尊敬的××先生：

再过半个小时，您就要起程回国了。我代表××集团公司，并受××董事长之托，向您及您率领的代表团全体成员表示最热烈的欢送！

我十分高兴地看到，近一个星期以来，我们双方本着互惠互让的原则，经过多次会谈，达成了四个实质性协议，取得了令人满意的成果。在此，我们对您在洽谈中表现出的诚意和合作态度，深表感谢！我衷心地希望您和您的同事们今后一如既往，为进一步发展我们双方的经济贸易往来而不懈努力！我们期待着您和您的同事们明年再来这里访问。

谨致最良好的祝愿！

××集团公司总经理：×××

××××年××月××日

【评析】这篇欢送词，开头先提到客人马上就要回国，这是欢送的缘由。接着表明自己所代表的公司，并刻意点明受领导委托来表达欢送之意。重点回顾了双方合作的过程以及所取得的成果，并肯定和赞美了对方的贡献。最后写了期待继续合作和良好祝愿。全文感情真挚诚恳，语言娴熟精练，结构紧凑，是一篇不错的范文。

【例文三】

答谢词

尊敬的各位领导、各位嘉宾、各位朋友，女士们、先生们：

大家晚上好！

在××企业服务有限公司成立十五周年之际，我们在这里迎来了公司最尊贵的客人，在此我怀着感恩之心，真诚地表达我的感激之情。正是你们十五年如一日的支持、关爱和呵护，才使得我们不断发展壮大和成长，在此，请允许我代表公司全体员工和我本人向各位来宾表示真诚的感谢，感谢大家！

回想起我们公司的发展，至今历历在目。1996年，我们公司组建成立，在各级领导和各位朋友的大力支持和帮助下，本着诚信做人、踏实做事的宗旨，公司不断成长，并拥有了一大批忠实的、长期合作的合作伙伴。他们正是在座的各位领导以及企业界的代表和朋友，正是由于你们不离不弃的信赖与支持，才使得我们公司得以成长、壮大，谢谢你们！

同时在此也让我深深地感谢在我们公司十五年成长过程中的员工，无论是已离开公司和现在正在公司的员工，正是你们辛勤的工作，不懈的努力，才让我们××公司这个大家庭充满了朝气，充满了活力，充满了爱心，充满了凝聚力，也谢谢你们！正是你们的存在，才使我觉得身上的担子更重，要把××公司做大、做强，要让我们这个大家庭的每个成员都能快乐工作、享受生活，要让每一名员工都有自己的发展空间并能得到自己所付出的回报。我真诚地希望你们把个人的职业追求与公司的发展事业融为一体，一展才华，健康成长！

成绩只属于过去。"雄关漫道真如铁，而今迈步从头越。"我们将继续本着"您的需要就是我们的工作"的服务理念，以服务社会、致力品质、争创一流为宗旨，以诚信为人、踏实做事、广交朋友、共创双赢为信仰，发扬言行如一、精力专一、团队心一、志创第一的企业精神，以专业、精细、诚信、共赢为企业的核心价值，把我们公司发展成为以人力资源为核心的专业资深的一站式综合服务机构，并逐步走向管理规范、服务一流、信誉卓著的集团公司，让我们努力吧。

最后祝大家身体健康！事业发达！

谢谢！

××企业服务有限公司经理：×××

××××年××月××日

【评析】答谢词贵在精练，情真意切，即用最真挚、最简洁的语言表达最真挚的情感，让人能够感受到无限谢意。本文开头先点明在公司成立十五周年之际这个特殊的日子，专门表达这份感谢之情，可谓此时此景，意义非凡。接着回顾公司成长历史，感谢各方的支持。其重点是对公司员工所做贡献的肯定赞美和感谢，这是本文最突出的地方，也是一个亮点。最后展望未来，坚持承诺，继续创业，给人希望。结束语也非常中肯。

【例文四】

祝酒词

各位领导、老同学们：

值此尊敬的老师××华诞之时，我们欢聚一堂，庆贺恩师健康长寿，畅谈离情别绪，互勉事业腾飞，这一美好的时光，将永远留在我们的记忆里。

现在，我提议，首先向老师敬上三杯酒。第一杯酒，祝贺老师华诞喜庆；第二杯酒，感谢老师恩深情重；第三杯酒，祝愿老师××高龄！

一位作家说："在所有的称呼中，有两个最闪光、最动情的称呼：一个是母亲，一个是老师。老师的生命是一团火，老师的生活是一曲歌，老师的事业是一首诗。"那么，我们的恩师——尊敬的老师的生命，更是一团燃烧的火；老师的生活，更是一曲雄壮的歌；老师的事业，更是一首优美的诗。

老师在人生的旅程上，风风雨雨，历经沧桑××载，他的生命，不仅限于血气方刚时喷焰闪光，而且在壮志暮年中流霞溢彩。

老师的一生，视名利淡如水，看事业重如山。

回想——恩师当年惠泽播春雨，喜看——桃李今朝九州竞争妍。

最后，衷心地祝愿恩师福如东海，寿比南山！干杯！

【评析】这是在寿宴上以学生身份宣读的祝酒词。全文开头点明祝酒词的背景，诚挚表达对恩师的美好祝愿。而主体部分，更多是对恩师的赞美评价，突出教师职业的伟大，深化了全文的主题。全篇感情真挚，文采激扬，非常好地切中了祝酒词场所和气氛。

【必备知识】

一、欢迎词、欢送词、答谢词的概念

1. 欢迎词

欢迎词是在迎接嘉宾的仪式上、宴席上，主人对嘉宾的光临表示热烈欢迎的一种礼仪文书。

2. 欢送词

欢送词是在欢送嘉宾的仪式上、宴席上，主人对宾客即将离去热情欢送的一种礼仪文书。

3. 答谢词

答谢词是专门的仪式上、宴会上、招待会上宾客对主人的盛情招待表示衷心感谢的致辞。

这三种文书都是属于礼节性社交活动的演讲稿。其作用是能活跃社交气氛，交流宾客感情，密切双方关系，从而给宾客、主人留下深刻而美好的印象。

二、欢迎词、欢送词、答谢词的结构和写法

这三者的行文格式基本上一致，一般包括标题、称谓、正文、落款四部分。

1. 标题

一般在文稿的首行居中写上"欢迎词""欢送词"或"答谢词"即可。也有以场合和文种组成的，如"在××××××上的欢迎词（欢送词或答谢词）"等。还可以加入主人的名称、被欢迎（欢送）的宾客和文种组成，如"×××在欢迎×××的宴席上的欢迎词"。

2. 称谓

对被欢迎、欢送、答谢对象的称呼，有专称和泛称两种。专称要写明宾客的姓名，前面加上职务、头衔和表示尊敬、亲切的敬语。泛称有"女士们""先生们""同志们"、"朋友们"等等，用以表示对所有在场人的尊重。

注意称谓的排列顺序，一般是把长者、女士和领导放在前边。

3. 正文

正文是欢迎词、欢送词、答谢词的主体。要针对致辞的对象，将自己最想表达的情感写出来。正文一般包括如下几个方面。

表达诚挚友好的欢迎或祝贺之情，表达友好的欢送或答谢之意。

回顾过去互相之间的合作，以及工作中取得的成绩与特别值得记忆的友谊，向对方表达

友好的祝愿或与对方继续合作的意愿。

欢迎词更侧重于欢迎之意，一般先要说明身份及代表谁来致辞的，说明宾客来访的意义，回顾以往的交往历史与友情，颂扬宾客在某些方面的成就以及双方在过去合作的成果，表示希望继续合作的意愿。结尾要写祝颂词，对宾客的光临再次表示热情欢迎和良好祝愿。

欢送词一般要写与欢送有关的背景，对宾客的离去表示热烈欢送的话，宾客逗留的时间及离别的日程。叙述其访问的行程、内容及收获，着重突出彼此了解和友谊的加深，对宾客来访给主人工作的帮助和推动，进一步表示继续加强交往的意愿。结尾再次表达祝福和依依不舍之情。

答谢词写对主人的热情接待表示由衷感谢。写在此期间留下的美好印象，赞扬主人，包括其某些品质和精神以及成就。可以对双方关注的问题发表看法，表达愿望。结尾对主人再次表达谢意。

4. 落款

在正文的右下角写明欢迎词、欢送词、答谢词的单位名称、人物姓名和日期。标题中已有，此处可以不必再落款。

三、要注意的几个问题

（1）感情要亲切、真挚、诚恳，符合当时的气氛和场合。

（2）写作前了解清楚对方的基本信息、主要成就、来访的目的。

（3）尊重宾客的文化风俗、宗教习惯，以免发生误会。

（4）语言要自然、亲切，便于演讲，最好口语化。

（5）对于有争执、有分歧的意见或交往中的不愉快，言语中不提。

【写作模板】

框图模式	欢迎词文字模板
标题 ↓ 前言 ↓ 正文 ↓ 结尾 ↓ 落款	欢迎词 尊敬的各位女士、先生，各位朋友：（称谓） 　　值此×××××之际，让我代表××××××及我本人，向××××××的宾客表示热烈的欢迎和真诚的问候！（以特定的身份表达对来宾的欢迎） 　　××。（写明宾客来访的目的、意义和作用） 　　××××××××××××××××××××××××××××××××××。（回顾双方过去交往的历史与友情，赞美宾客在某一方面的成就以及双方合作所取得的成果） 　　×××××××××××！（表达希望继续加强合作的愿望） 　　××××××××××××××××。（再次表达对宾客的光临热情欢迎和良好祝愿） 　　　　　　　　　　××××：×××（署名） 　　　　　　　　　　×××年××月××日

框图模式	欢送词文字模板
标题 ↓ 前言 ↓ 正文 ↓ 结尾 ↓ 落款	欢送词 　　尊敬的×××、×××、×××：（称谓） 　　×××××××××××××××××××（交代欢送的背景，对宾客的离开表示热烈欢送）。 　　×××××××××××××××××××。（宾客逗留的时间和离别的日期） 　　×××××××××××××××（叙述宾客访问的行程，活动的内容，以及所取得的收获） 　　××××××。（对宾客的希望及要求，表达继续加强合作交往的愿望） 　　×××××。（结束语再次表达对宾客的离别热烈欢送以及良好祝愿） 　　　　　　　　　　　　　　×××：×××（署名） 　　　　　　　　　　　　　　×××年××月××日

框图模式	答谢词文字模板
标题 ↓ 前言 ↓ 正文 ↓ 结尾 ↓ 落款	答谢词 　　尊敬的×××、×××、×××：（称谓） 　　××××××××××××××××。（对对方的盛情接待表示由衷的感谢） 　　××××××××××××××××（简单回顾访问期间所留下的美好印象，赞扬主人在某些方面的成就、崇高的精神风范） 　　××××××××××××××××。（对双方共同关心的问题表达观点、看法和愿望） 　　××××××××××××！（结尾再次对主人表达谢意） 　　　　　　　　　　　　　　×××：×××（署名） 　　　　　　　　　　　　　　×××年××月××日

【实训任务演练】

一、请你为大一新生入学的开学典礼和大三（大四）学生的毕业典礼各拟写一份欢迎词和欢送词。

二、请根据以下内容要求为孙老师写一份祝寿词。

孙××，今年60岁，1973年参加工作，40年来潜心科研，兢兢业业，曾多次被评为市级优秀知识分子。著作颇丰，有《文字语言学》《实用应用文写作》《新闻写作学》等，共计280万字，完成了多项国家级科研项目。

【相关链接】

导游如何致好"欢送词"

"欢迎词"给游客留下的是美好的第一印象，而"欢送词"给游客留下的最后印象则是深刻的、持久的、终生难忘的。导游在送站时，"欢送词"中需含有以下内容。

"欢送词"中应含有对分别表示惋惜之情、留恋之意。讲此内容时，面部表情应深沉，不可嬉皮笑脸，要给客人留下"人走茶更热"之感。有个优秀导游的"欢送词"是这样的："短暂的相逢就要结束，挥挥手就要和大家告别，非常感谢大家一路上的支持和配合。在这分手的时候，祝大家一路顺风，早日回到自己温暖的家，同时也希望大家回到自己的家乡后，偶尔翻起中国地图，想起曾经到过这样一个小城，对那里有这样或那样的回忆，曾经有怎样一个小导游和大家一起度过短暂的几天，留下了或多或少的记忆。在这里我只有对大家说：轻轻的我走了，正如我轻轻地来。我挥了挥手，不带走一片云彩。

导游要感谢客人对导游和旅行社工作给予的支持、合作、帮助、谅解。例如，有个导游的"欢送词"是这样的："在这次旅游过程中，我有很多地方做得不到位，出现了不少疏漏，但大家不但理解我，而且还十分支持我的工作。这些点点滴滴的小事情，使我非常感动。也许我不是最好的导游，但是大家却是我遇见的最好的客人，能和最好的客人一起度过这难忘的几天，这也是我导游生涯中最大的收获。"在"感谢合作"后，导游还要"征求意见"，这是告诉游客，我们知道有不足，通过大家的帮助，下一次接待会更好。

导游可视送站时间长短，与游客一起回忆一下这段时间所游览的项目、参加的活动，给游客一种归纳、总结之感，将许多感官的认识上升到理性的认识。也可介绍一下未去景点的情况，欢迎客人有机会再次光临并去这些景点参观。

最后，导游要提醒客人不要落下东西，祝愿客人旅途平安，并期盼再相逢。我国有一位干了近40年导游工作的英文导游，在同游客告别时，为体现"期盼重逢"，他说："中国有句古语，叫作'两山不能相遇，两人总能相逢'，我期盼着不久的将来，我们还会在中国，也可能在贵国相会，我期盼着。再见，各位！"也许这位老导游的话和他的热诚太感人了，时至今日，每年圣诞节、新年，贺年卡从世界各地向他飞来，其中有不少贺年卡，是他一二十年前接待的客人寄来的，上面工工整整地用英文手写着"Greetings From Another Mountain"（来自另一座山的问候）。

由此可见，一篇艺术的"欢送词"，几句情深意切、略带文采的话，会给游客留下深远的印象。另外，还有一点要特别注意，有经验的导游在话别游客之后，他们都会等飞机上天、轮船离岸、火车出站后，才离开现场，"仓促挥手，扭头就走"，会给游客留下"是职业导游，不是有感情的导游"的印象。

任务二　感　谢　信

【情景导入】

××农学院的老师不仅从事日常教学工作，还利用课余时间积极为周边农牧民服务。×××年夏季，附近园艺场菜农的蔬菜遭受了病虫害的侵袭，损失非常惨重，农民焦急万分。学院老师得知后带领学生实地考察研究及时解决了菜农的困难，使菜农免受了更大的经济损失。菜农非常感激，想表达感激之情但是又不会写感谢信。

那么，如何撰写感谢信呢？

【布置任务】

教师节即将来临，对于一个班级来讲，班主任是最辛苦的，作为班级一员请给你们敬爱的班主任老师写封感谢信。

【任务要求】

（1）掌握感谢信的格式要求。

（2）能够写出规范的感谢信。

【例文借鉴】

【例文一】

感谢信

尊敬的易方达公司领导：

你们好！

我是××大学的一名受资助的学生，来自湖北农村。

去年9月，我满怀着对未来的憧憬踏上了南下求学之路。我很幸运地来到这所学校，因为它不仅帮助我实现了大学梦，而且庆幸自己可以在这里为自己的未来拼搏。但我同时却不得不因家里贫困的经济状况而为大学生活的各种费用发愁。我父亲患有腰椎间盘突出，不能从事体力劳动，生活的重担全落在母亲柔弱的肩膀上，如今我在大学必要的开支更是雪上加霜。可是易方达助学金帮助了我，我不必太拮据地生活着。在过去的半年里，我一直很认真地学习，我深知"学如逆水行舟，不进则退；心似平原走马，易放难追"；我也积极参加了一些班级活动，和同学关系比较融洽；对自己要求非常严格，争取精益求精，牢记"博学慎思，明辨笃行"的校训，努力充实和完善自我。我刻苦读书、努力钻研，以求靠知识改变自己的命运，改善家里贫困的处境。易方达助学金对于我来说是雪中送炭，不仅解了我的燃眉之急，同时又是对我最大的鞭策。

助学金从表面来看好像只是对贫困生物质上的帮助，但我认为，它对我精神上的鼓舞更是不容小视。它增强了我对生活的信心，增强了我的社会责任感，也增强了我的感恩之心，让我更加懂得知恩图报。

古人曾说过："仁以知恩图报为德，滴水之恩定以涌泉相报。"我面对易方达助学金所给予的帮助和鼓励，心中万般感激在这里只能汇成一句简短但能真切表露我心声的话，那就是谢谢！有了易方达助学金的相伴，我前行的道路更加宽广。在此，我要感谢易方达公司设立助学金这个援助项目，它使我的内心不再感到迷茫和无助。感谢公司和领导的关心与爱护，是你们的关爱照亮了我的心田。我会怀着一颗感恩的心完成我的学业，将来做一个对社会有用的人，来报答易方达公司对我的关爱，让你们觉得对我的付出是值得的！

现在，我还只是一个在校的学生，我没有更好的办法甚至不能用自己的实际行动来回报易方达公司对我的帮助。我想在今后的学习和生活中，我会努力学习，珍惜时间，立志成才，全心全意地做一名品学兼优的学生，以此作为我对易方达公司和其他所有帮助过我的人的回报。作为一名受助者，我在获得帮助的同时，内心感到无比温暖，今后，我也会像你们关心我一样去关心身边需要帮助的同学，让他们也能体味到这种温暖，体味获得帮助的那份喜悦，让他们知道，其实在你遇到困难的时候，背后有很多人和你站在一起。

再次感谢关心、爱护我们成长的学校领导和老师们，感谢在学习生活上给过我莫大帮助的同学们，更要感谢易方达公司对我的关爱和资助。在你们爱的鼓舞下，我不再畏风雨艰辛；在你们爱的庇护下，我的心灵得到了健康成长。请你们相信，现在受到过你们帮助的学生，一定不会辜负你们的期望，一定会把这份爱变成将来对祖国、对社会最好的回报！

最后，祝易方达公司事业蒸蒸日上，公司的企业精神不断发扬光大！也衷心祝易方达公司的所有员工工作顺利，事事顺心！

此致

敬礼！

学生：××

××××年×月×日

【评析】这是一篇受助学生表达感激之情的感谢信，开篇详细叙述家庭状况，主体内容讲了在校表现、感恩之情、今后打算等，内容具体，感情真挚，值得借鉴。

【例文二】

感谢信

尊敬的黄冈中学领导、老师们：

你们好！

时光荏苒，岁月如梭，为期三个月的实习生涯已经结束了。临别之际，我们黄冈师范学院的实习生谨向关心、指导我们的各位领导、老师和全体教职员工表示衷心的感谢并致以崇高的敬意！

在黄冈中学领导的精心安排下，我们的教育实习充实而又精彩。纸上得来终觉浅，在一次次备课、讲课中，我们真正体验到了中学老师工作的点点滴滴。虽然第一次走上讲台时，我们很紧张，有时候甚至连知识点都讲不清，但是在指导老师们细致、耐心的指导下，轻声的鼓励下，我们又找回了开始时的信心和勇气。在黄冈中学实习期间，我们深刻感受到了老师们为人师表的高尚风貌、精湛的教学技艺、崇高的敬业精神以及博大的爱生情怀。通过这段时间的实习，我们真正体会到了做一名教师的艰辛与快乐。听课、备课、讲课，这些让我们在教师素养、教学技能方面有了很大的提高。我们开始在教材结构、教学理念、教学设计等方面多了一份思考。在班主任实习中，我们组织班会，参加各种班级活动、学生活动，深入班内了解学生状况，这使我们能有与学生零距离接触的机会。

在黄冈中学教育实习中的这些经历将是我们的教师生涯中的宝贵财富。各位指导老师的每一份友好鼓励，每一个善意微笑，每一次细心指导，学生们的每一句礼貌问候，都深深地感动着我们。三个月的实习过得充实也很精彩，我们不仅在教学方面有很大进步，而且在为人师表方面有了更多的体会。感谢黄冈中学，感谢各位老师、各位同学，让我们教师生涯的第一站就这么精彩！

黄冈中学作为一所百年老校，万千学子向往的地方，独特的育人理念、优良的校风学风是同类学校的典范，是学生成长的港湾，也是年轻教师成长的摇篮。我们为有这么好的实习环境而感激、庆幸。

最后，祝黄冈中学全体老师工作顺利，家庭幸福，桃李满天下；全体学生身体健康，学有所成；教育事业蒸蒸日上！

此致

敬礼！

×××

××××年×月×日

【评析】这是一篇实习生对实习单位老师写的一篇感谢信，详细列举了实习期间老师对其的帮助以及自己的收获，字字句句透露真情表达感谢。最后以祝福语收尾，结构完整，内容翔实。

【必备知识】

一、感谢信的概念

感谢信是得到某人或某单位的帮助、支持或关心后答谢别人的书信。感谢信对于弘扬正气、树立良好的社会风尚，促进社会主义精神文明建设有着重要意义。根据寄送对象不同，感谢信可以分为三种：一种是直接寄送给感谢对象；一种是寄送对方所在单位有关部门或在其单位公开张贴；还有一种是寄送给广播电台、电视台、报社、杂志社等媒体公开播发。

二、感谢信的特点

（1）公开感谢和表扬。
（2）感情真挚。
（3）表达方式多样。

三、感谢信的结构

感谢信的结构一般由标题、称谓、正文、结尾、署名与日期五部分构成。

（1）标题。可只写"感谢信"三字；也可加上感谢对象，如"致张子鸣同学的感谢信""致平安物业公司的感谢信"；还可再加上感谢者，如"赵明康全家致××社区居委会的感谢信"。

（2）称谓。写感谢对象的单位名称或个人姓名，如"××交警大队""刘自立同志"。

（3）正文。主要写两层意思，一是写感谢对方的理由，即"为什么感谢"；二是直接表达感谢之意。

① 感谢理由。首先准确、具体、生动地叙述对方的帮助，交代清楚人物、时间、地点、事迹、过程、结果等基本情况；然后在叙事基础上对对方的帮助做恰切、诚恳的评价，以揭示其精神实质、肯定对方的行为。在叙述和评价的字里行间要自然渗透感激之情。

② 表达谢意。在叙事和评论的基础上直接对对方表达感谢之意，根据情况也可在表达谢意之后表示以实际行动向对方学习的态度。

（4）结尾。一般用"此致敬礼"或"再次表示诚挚的感谢"之类的话，也可自然结束正文，不写结尾。

（5）署名与日期。写感谢者的单位名称或个人姓名和写信的时间。

四、感谢信的格式

第一行的正中用较大的字体写上"感谢信"三个字。如果写给个人，这三个字可以不写。有的还在"感谢信"的前边加上一个定语，说明是因为什么事情、写给谁的感谢信。

第二行顶格写对方单位名称或个人姓名，姓名后面可以加适当的称呼，如"同志""师傅""先生"等，称呼后用冒号。如果感谢对象比较多，可以把感谢对象放在正文中间提出。

第三行空两格起写正文。这一部分要写清楚对方在什么时间，什么地点，由于什么原因，做了什么好事，对自己或单位有什么支持和帮助，事情有什么好的结果和影响。还要写清楚从中表现了对方哪些好思想、好品德、好风格。最后表示自己或所在单位向对方学习的态度和决心。

正文写好了，另起一行空两格（也可以紧接正文）写上"此致"，换一行顶格写上"敬礼"。最后再换一行，在右半行署上单位名称或者个人姓名。在署名的下边写上发信的日期。

五、注意事项

（1）叙述对方对自己或本单位的帮助，一定要把人物、时间、地点、原因、结果以及事情经过叙述清楚，便于组织了解和群众学习。

（2）信中要洋溢着感激之情。在叙述事实的过程中，除了要突出对方的好思想和表示谢意外，行文要始终饱含着感情。这感情要真挚、热烈，使所有看到信的人都受到感染。

（3）写表示谢意的话要得体，既要符合被感谢者的身份，也要符合感谢者的身份。

（4）感谢信以说明事实为主，切勿不着边际地大发议论。

【写作模板】

框图模式	感谢信文字模板
标题 ↓ 称谓 ↓ 正文 ↓ 结尾 ↓ 落款	感谢信 ××××××：（称谓） 　　××。（感谢理由） 　　××。（表达谢意） 　　××××××××××××！（"此致敬礼"或"再次表示诚挚的感谢"之类的话，也可自然结束正文，不写结尾） 　　　　　　　　　　　　　　　　　　　　　　　××× 　　　　　　　　　　　　　　　　　××××年×月×日

【实训任务演练】

模拟写作练习

材料一：10月18日，××市××幼儿园22名幼儿在两位阿姨的组织下去××公园游玩。下午4时左右，在等单位车回园时，不料有一名幼儿跑到路边，不幸被一辆速度飞快的三轮车剐倒，头上顿时流血。正当幼儿园阿姨寻车去医院无着时，路过此地的一辆黑色桑塔纳小汽车停了下来，司机载着受伤儿童和一名幼儿园阿姨去了医院，并缴纳了医药费78元。在儿童休息观察时，司机悄然离去，没留姓名，幼儿园阿姨只记得车牌号是"川A0002××"。幼儿园给《××晚报》写了一封感谢信，希望借该报一角，对不留姓名的司机予以感谢。

请以该幼儿园的名义，写一封感谢信。

材料二：××乡小学在9月上旬突遇洪水袭击，冲毁教室五间、教师宿舍一间，还有部分公物受损。由于修复资金短缺，教学无法恢复，学生只好到相隔七八千米外的另一乡小学上学，给学生、家长、教师带来极大困难。××××有限公司、××××有限公司、××××集团在报纸上获知此消息后，分别捐赠2万元、3万元、5万元，在县乡财政的支持下，于 10 月下旬修复了校舍，恢复了教学。请以××乡小学名义，写一封感谢信，感谢以上三个企业的捐赠。

【相关链接】

感谢信与表扬信的区别

一、性质不同

感谢信用于公开感情和表扬，感情真挚，表达方式多样。

表扬信的性质决定了它不同于其他书信的特点，这些特点主要反映在表扬信的正面性、及时性上。正面性也称褒扬性，是从正面对某人或事进行赞扬、夸奖，而不是从其他角度进行贬斥和批评。及时性是表扬信涉及的人或事要求及时，不容拖沓。

二、使用关系不同

如果按行文方向来比较、鉴别的话，表扬信应当是下行文，它不能用作上行文，也不能用作平行文；感谢信应当是平行文，不能用作上行文，也不能用作下行文。

三、写法不同

表扬信是向特定受信者表达对被表扬者优秀品行颂扬之情的一种专用书信。它主要用于作者在日常工作、生活中受益于被表扬者的高尚品行（或被其品行所感动），特向被表扬者所在单位或其上级领导致信，以期使其受到表彰、奖励，使其精神发扬光大。

表扬信是对他人的行为表示赞扬的信函。在表扬信中应反映他人的事迹与品质，赞扬不要太过分。语言要热情而简朴。

表扬信可以直接写给表扬对象，也可以写给表扬对象的所属单位，还可以写给报社、电台、电视台等新闻媒体。

表扬信的格式内容

一、标题。写成"表扬信"即可。

二、称谓。一般写给被表扬人的上级领导单位。

三、事迹经过。

四、表扬的语句。

五、学习的语句。

具体来说，表扬信通常由标题、称谓、正文、结尾和落款五部分构成。

1. 标题

一般而言，表扬信标题单独由文种名称"表扬信"构成。位置在第一行正中。

2. 称谓

表扬信的称呼应在开头顶格写上被表扬的机关、单位、团体或个人的名称、姓名。写给个人的表扬信，应在姓名之后加上"同志""先生"等字样，后边加冒号。若直接张贴到某机关、单位、团体的表扬信，开头可不必再写受文单位。

3. 正文

正文的内容要另起一行，空两格写。一般要求写出下列内容。

（1）交代表扬的理由

用概括叙述的语言，重点叙述人物事迹的发生、发展、结果及其意义。叙述要清楚，要突出最本质的方面，要让事实说话，少讲空道理。

（2）指出行为的意义

在叙事的基础上进行评价、议论，赞颂该人所作所为的道德意义。如指出这种行为属于哪种好思想、好风尚、好品德。

4. 结尾

该部分要提出对对方的表扬，或者向对方的单位提出建议，希望对×××给予表扬，如"×××同志的优秀品德值得大家学习，建议予以表扬"。写给被表扬者本人的表扬信，则应适当谈些"深受感动""值得我们学习"等方面的内容。并要求在结尾处写上"此致敬礼"等结束用语。

5. 落款

落款应写明发文单位名称或个人姓名。并在署名下方注明成文日期。

任务三　解说词

【情景导入】

"朋友们，这塑像可怪了，他有个雅号叫'十不全'和尚，就是说有十样毛病：歪嘴、驼背、斗鸡眼、招风耳朵、瘌痢头、跷脚、抓手、斜肩胛、鸡胸、歪鼻头。别看相貌怪，但残而不丑。从正面、左面、右面看，他的脸分别给人欢喜、滑稽、忧愁三种感觉……里面那五百罗汉，尊尊不同，请耐心找找，里面一定有一尊的脸型是像你的。"这是苏州西园的解说词中对五百罗汉里那尊疯僧等塑像的解说。

这段解说词写得非常有趣味。由此看来，解说词不仅能够帮助读者（观者）了解事物，更能充分调动读者（观者）的参与兴趣。随着社会的日益发展，解说词会越来越显示它为社会、为人们服务的价值。

【布置任务】

利用一次活动，在参观游览某一景区中，收集有关材料，自拟一份景区解说词，并跟原来的景区的解说词对比，了解景区解说词的特点。

【任务要求】

（1）了解各种类型解说词的特征。

（2）掌握解说词基本写作要领。

（3）按要求写出规范的解说词。

【例文借鉴】

【例文一】

企业宣传片解说词

在民航强国战略全面推进的重要时期，西部机场集团充分发挥集团化管理优势，立足航空主战场，加快发展航空延伸产业，形成了"一主两翼十个支点"的航空发展格局。作为集团麾下的民航信息高新技术企业，悦泰科技有限责任公司秉承"团结、拼搏、求实、创新"的企业精神，以先进的科技手段、完备的产品方案、优质的运维服务、科学的项目管理，推动公司生产规模、经营效益、人才队伍建设不断攀上新台阶，朝着建设国内一流民航信息技术集成商的目标迈出了坚实的步伐。

简介篇

悦泰科技有限责任公司成立于 2001 年，注册资金 1000 万元，是西部机场集团专业从事系统集成、应用研发、电子工程、智能建筑和安防技术等业务的成员企业，被认定为国家高新技术企业。

改革篇

近年来，在西部机场集团的大力支持和董事会的正确领导下，悦泰公司认真落实集团"政策给足，改革到位，支持到边，断其后路，不生就死"的辅业公司管理理念，解放思想，锐意改革，科学管理，持续创新，综合实力显著增强，经营业绩逐年攀升，市场开拓成果丰硕，对外合作成效显著，品牌影响力不断扩大。

人才篇

作为现代化的高新技术企业，悦泰公司始终坚持以人为本，不断完善激励约束机制，倡导敬业协作的工作作风，营造人才健康成长的良好氛围，逐步建立起完善的员工晋升体系和科学的人才培养制度，促使各类人才快速成长。员工参加全国计算机软件水平考试通过率高达 52%，远远超过全国 2% 的平均水平，被××省人事厅授予"人才培养示范企业"，培养和造就了一支集设计、研发、实施、运营和服务于一体的专业技术团队，为公司的可持续发展提供了可靠的人才保障。

合作篇

悦泰公司本着"立足集团，面向民航，走向社会"的经营理念，为客户提供多功能、全方位的技术支持和解决方案。面对激烈的市场竞争，公司选择有实力的合作伙伴开展互利合作，先后与××集团合作共建"绿色机场"项目、与××工业集团飞豹公司合作开发民航领域相关产品、与 IBM 公司合作研究机场智能化中央管理系统、与民航电信为邦公司合作开展民航无线通信业务、与中兴通讯公司合作推广行业产品方案……既拓宽了业务范围，又丰富了服务产品，使公司市场价值得到大幅提升。

蓝图篇

随着经济全球化和信息网络化进程的日益加快，悦泰公司将面临新的机遇与挑战。在集团"二次创业"战略指引下，公司制定了"十二五"发展规划，以"为企业谋发展、为员工谋利益"为根本出发点，以弱电设计、工程建设、机电安装、无线通信、安全防范等领域为关键切入点，按照"一年夯实基础，三年稳步提高，五年发展壮大"的发展目标，坚持"专业化经营、科学化管理、多元化发展、立体化合作"的工作思路，努力打造集团信息产业板块，力争将公司建设成为国内一流、具有较强核心竞争力的民航全套信息解决方案提供商。

站在新的历史起点，团结奋进的悦泰人，必将以百倍的信心、满怀的豪情，为实现二次创业和公司跨越式发展而再接再厉，不懈奋斗，共同奏响新时期悦泰科技有限责任公司的华彩乐章！

【评析】这是一篇企业宣传专题片的解说词。全篇抓住时代脉搏，紧扣企业实际情况，突出企业的优势特点。先总说企业发展格局和企业精神，分说分为五个方面介绍企业基本情况和特色，最后再展望企业发展前景。其"总分总"式的结构严谨清晰，层次分明，重点突出，或对图片，或对画面进行补充，充分体现了此类解说词的语言优势，对宣传企业可谓锦上添花。

【例文二】

玛思特有机农业园区解说词

尊敬的××书记、各位领导：

大家好！

欢迎你们在阳春三月、播种希望的季节莅临玛思特有机农业园区检查指导工作！（下车处）

各位领导，现在呈现在我们眼前一马平川的大棚区就是玛思特有机农业园的核心区。首先我先为大家介绍一下玛思特有机农业园区的基本情况。（在大学生创业园牌子下面）

××市××区玛思特有机农业园由卢×、袁×、苟××、王×、赵××四名硕士生、一名博士生组成的"硕博军团"，于2009年3月开始筹建。该园位于××区马家乡东部，距××城区约25千米，到南广高速南江路口仅3千米。螺溪河纵贯全境，土地肥沃，地势平坦，气候温和，具有环保生态农业生产的天然优势。园区核心区占地面积5000亩，涉及4个村，辐射带动全乡9个村及周边三个乡镇。该园区主要从事有机蔬菜、优质玉米、水果种植和有机肉牛养殖等农业生产综合开发。

（边走边说，走得慢，解说快但清楚）目前园区内的基础设施已经完成"四网"改造。一是田网方面完成了2300多亩水田改旱、调形、平整、翻耕；二是水网方面完成了1324米隔离沟土石方开挖，新建提灌站2处、蓄水池53口、山坪塘15口，新建50千米排灌渠系，挖掘3口600余平方米的雨污池；三是路网方面硬化南江到园区的水泥路3.8千米，新建园区环行毛坯公路6.8千米；四是在电网改造方面，为确保园区内大棚的滴灌、喷灌和业主的日常用电，我们专线架设了变压器1台、高压线两档。

（电线杆处）各位领导：××区玛思特有机农业园在2010年年初正式投产运营，同年6月成立共青团玛思特有机农业园支部委员会。园区团支部成立以来，秉承"将团支部建在产业链上，将团员作用发挥在创业岗位上"的理念，积极培养和带动青年积极投身于社会主义新农村建设，收到了四个方面的明显成效。

第一，带动科学技术推广，实现了增收致富。园区团支部充分利用核心区的示范效应，采取"公司+青年大户+农户"模式，采取"创业园提供种苗、托养肉牛、培训技术，大户按公司的技术要求生产，产品由公司统一销售"的模式引导周边群众改进传统种植方法、农作理念，运用科学技术从事有机农业生产。截至目前，园区发展青年种养大户152户，带动东观、走马等周边乡镇青年农户种植商品蔬菜6000亩，人均增收400元以上。

第二，带动青年能人创业，实现了团组织活力增强。园区团支部坚持"生产带动科研，科研促进生产"的工作思路，充分依托"园区既是××农业大学的科研实习基地，也是良种、新技术的推广示范基地"这一优势，建立"团员青年示范棚"117个。"团员青年示范棚"在团员青年中树立起了创业标杆，吸引12名团员青年到园区返租大棚进行有机农业生产，形成了"比、学、赶、超"的创业氛围。

第三，带动返乡青年就业，实现了留守学生有亲情关爱。园区团支部吸纳和辐射带动××区马家乡及周边乡镇 200 余名返乡青年在家门口就业，有效地避免了农村剩余劳动力外出带来的夫妻感情、老人赡养、留守学生亲情缺失等一系列问题，加快了本地新农村建设步伐。

第四，带动择业观念转变，实现了个人价值的社会认同。玛思特有机农业园的创办人从"天之骄子"到创业成功的新型农民，实现了大学生就业观念在理性中回归，为大学毕业生就业拓宽了渠道，为青年就业创业树立了榜样。2008 年毕业的××农业大学硕士研究生卢×，既是园区的团支部书记，也是××乡团委副书记、××区第六届"十大杰出青年"，受到了干部、群众的普遍好评。

各位领导：在省、市团委的倾力指导关心下，在区委政府的正确领导下，我们的园区团建将紧跟党建步伐，认真实施区委产业突破、环境优化、远接近交、品牌先导、人才兴区"五大战略"，继续坚持"四带四实现"工作思路，汇聚团员青年的智慧和力量，全力服务于区委打造农业集体经济化经营中心，为新农村建设贡献力量。

尊敬的各位领导：今天的参观介绍就到此结束，玛思特有机农业园区热忱欢迎您的下次光临！谢谢！

【评析】这是一篇现场解说词。首先通过"牌子"对农业园区的基本情况进行概括，然后边走边说时介绍了园区基础设施的改造情况，接着又从"理念"出发从四个方面阐述了农业园区的成效和发挥的作用，最后表明加快发展园区的决心和信心。全文移步换景，有总有分，材料翔实，结构清晰。

【例文三】

新疆天池解说词

大家早上好，今天我们要去的地方是素有"天山明珠"之称的天池。

天池地处天山博格达峰北侧，位于阜康市偏东 40 余千米，距离乌鲁木齐 110 千米，驱车前往大约需要 2 小时。天池是世界著名的高山湖泊，1982 年被列为第一批国家重点风景名胜区。2000 年又被评为国家 AAAA 级风景名胜区。天池古时叫作"瑶池"，是传说中西王母宴请周穆王之地。我国先秦时代《穆天子传》中记载：三千年前，周穆王久慕王母仙境，乘八匹骏马，来到西域，在瑶池受到西王母盛宴款待。席间，二人赋诗歌唱，宾主极兴欢娱。天子离别时不忍离去，相约重游。但随着时间的流逝，却不见穆王返回的身影，忧郁的西王母望着一潭碧水，哀怨叹息。不少文人墨客以此神话作题材，赋诗作文，将这一美丽的神话故事流传至今。传说天池是西王母的沐浴池，西小天池是西王母梳妆台上的银镜，东小天池则是西王母的洗脸盆，这些美妙的神话传说，给优美的天池自然景观增添了一层神秘的色彩。

那么"天池"的名字是怎么来的呢？公元 1781 年到 1783 年，阜康县境内连续三年大旱，农作物几乎没有收成，百姓生活陷入困境。当时就任乌鲁木齐都统的明亮，是一个很为百姓着想的好官，可是要怎么解决缺水的问题呢？他想到博格达峰上冰雪覆盖，每年夏季冰雪消融，他决定上山寻找水源，开山引水。终于在博格达峰下找到了这个幽静的湖泊，一池碧水如同一块巨大翡翠，镶嵌在博格达峰的腰间，明亮被这美景震撼了。水渠凿成后，他在渠口附近立石碑纪念，在碑文中留下"见神池浩淼如天镜浮空"的句子，将"天镜、神池"两词各取一字，就是"天池"之名的由来。

　　天池湖面呈半月形，海拔 1900 余米，南北长 3000 余米，东西最宽处 1500 余米，旺水时面积达 4.9 平方千米，最深处 105 米，总蓄水量 1.6 亿立方米。这样一个高山中的湖泊，大家知道它是怎样形成的吗？它是在第四纪冰川运动中形成的高山冰碛湖。大约 200 万年以前，全球第三次气候转冷，天山山区孕育了颇为壮观的山谷冰川运动。冰川挟带着砾石缓慢下移，巨大的冰川像一把巨铲对山体进行着强烈的挫磨和雕凿，形成了多种冰蚀地形，山谷成为巨大的凹地冰窖。冰舌前端则因挤压而消融，融水下泄，所挟带的岩屑砾石逐渐停积下来，成为横拦谷地的冰碛巨垅。随着气候的转暖，冰川消退，四周雪峰上不断消融的雪水在这里蓄水成湖，形成了我们今天看到的天池，天池北岸的天然堤坝就是一条冰碛垅。

　　我们现在已到达天山脚下，今天这一路走过，我们将会看到四个自然景观带：低山带、山地针叶林带、高山亚高山带和冰川积雪带。公路右侧的这条河流就是三工河，它的水源便是天池，是天山之雪消融而来的，清澈流畅，养育着公路两边的农田。现在这里是榆树沟，沟谷内密布着生长近百年的榆树，这景致虽然不能说是独一无二，但整齐的阵势的确是天山一绝。也许再过几年，这里也会成为又一个旅游景观。石门现在已经到了，石门又称石峡，是天池八景之一，被称为"石门一线"，它是天池水百年来冲击山体形成的峡谷，过了石门，我们就到天池风景区了。同时也进入又一个自然景观带——山地针叶林带。

　　现在请大家往右看，我们的右手边有一潭碧水，它就是西小天池。传说这就是西王母的梳妆水镜。实际上是三工河在山间的低洼处形成的积水深潭。每当夜幕降临，皓月当空，山峰和树影倒映水中，倍觉幽静，这就是天池八景之一的"龙潭碧月"。

　　走过了这么长的路，我们终于来到了天池湖畔，现在请大家随我下车游览。天池水是冰川雪水融化而来的，温度很低，大家在湖边游玩和照相时一定要小心。呈现在大家眼前的就是美丽的天池，在远处博格达峰的照耀下，近处苍松绿柏的辉映下，天池就像一个蒙着面纱的少女，热情而又温柔，美丽而又动人。

　　站在湖北岸，我们可以看到天池八大景中的三大景观。

　　南面就是雄伟的博格达峰，海拔 5445 米，山顶终年积雪不化，这一景被称为"南山望雪"。

　　大家再来看西岸，云杉延绵，浓郁遮日，不知大家注意到了没有，西坡和北坡的云杉林非常茂密，而东坡和南坡却寥寥无几，为什么呢？这是因为，天山的湿气流主要来自于西北气流，天山比较高大，可以阻留住较多的湿气流，而北坡和西坡是半阴坡，水汽丰盛，所以云杉比较茂密。这一景叫作"西山观松"。

　　好了，大家看左手方向，有一棵被围起来的古榆树，这就是被称为"定海神针"的神树，也是天池八景之一。对于它还有一个传说：相传有一年，西王母在湖边召开蟠桃大会，邀请了各路的神仙，一时疏忽忘了请池中水怪，水怪气愤极了，兴风作浪，要淹没湖岸。西王母盛怒之下，拔下头上的玉簪直插下去，镇住了水怪，玉簪变成了这棵榆树。而且，即使是春天水位涨高时期，也从没有淹没过榆树的根部，人们就更加相信这是它的功劳，所以就把它叫作"定海神针"了。这棵树也是湖边唯一的一棵榆树，这里的海拔高度是不宜生长榆树的，不知什么原因，这棵树在这里扎下根来，并且生长了 200 年之久，这已经成为生物学上的一个谜。如果日出时来到这里，就可以看到火红的旭日抛洒着万道金光，给群山镀上了金边，冰峰、松林、湖面浮着袅袅的烟雾，这一景叫作"海风晨曦"。

　　在天池北侧，步行约 20 分钟的地方，可以看到天池之水经高山峡谷形成瀑布，虽没有"飞流直下三千尺"的气势，却也是银珠四溅，声如洪钟，水汽扑面而来，这一景叫"悬泉飞瀑"。它的下游就是东小天池，也就是传说中西王母的洗脸盆。

沿着天池向西走，有三块巨石，样子就像三根蜡烛。相传西王母用这三块巨石，顶住了因池中恶龙挣扎而倾斜的西天，这一景叫"顶天三石"。古时候，山中道人在巨石上竖杆悬灯，以示太平，所以那里也叫"灯杆山"。另外新疆是"丝绸之路"的必经之路，各种宗教随经济往来在这里传播，天池也就成为佛家、道家弟子常来的一处净地，他们在天池附近修了娘娘庙、铁瓦寺等八大庙宇，但这些庙宇都毁于战火，遗迹难寻了。近年来由于一些宗教信徒和旅游爱好人士的捐助投资，修复了"娘娘庙"，也就是西王母庙，每年接待游客上万人次，香火很旺。如果有兴趣的话，我们也可以去那里上一炷香。

在岸边这么久了，大家一定发现了绿草如茵的草原上，有着点点繁星般的白色毡房，那是哈萨克牧民的房子，他们称之为"白宫"。毡房是哈萨克族在长期的生活实践中，结合本民族的生活、生产特点发明创造的房子。因为哈萨克族世世代代过着以游牧为主的生活，而这种房子由围杆、顶圈、毡子、天窗、门等部分组成，便于拆迁，有经验的人可以在1小时之内支起。大家如果有兴趣可以做个家访，去感受一下独特的民族风情，还可以尝尝包尔沙克、奶疙瘩等民族风味食品。到哈萨克人家里做客有些事一定要注意：一是进门时要让年长者先进门，按主人的安排就座。二是主人双手奉上的东西一定要双手接过，单手特别是左手会被认为是极没礼貌的事；主人倒茶时应双手捧起碗，不能接过茶壶自己来倒；最好不要拒绝主人敬上的食物，就是不喜欢也要尝一尝，并要表示谢意。三是不能在主人的房子里来回走动，不能吐痰、打哈欠、擤鼻涕、掏耳朵、剪指甲等，如有事要离席必须从人身后走，绝对不能从餐布上跨过去，更不能踩踏餐布。餐前会有人端上盆和水壶来请大家净手，净手时必须洗三把，也就是倒三次水，洗完手一定不要这样甩水，用手帕擦干或把水滴到盆内。好了，我就说这么多，其余的大家自己感受吧，下面是自由活动的时间，如果有兴趣到牧民家里做客的话，请到我这儿报名，我组织大家集体行动。景区内有骑马的项目，大家也可以尝试一下，但骑马有一定的危险性，大家一定要注意安全。

【评析】导游解说词也叫景点解说词。一般采用时空结构，解说中往往穿插历史传说、风土人情知识，语言尽可能口语化。这篇天池解说词，非常好地体现了这些特征，解说的层次清晰，知识渊博，每一个景点解说非常到位，语言上通俗自然、亲切，尤其在细节的叙述上，把握得准确、详细，给游客以耳目一新之感。

【必备知识】

一、解说词的概念和作用

解说词是对人物事迹、展览陈列品（实物图片）、旅游景观、影视新闻纪录片的画面等进行讲解、说明、介绍的一种应用性文体。从表达方式上说，它属于说明性文体，主要采用口头或书面解释说明的形式。解说词主要包括风景名胜解说词、实物图片展览解说词、影视新闻纪录片解说词等。

解说词的作用主要包括：一是发挥对视觉的补充作用，让观众在观看实物和形象的同时，从听觉上得到形象的描述和解释，从而受到感染和教育；二是发挥对听觉的补充作用，即通过形象化的描述，使听众感知故事里的环境，犹如身临其境，从而达到情感上的共鸣。

现代社会，各种政治、经济、文化活动空前繁荣，解说词有了更为广阔的用武之地，像新闻图片、产品展销、书画展览、文物展出、标本说明、影视解说、园林介绍、景点导游等都要运用到这一文体，因而学好这一文体的写作有很大的实用价值。

二、解说词的特点

（1）依附性。必须要有解释的对象。

（2）结构的分合性。就单独画面、场景或实物解释是独立的，这是"分"；而围绕一个中心，按时间或空间顺序将各个单独的对象串联起来形成一篇完整的解释词就是"合"。

（3）表达方式的单一性和多样性。一般以说明为主，但对复杂的采用叙述、描写甚至抒情等。

（4）语言表述的可听性。语言讲究明白、形象、生动。

三、解说词的结构

解说词的结构分标题、开头、主体、结尾四个部分，其结构原则与一般文章的结构大致一样。

解说词可以归纳为如下几种结构形式。

（1）连贯式。适用于解说相对集中的内容，如名胜古迹、人物事迹等，解说内容紧密围绕一个中心思想，从不同侧面对解说对象进行描述，这种结构易于发挥，进行细致的描写。

（2）罗列式。适用于解说形态不同、画面各异的展品、图片，如背景介绍、集体人物的分述。各实物或人物具有相对的独立性，可各自成篇，表面看它们不相连属，实质上都有一条主线贯穿其中，这种结构有助于参观者领会每个画面的意思。

（3）配音式。适用于电影、电视的配音解说，它是按照影视的镜头划分成若干场面，先把解说词写在相应的表格中，使解说词与解说画面逐一对应，以利于播音员按图讲解。

也可以以下面方式归纳其结构。

（1）描述型。以时间的先后作解说的顺序，对说明对象进行内在或外部的描述。人物、产品介绍、生产流程介绍大多采用这种顺序安排结构。

（2）说明介绍型。按照事物空间存在的形式，或从外到内，或从上到下，或从前到后或从整体到局部，把事物的名称、功用、类型、特点、关系等依次解释明白，使观众、听众了解、熟悉和接受。

（3）分析型。按照事物的内在逻辑关系安排顺序。这种内在的逻辑关系或为因果，或为递进，或为主次，或为总分，或为并列等。其基本方法是从一般原理到特点结论，或从一系列事实中归纳出一般原理，所遵循的思维方式是演绎、归纳或对比。

（4）一般认识型。按照人们认识事物的规律和习惯，一般总是由浅入深、由近及远、由抽象到具体对事物进行解释说明。

四、写解说词的注意事项

（1）把握解说事物的关系。物与物、人与人、人与物之间，总存在着一定的关联，写作之前，要认真研究解说对象，找准它们之间的这种逻辑联系，才能真实地反映复杂的客观事物，有助于观众、读者等领会其中的意思。事物之间的联系，有并列、先后、总分、主次等关系，这种关系，有分有合，分则相对独立，合则相互联系，只有按照一定的逻辑联系把它们串通起来，方能组成一个有机的统一体。

（2）掌握多种表述手段。解说词的表述方法，常见有新闻式、文艺式和阐释式三种。这三种方式适用于不同的解说对象，各具特色。新闻式多用于电视新闻、新闻图片等的解说，其实是新闻消息在影视中的运用，但更具鲜明形象的特点。文艺式是指用文学语言进行形象描写的解说词，它大量采用诗词、成语、形容词，以及拟人、夸张等修辞格，使语言充满感情，生动形象，极富感染力。阐释式适用于知识性或科学性较强的解说词，它要求做到概念准确、解释清楚，语言平实简洁。

（3）一定要有趣味性。这样才生动活泼，吸引读者和观众，达到预期效果。

【写作模板】

框图模式	解说词文字模板
标题 ↓ 开头 ↓ 主体 ↓ 结尾	解说词 开头：总说，引出要解说的对象，引起读者、观众、听众的注意和兴趣。 主体：描述型以时间的先后作解说的顺序。说明介绍型按照事物空间存在的形式解说。分析型按照事物体的内在逻辑关系安排顺序。一般认识型按照人们认识事物的规律和习惯，一般总是由浅入深、由近及远、由抽象到具体对事物进行解释说明。 结尾：总说，归纳，强化，加深印象。

【实训任务演练】

一、有宾客来参观校园，由你担任解说员，请你撰写一篇参观校园的解说词。

二、参观附近公园、博物馆或名胜古迹，参阅相关材料，撰写一篇介绍参观对象的解说词。

三、参照下文《香港旅游——香港的地理位置》的写法，为自己所在的城市撰写一篇解说词。

香港旅游——香港的地理位置

香港的具体地理位置：香港位于中国南海之滨珠江口东侧，由香港岛、九龙半岛、新界（包括大屿山及 230 余个大小岛屿）组成。

香港北隔深圳河与广东省深圳经济特区相接。香港西与澳门隔海相望，相距仅 60 千米左右。

香港占地面积：1104 平方千米。

香港人口成分：华人为主，英国及其他外国人占香港总人口的 5% 左右。

香港主要语言：汉语、英语、粤语。

香港信仰的宗教：佛教、基督教等。

香港旅游的重要景点：香港海洋公园、星光大道、香港迪士尼乐园、香港中环、太平山顶等。

香港是我国的一个特别行政区，著名国际金融中心、贸易中心和自由港，被誉为"东方之珠""动感之都"。

香港拥有世界上最优良的深水港，而今已发展成为一个国际金融商贸中心，跻身世界大都会之列。1997 年 7 月 1 日，香港终于回到祖国怀抱，成为中华人民共和国的特别行政区。

香港也是一个生活的天堂，集各式各样的欢乐娱乐于一地。

在香港，既可以观赏到美丽的自然风光，又可以获得商业文明带来的种种享受；既可以沉浸在摩登社会的物质享乐中，同样也可以重温旧时代的朴真生活方式。漫步港岛街头，世界级的建筑、快节奏的生活、时尚摩登的娱乐享受，无不凸显出这座城市的惊艳魅力。

【相关链接】

谈电视专题片解说词的写作

解说词是"口头文学"。它依靠文字对事物、事件或人物描述、叙说、渲染来感染受众，使人们在对其所表述的内容有所认识和了解的同时，起到更进一步加深认知和感受的作用。

如果把电视画面比作红花，那么解说词就是绿叶了，好的画面就如同漂亮的花一样，没有绿叶的陪衬也会失色不少。电视专题片解说词的作用就是如此。那么，怎样才能把解说词写好，使其真正担当起"绿叶"的作用呢？应从以下三方面做起和努力。

一、对采访对象的详细了解、深入体验是写好解说词的前提

前期的深入采访对后期的解说词的写作非常重要，没有这个过程，没有切身的体验和感受，就不可能写出让观众信服、感人的解说词。这就像作家、画家为创作必须去体验生活一样。没有他们身临其境地去体验某种生活的经历，而只坐在家里凭空想象"闭门造车"，是不可能创作出优秀的作品的。因此，亲临新闻现场、深入采访，尽可能多地掌握素材和信息是写作好解说词的第一步。

二、融入真挚情感、表达真诚的内心世界是写好解说词的关键

有了深入细致的第一线采访，这就为写好解说词奠定了基础。而在真正动笔写解说词之前，首先要充分思考，围绕专题片的主题进行构思，然后一气呵成。在写作过程中，一定要把在采访中和采访后的感受、观点表达出来。必须把自己的感情世界融入其中，将内心的情感用文字淋漓尽致地写出来。可以相信，在这种境况下写出来的解说词也定会打动观众的心。相反，同样是在做一个电视专题节目，在整个采访过程中，如果没有打动记者的心或引起记者兴趣的地方，肯定不会写出打动观众心的解说词。只有电视记者对采访对象、镜头中所表现的内容或记者想说明的事物感情真挚、兴趣十足、关心专注，这样写出来的解说词才会感染观众。

三、扎实的文字功底和文学艺术修养是写好解说词的根本

要写好一篇解说词，必须有文学"细胞"，善于用文字语言表述、描绘所解说的事物和画面。读起来朗朗上口，品起来很有味道，集语言的新鲜性、评说的深刻性和文字的可读性于一体。通篇文章的语言美感与画面镜头的艺术美感结合得完美和谐。

一部优秀的电视专题片，它应该是解说词与电视画面完美结合的统一体。而解说词有时甚至是整部专题片的灵魂，即使不看电视片，它也应是一篇绝妙的文章，细读起来让人振奋、引发思考、唤起遐想、回味无穷。

深入采访、融入真情、文字功夫是写好电视专题片解说词的重要三步。对电视记者而言，不能只注重图像、画面，而忽略了在文字上的要求，写好解说词不仅是应当的，而且也是必需的。只有这样，制作出的节目才能更受观众欢迎。优秀的选题、高质量的画面加之优美的解说词，这样的电视节目就如同配上了绿叶的红花，能不受人喜爱吗？

项目十六
行政公文

任务一 会议纪要

【情景导入】

李明是一名刚毕业的高职生，上班第一天老板就让他开会做会议纪要和会议记录。他不记得会议纪要与会议记录的区别，索性就把每个人开会说的话全记下来了，写作的格式跟写作文一样，结果老板很不满意。

那么，会议纪要到底应该怎么写？与会议记录又有什么区别呢？

【布置任务】

假如你班要召开第 12 周的班会，请你做一份会议纪要。

【任务要求】

（1）掌握会议纪要的基本格式和内容要素。

（2）了解会议纪要的特点。

（3）能正确写作和使用会议纪要。

【例文借鉴】
【例文一】

×××企业集团办公会议纪要
（××××年1月21日）

××××年1月21日下午，陈×总裁在总部主持召开了新年第一次总裁办公会议，确立今年企业集团的工作思路，布置了工作任务。参加会议的有各部门负责人。会议议定事项如下。

一、企业集团今年的工作思路是："扶持和培育10～15家骨干企业；稳定30家左右中等企业；撤、并、停、转、重组一批小企业和困难企业"，减少企业集团下属子企业数量，促进有潜力的企业快速发展。会议要求集团总部各部门依据工作思路制订出今年的工作计划。

二、今年的工作重点是建立"三库"，即建立企业资产财务信息库、人力资源库和企业基本情况数据库。

三、今年要加强集团内部管理，强化服务意识，理顺工作程序，严格考勤考核工作，增强执行制度和各项规定的自觉性，树立企业集团的良好形象。

四、年初出台新的企业考核体系。对不同性质的企业出台不同的考核办法。

【评析】这是一篇分项式会议纪要。导言部分介绍了会议主题、会议时间、地点、主持人和出席人员。文种承启语后，分条列项地写了会议议定的四方面事项。文章指导思想明确，层次分明，语言明晰。

【例文二】

××××学院学生思想状况分析座谈会纪要

时间：××××年×月×日下午

地点：本院小会议室

主持人：主管政治思想教育工作副院长××

出席者：各系党总支书记、政治辅导员、班主任、学生会委员

现将座谈会情况纪要如下。

一、××副院长传达了省教育厅领导"要认真加强学生政治思想工作，注重分析当前学生的思想状况"的讲话精神，其后，××副院长对学生思想状况做了分析，认为当前学生的思想状况总体是健康的、向上的，但也存在一些较突出的问题，如……（略）

二、人文系党总支书记×××同志说：当前青年学生思维比较活跃，愿意思考问题，这的确是学生的主流，但当前在部分学生中也存在比较严重的拜金主义、重技能轻理论、重实用轻人文的倾向。

三、××班党支部书记在汇报学生思想状况时，指出有些同学在思想上没有处理好学习与兼职的关系，严重影响了学习成绩。

四、经贸系政治辅导员×××同志谈到个别学生存在怕露贫而不愿申请经济困难补助的心理。

【评析】这是一则摘要式会议纪要，摘录了与会者符合会议中心的发言要点。这种写法最大的特点是把具有典型性、代表性的言论加以提要整理，按一定的排列关系排列成文。这种写法能较真实地反映会议的讨论情况和与会人员的意见，适用写座谈会、讨论会和研究性会议纪要。这种会议纪要的观点出自与会者个人，具体而真实。

【例文三】

××县信访领导小组会议纪要

2015年2月26日，县委常务副书记、县信访工作领导小组组长×××主持召开了今年第二季度县信访领导小组会议，现纪要如下。

会议通报了××县第一季度来访情况、集体访情况、案件查办情况以及信访工作存在的问题。对第二季度信访动态进行了分析，排查了村务公开、退耕还林、企业改制、清退代课教师、交通治理等群众关心的热点问题。

会议认为，一季度我县信访工作由于各级各部门高度重视，采取了积极有效措施，加大了案件查办力度，一些多年缠访问题、一些影响投资环境问题、一些久拖未决的经济纠纷得到妥善解决，保证了县域经济的健康发展。但与去年同期相比，信访总量明显增大，集体访

批次人数成倍增长，信访形势不容乐观。这些问题的存在与少数单位不重视信访工作，不讲原则、不讲大局、遇事推诿扯皮上交矛盾，与部分干部工作作风漂浮、工作方法简单粗暴有直接关系。因此，各级各部门要端正态度，增强责任意识，改进工作方法，化解矛盾，维护社会稳定。

会议强调，信访工作是一项长期性的工作，随着经济社会的发展，会不断产生新的矛盾，引发新的信访。但只要我们努力工作，牢固树立"权为民所用，情为民所系，利为民所谋"的思想，不断改进工作作风、工作方法，主动化解矛盾，信访是可以减少的。会议指出，二季度信访工作要以化解矛盾、减少集体访、解决长期缠访为核心，以二季度信访总量比去年同期下降为目标，认真履行职责，按"分级负责，归口办理"原则，各自做好工作，确保一方平安。

会议要求：

一要抓"热点"，维护群众利益。（略）

二要抓领导，落实责任。（略）

三要抓协调，讲大局。（略）

四要抓制度，严明纪律。（略）

五要抓督查，促工作。（略）

会议决定：

一、会议决定6月中旬对信访工作进行半年检查，检查结果将在全县进行通报，并纳入年终考核。

二、林业局要加强对退耕还林信访问题的研究，建立健全退耕还林监管处理工作机制，并迅速拿出工作方案报信访领导小组。

参加会议人员：（略）

×××× 年 × 月 ×× 日

【评析】这是一篇凭据性会议纪要，采取了综合记述式写法，把会议概况、议题、主要讨论意见，以及达成的共识简明扼要地进行了叙述。全文条理清晰，行文规范。

【必备知识】

一、会议纪要的概念

会议纪要是在会议记录的基础上，对会议的主要内容及议定的事项，经过摘要整理的、需要贯彻执行或公布于报刊的具有纪实性和指导性的文件。

会议纪要根据适用范围、内容和作用，分为两种类型：①工作会议纪要。②协商交流性会议纪要。

二、会议纪要的格式

会议纪要通常由标题、正文、落款三部分构成。

（1）标题。标题有两种情况，一是会议名称加纪要，如《全国农村工作会议纪要》。二是召开会议的机关加内容加纪要，如《省经贸委关于企业扭亏会议纪要》。

（2）正文。会议纪要正文一般由两部分组成。

① 会议概况。主要包括会议时间、地点、名称、主持人、与会人员、基本议程等。

② 会议的精神和议定事项。常务会、办公会、日常工作例会的纪要，一般包括会议内容、议定事项，有的还可概述议定事项的意义。工作会议、专业会议和座谈会的纪要，往往还要写出经验、做法及今后工作的意见、措施和要求。

（3）落款。包括署名和时间两项内容。署名只用于办公室会议纪要，署上召开会议的领导机关的全称，下面写上成文的年、月、日，加盖公章。一般会议纪要不署名，只写成文时间，加盖公章。

三、会议纪要的写法

会议纪要主要内容一般分两大部分。开头第一部分一般应写明会议概况。第二部分是纪要的中心部分，反映会议的主要精神、讨论意见和议决事项等。根据会议性质、规模、议题等不同，大致可以有以下几种写法。

（1）集中概述法。这种写法是把会议的基本情况、讨论研究的主要问题、与会人员的认识、议定的有关事项（包括解决问题的措施、办法和要求等），用概括叙述的方法，进行整体的阐述和说明。这种写法多用于召开小型会议，而且讨论的问题比较集中单一，意见比较统一，容易贯彻操作，写的篇幅相对短小。如果会议的议题较多，可分项列述。

（2）分项叙述法。召开大中型会议或议题较多的会议，一般要采取分项叙述的办法，即把会议的主要内容分成几个大的问题，然后加上标号或小标题，分项来写。这种写法侧重于横向分析阐述，内容相对全面，问题也说得比较细，常常包括对目的、意义、现状的分析，以及目标、任务、政策措施等的阐述。这种纪要一般用于需要基层全面领会、深入贯彻的会议。

（3）发言提要法。这种写法是把会上具有典型性、代表性的发言加以整理，提炼出内容要点和精神实质，然后按照发言顺序或不同内容，分别加以阐述说明。这种写法能比较如实地反映与会人员的意见。某些根据上级机关布置，需要了解与会人员不同意见的会议纪要，可采用这种写法。

四、会议纪要的特点

（1）内容的纪实性。会议纪要如实地反映会议内容，它不能离开会议实际搞再创作，不能搞人为的拔高、深化和填平补齐。否则，就会失去其内容的客观真实性，违反纪实的要求。

（2）表达的要点性。会议纪要是依据会议情况综合而成的。撰写会议纪要应围绕会议主旨及主要成果来整理、提炼和概括。重点应放在介绍会议成果，而不是叙述会议的过程，切忌记流水账。

（3）称谓的特殊性。会议纪要一般采用第三人称写法。由于会议纪要反映的是与会人员的集体意志和意向，常以"会议"作为表述主体，"会议认为""会议指出""会议决定""会议要求""会议号召"等就是称谓特殊性的表现。

五、注意事项

（1）会议纪要是对会议全部材料的概括、综合和提炼，因此，必须广泛搜集会议材料，全面掌握会议情况，按照会议精神，对材料分类和筛选。

（2）抓住要点，突出会议主题。把会议的主要情况简明扼要、真实准确地反映出来，把会议议定的事项一一叙述清楚。

（3）语言表达上，以叙述为主。语言要精练、通俗，篇幅一般不宜太长。

（4）根据会议的内容及规模，选用恰当的写作结构。结构安排要合乎逻辑，条理清楚。

（5）注重使用会议纪要的习惯用语。会议纪要常常以"会议"为第三人称记述会议内容。因此，主体部分应注重使用"会议认为""会议提出""与会者一致认为""会议决定""会议要求""会议希望""会议号召"等作为层次或段落的开头语。

【写作模板】

框图模式	会议纪要文字模板
标题 ↓ 主送机关 ↓ 正文 ↓ 落款	××××会议纪要 　　××××年×月×日，××××会议在×××××××召开。参加会议的有各部门负责人。会议由××××总裁主持。现将会议讨论和决定的问题纪要如下。 　　一、会议指出：××××××××××××××××××××。 　　二、会议认为：××××××××××××××××××××。 　　三、会议要求：××××××××××××××××××××。 　　　　　　　　　　　　　　　　　　　　　　　　××××年×月×日

【实训任务演练】

一、请找出下面病文中存在的问题，然后修改。

×××集团有限公司
2015 年第一次总经理办公会议纪要

2015 年 1 月 14 日，集团公司总经理×××在办公楼一楼一会议室主持召开办公会议，研究了相关事项。现将会议主要内容纪要如下。

一、关于实施新《劳动合同法》相关问题。×××说：我公司不应实行劳务派遣制，并建议注销×××公司。×××说：委托财务总监陈世琴同志牵头组织相关部门按程序实施清算、审计、注销工作。×××说：不刻意规避签订无固定期限劳动合同问题，责成人力资源部尽快完善规章。

二、关于博维公司成建制划入集团公司问题。博维公司成建制划入集团公司，以保障生产运行正常。会议明确该部门由曹千里副总经理分管。

三、关于保安业务整合的相关问题。（略）

×××集团有限公司
2015 年 1 月 14 日

二、请阅读下文，分析其毛病，并写出修改稿。

××××学会会议纪要

时间：××××年××月××日

参加人员：常务副会长×××，副会长×××、×××、×××，办公室主任×××，副主任×××，活动中心主任××。

会议内容：

一、确定了学会的办公地点。根据××××年××月××日会议决定，×××、×××同志对学会办公地点进行了考察，经过比较，认为××大学办公条件优越，适合做学会的办公地点。会议决定，从即日起××××学会迁到××大学，挂牌办公。通信地址：××市××区××路××号。联系电话：××××××××。

二、学会与××大学商定，由××大学给学会提供办公室、办公桌椅、电话和必要的办公费用。利用××大学的教学条件，双方共同组织举办秘书培训班等。

三、增补了学会副会长。为便于开展工作，建议增补××为学会副会长，负责学会的后勤保障和日常管理，先开展工作，以后提请××月份常务理事会确认。

四、制订了今年的活动计划。（略）

××××学会

××××年××月××日

【相关链接】

会议纪要和会议记录的区别

二者的主要区别是：第一，性质不同。会议记录是讨论发言的实录，属事务文书；会议纪要只记要点，是法定行政公文。第二，功能不同。会议记录一般不公开，无需传达或传阅，只作资料存档；会议纪要通常要在一定范围内传达或传阅，要求贯彻执行。

会议记录是当事人记录会议情况以供备查的一种文体。

一般会议记录包括两部分：一部分是会议的组织情况，要求写明会议名称、时间、地点、出席人数、缺席人数、列席人数、主持人、记录人等。另一部分是会议的内容，要求写明发言、决议、问题。这是会议记录的核心部分。

对于发言的内容，一是详细具体地记录，尽量记录原话，主要用于比较重要的会议和重要的发言。二是摘要性记录，只记录会议要点和中心内容，多用于一般性会议。

会议结束，记录完毕，要另起一行写"散会"二字。如中途休会，要写明"休会"字样。

任务二　通　　报

【情景导入】

李××，广州市某出租车公司司机，先进工作者，连续3年被公司评为"最佳司机"。今年5月的一天，李××在载客途中，遇见一女青年在追一男青年，边喊边追："抓贼啊，他抢金项链。"李××毅然停车，拦截歹徒，并将其抓住，扭送派出所。你可以帮助公司人员写一则表扬性的通报吗？一份规范的通报应该怎样写呢？

【布置任务】

根据下面提供的素材拟写通报。

最近，××省邮政运输局党委做出决定，授予在邮车出班途中以身殉职的邮车驾驶员陈有万"优秀共产党员"的荣誉称号。

1992年陈有万从部队复员后调入邮电系统。一直担任省邮政运输局汽车驾驶员。20余年来，他长期驾车奔波在高原邮运线上，大部分时间跑高海拔地区。他兢兢业业地为党工作，从未发生行车责任事故和质量责任事故，出色地完成了每一次邮运任务。

2014年9月10日，陈有万同志担任西宁至黄南藏族自治州河南县的邮件运输任务，11日返回途中经海拔3600多米的麦秀山时，陈有万突然患脑出血，半身麻木。在右手、右脚都不听使唤的情况下，他在崎岖难行的山路上行驶了5个半小时，把邮车和邮件安全无损地送回州上。汽车开进州邮电局后，陈有万终于支持不住，倒在了方向盘上。虽经过医院全力抢救，终因他体力耗尽，抢救时机已过，在昏迷了20多天后，于10月2日不幸去世，年仅49岁。

【任务要求】

（1）掌握通报的格式和写作方法。

（2）能够写出规范的通报。

【例文借鉴】

【例文一】

××省化工总公司党委
关于授予张××"优秀共产党员"荣誉称号的通报

各分公司党委、总公司党委各部门、各直属机构：

张××同志是××分公司所属天宏化工厂管道维修工人，共产党员。今年8月12日上午8时30分，该厂成品车间油气管道突然爆炸起火。正在利用公休日清理夜间施工现场的张××被爆炸气浪猛烈推倒，头部、右臂和大腿等多处受伤，鲜血直流，鞋子也被甩出数米外。张××强忍剧痛，迅速爬起来，顾不得穿鞋和查看伤势，踩着玻璃碎片，冲入烈火之中，迅速关闭了喷胶阀门、油气分层罐手阀、蒸汽总阀。接着先后用了10余个干粉灭火器扑救颗粒泵、混胶罐等处的大火，在随后赶来的保安人员的援助下，共同英勇奋战十余分钟，最终将大火全部扑灭，避免了火势的蔓延。张××同志在危急关头，将个人生死置之度外，果断处理突发事件，为遏制火势蔓延，防止事故扩大，减少国家财产损失，做出了突出的贡献。他的行为体现了为保护国家财产和人民利益而置个人生命安危于度外的崇高精神品质，谱写了一曲保持共产党人先进性的正气之歌。

为了表彰张××的英雄行为和崇高的革命精神，总公司党委研究决定：授予张××"优秀共产党员"荣誉称号，将张××奋力灭火的英勇事迹通报全公司，晋升二级工资，并颁发灭火奖励10000元，以资鼓励。

希望各分公司党委、各直属机构组织广大共产党员和干部职工以张××为榜样，落实安全生产责任，努力做好本职工作，为化工行业的改革与发展做出更大的贡献。

×× 省化工总公司党委（印）

×××× 年8月20日

【评析】这是一份表彰性通报。正文叙述张××的先进事迹，对该同志的行为做了有境界而又恰当的分析、评议，目的句（为了表彰……）之后写决定事项，最后发文单位提出希望号召。全文结构合理，格式规范。注重将英勇行为上升到恰当的境界予以分析、评议。语言通俗流畅。

【例文二】

××市食品酿造公司
关于××食品厂司机×××擅自开车到北戴河游玩的通报

公司所属各单位：

今年 8 月 8 日晚，××食品厂司机×××以磨合汽车为借口，擅自驾驶"630"食品防尘车并带上五人从××分厂去北戴河游玩。9 日 8 点抵达北戴河，至 12 日夜间 12 点才返回公司，行程 600 多千米。

×××的行为，违反组织纪律，错误实属严重。车队负责人在问题发生后未及时向公司汇报，这种做法也是错误的。为了严肃纪律，维护公司利益，同时教育×××本人，经公司研究决定：对司机×××予以通报批评，扣发三个月奖金，并责令其上缴全程所用汽油费。

望各单位接此通报后，组织员工们及时学习、讨论，从中吸取教训，把各项工作提高到一个新水平。

××市食品酿造公司

××××年 8 月 15 日

【评析】 这是一篇批评性通报。正文第一自然段写当事人的错误事实和经过，具体交代了时间和地点。第二自然段对当事人的错误进行了分析评价，同时做出了处理。第三自然段对各单位提出了希望要求。全文层次分明，语言明晰，分析评价到位，行文思路清晰。

【例文三】

关于××××年上半年全国建筑施工事故情况的通报

各省、自治区建设厅，直辖市市建委，江苏省、山东省建管局，新疆生产建设兵团建设局：

据 31 个省、自治区、直辖市和新疆生产建设兵团报告，××××年上半年，全国共发生建筑施工事故 519 起，死亡 582 人，重伤 68 人，与去年同期相比，事故起数、死亡人数分别上升 24.5%和 20.7%，重伤人数下降 41.9%；其中发生建筑施工一次死亡 3 人以上事故 15 起，死亡 66 人，重伤 5 人，与去年同期相比，事故起数、死亡人数和重伤人数分别下降 21.1%、2.9%和 37.5%。这 15 起事故中：浙江 4 起，江西、山东各 2 起，内蒙古、上海、安徽、河南、广东、甘肃、贵州各 1 起。2003 年上半年全国建筑施工事故统计表见附件。

按照《关于加强建设系统重大质量安全事故快报工作的通知》（建办质〔××××〕23号）要求，自××××年 4 月 20 日起，各地应通过建设系统重大质量安全事故快报系统及时报告工程建设、城市市政公用行业运行（营）、房屋安全重大事故。从报告情况看，江西、云南、江苏、贵州、吉林、山西等地能够认真、及时、规范地通过快报系统报送事故。但也有部分地区未能按时限要求和规定内容报告，在一定程度上影响了我部对全国建设系统重大质量安全事故的全面掌握和统计分析。

各地要高度重视重大事故报告工作，落实分管领导和有关工作人员责任，严格报送时限、报送程序，及时、准确、规范地通过建设系统重大质量安全事故快报系统向建设部报告事故。同时，要进一步完善本地区重大事故报告制度，加快建立和完善本地区建设系统质量安全事故报送系统，培训有关工作人员，进一步推动重大事故报告工作的制度化和规范化。

附件：××××年上半年全国建筑施工事故统计表

中华人民共和国建设部

××××年 8 月 8 日

【评析】这是一份情况通报，通报全国建筑施工事故的情况。正文分三段。第一段利用数字说明和比较说明，说明了上半年全国施工事故的情况。第二段对及时和未按时限要求报告事故的地区分别做了表扬和批评。第三段针对当前出现的施工事故情况，有针对性地对今后的工作提出了意见和要求。情况通报分微观（具体事实）情况通报和宏观情况通报两种。这份总体情况通报属宏观情况通报。本文对情况的分析主要通过数字及比较而进行。这是一份写作规范的情况通报。

【必备知识】

一、通报的含义

通报是党政机关用于表彰先进、批评错误、传达重要精神、沟通重要情况的公文体裁。

二、通报的特点

（1）题材的典型性。通报的题材，不论是表彰性的、批评性的，还是通报情况的，都要求有典型意义。典型就是既有普遍性、代表性，又有个性和新鲜感的事实。只有普遍性没有个性的题材，不能给读者以深刻印象；只有个性没有普遍意义的题材，缺乏广泛的指导价值。通报的题材，要做到个性与共性的统一。

（2）思想的引导性。通报的内容，不论是肯定性的，还是否定性的，其价值并不仅仅在于宣布对事件的处理结果，而是要树立学习榜样或者提供借鉴，使读者能够总结经验、吸取教训，思想上受到启迪，得到教育。

（3）制发的时效性。通报所涉及的事实比较具体，写作时对发生的时间、地点等要素都要进行交代。而且这些具有典型意义的事件，总是跟特定的时代背景，跟某一时期中普遍存在的问题和现象有着紧密的联系。因此，通报的写作和传播都应该是迅速及时的。

三、通报的类型和写法

通报的标题大多采用"发文机关＋主要内容＋文种"的常规写法。如《国土资源部关于表彰"十一五"期间国土管理先进单位和先进工作者的通报》《监察部、国土资源部关于土地违法违规典型案件查处情况的通报》。

通报的主送机关一般都比较多，以体现"通"的特点。正文的写法因类而异。

1. 表彰通报

用来表彰先进人物或先进集体，介绍先进事迹、推广典型经验的通报，就是表彰通报，这是从高层机关到基层单位都广泛采用的常用公文类型。用于表彰的通报，从规格上说，当然要低于嘉奖令、表彰决定。但是，以发公文的方式对个人或集体的先进事迹进行表彰，这本身就是一个很郑重、严肃的事情。所以，从写作态度上说，不能掉以轻心。表彰通报的正文分为四个部分。

（1）介绍先进事迹。这一部分用来介绍先进人物或集体的行动及其效果，要写清时间、地点、人物、基本事件过程。表达时使用概括叙述的方式，只要将事实讲清楚即可，不能展开绘声绘色的描绘，篇幅也不可过长。如果是基层单位表彰个人先进事迹的通报，事迹可以更具体一些。

（2）表述先进事迹的性质和意义。这部分主要采用议论的写法，但并不要求有严谨的推理，而是在概念清晰的前提下，以判断为主。也要注意文字的精练。例如，"李继红同志拾金不昧的行为，体现了当代市民良好的精神面貌，为我市赢得了荣誉"。这部分评价性的文字，要注意措辞的分寸感和准确性，不能出现过誉或夸饰的现象。

（3）表彰决定。这部分写什么会议或什么机构决定，给予表彰对象以什么内容的表彰和奖励。例如，"市政府决定：对李继红同志拾金不昧的高尚行为予以通报表彰，并奖励人民币2万元"。

（4）希望号召。这是表彰通报必须要有的结尾部分，用来提出希望、发出号召。希望号召部分表述的，是发文的目的，也是全文的思想落脚点，要写得完整、得体，富有逻辑性。

2. 批评通报

批评类通报是针对某一错误事实或某一有代表性的错误倾向而发布的通报。它可以是针对某一个人所犯的错误事实而发，也可以针对某一部门、单位的不良现象而发。批评通报的正文也分为四个部分。

（1）错误事实或现象。如果是对个人的错误进行处理的通报，这部分要写明犯错误人的基本情况，包括姓名、所在单位、职务等，然后是对错误事实的叙述，要写得简明扼要、完整清晰。

如果是对部门、单位的不良现象进行通报，这部分要占较大的篇幅，如《国务院关于一份国务院文件周转情况的通报》，将××省政府用70天时间才将国务院一份文件转发下去，而该省××市政府又用了100多天才将这份文件转发到各个区县的情况，进行了比较详细的叙述，占全文篇幅的一多半。

如果是针对普遍存在的某一问题进行通报，这部分要从不同地方、不同单位的许多同类事实中，选择出一些有代表性的现象进行综合叙述，如《中共中央纪律检查委员会通报（立即刹住用公款请客送礼、吃请受礼的歪风）》，综合叙述了上海、长沙若干单位请客送礼、吃请受礼的事实，列举了大量的统计数字。

（2）错误性质或危害性的分析。处理单一错误事实的通报，这部分要对错误的性质、危害进行分析，一般都写得比较简短。对综合性的不良现象或问题进行通报，这部分的分析性文字可能要复杂一些。如《中共中央纪律检查委员会通报（立即刹住用公款请客送礼、吃请受礼的歪风）》，对请客送礼、吃请受礼的性质和原因，分析得全面、深刻，为下文提出纠正措施打下了基础。

（3）惩罚决定或治理措施。对个人单一错误事实进行处理，要写明根据什么规定，经什么会议讨论决定，给予什么处分等。

对普遍存在的错误现象或问题，在这部分中要提出治理、整改、纠正的方法措施。内容复杂时，这部分可以分条列项。如中央纪委关于请客送礼、吃请受礼的通报，就提出了五条严厉措施来制止这股歪风。

（4）提出希望要求。在结尾部分，发文机关要对受文单位提出希望要求，以便受文单位能够高度重视、认清性质、吸取教训、采取措施。

3. 情况通报

用来传达重要精神、沟通重要情况的通报。如《国土资源部关于建设用地供应备案情况的通报》。情况通报正文由三个部分构成。

（1）缘由与目的。情况通报的开头要首先叙述基本事实，阐明发布通报的根据、目的、原因等。作为开头，文字不宜过长，要综合归纳、要言不烦。例如，"自《关于加强和改进建设用地备案工作的通知》下发以来，大多数城市都及时运行了新的建设用地供应备案系统，通过国土资源主干网适时上传了建设用地供应的有关数据。但部分城市至今还尚未能开通，也未能及时上传有关数据，影响了土地供应数据及时性和全面性。为进一步加强建设用地供应备案工作管理，现将有关情况和要求通报如下：……"

（2）情况与信息。主体部分主要用来叙述有关情况、传达某些信息，通常内容较多，篇幅较长，要注意梳理归类，合理安排结构。例如，"截至 2009 年 4 月 25 日，报国务院批准建设用地的 84 个重点城市中，有北京、天津等 55 个城市通过新的建设用地供应备案系统及时上报了有关数据；唐山、邯郸等 29 个城市还尚未按要求上报有关数据。从分省（区、市）情况看，北京、天津、山西等 16 个省（区、市）所辖全部城市及时上报了有关数据；河北、吉林等 8 个省（区、市）所辖部分城市及时上报了有关数据；内蒙古、黑龙江等 7 个省（区、市）所辖城市未能及时上报有关数据。具体见附表"。

（3）希望与要求。在明确情况的基础上，对受文单位提出一些希望和要求。这部分是全文思想的归结之处，写法因文而异，总的原则是抓住要点，切实可行，简练明白。例如，"要求各单位下一步要进一步提高对建设用地供应备案工作的认识，严格执行建设用地供应备案制度的要求，加强建设用地供应备案工作落实情况的监督检查。对于未按要求及时报部备案或在备案中弄虚作假的城市，将暂停受理该省（区、市）报国务院批准农用地转用和土地征收的申请。"

四、撰写通报应注意的问题

通报的写作，还要注意以下五点。

一要注意通报的类型，不同类型的通报用不同的写作方法。

二要学懂吃透上级领导机关的有关文件精神，全面准确地了解和掌握有关政策、法律法规。

三要深入实际，搞好调查研究，选择通报的事例，并对被通报的人或事件（事情）有比较全面、准确的了解。

四要对事件（事情）的叙述实事求是，不拔高，不贬低，一就是一，二就是二，确保通报的客观性。

五要把握分寸，无论表彰先进的通报还是批评错误的通报，评价或定性要十分准确，恰如其分。

【写作模板】

框图模式	通报文字模板
标题 ↓ 主送机关 ↓ 正文 ↓ 落款	××关于表彰（批评）××的通报 ××××（主送机关）： 　一、列举先进事迹（错误事实）。 　二、分析积极影响（错误性质）。 　三、宣布表扬（处理）决定。 　四、提出希望和要求（吸取教训）。 　　　　　　　　　　　　　　　××××× 　　　　　　　　　　　　　×××年×月×日

框图模式	情况通报文字模板
标题 ↓ 主送机关 ↓ 正文 ↓ 落款	××××（发文单位）关于××××××问题的通报 ××××（主送机关）： 　　××××××。（通报×××违规违纪的事实和做法）经查，××××××。（调查结果） 　　为了××××××，（目的）根据××××××，（依据）经研究，××××××。（对通报对象的结论和处理意见） 　　××××××。（警示教育和下一步拟采取的措施） 　　　　　　　　　　　　　　　　　×××× 　　　　　　　　　　　　　　　××××年×月×日

【实训任务演练】

阅读下面两份材料，并完成材料后的训练题。

【材料一】

昨天中午东方乐园前开来了一辆编号为×××××的空调大客车。乘客上车后，乘务员宣布每位票款2元。乘客说："平常只收1元，为何今天变成了2元？"乘务员说："不坐可以下车。"于是有十几位乘客下了车。其他乘客见天阴快要下雨，只好忍气吞声买了票。奇怪的是乘务员一律只收款不给车票。车到市内，一些乘客没要车票便接连下车走了；有些乘客则非要车票不可，乘务员才每人给了一张1元的车票。票上印着"××市××客车有限公司机动车票"字样。

××市××客车有限公司今天做出决定，对"敲竹杠"的司机、乘务员每人罚款200元，停职检查一周并在全公司通报批评。

根据材料，请代该公司拟写通报。

【材料二】

本报讯（通讯员××　记者××）在一名青年女子险被歹徒强暴时，××大学保卫处的××同志挺身而出，勇擒歹徒。这是记者9月27日从该校了解到的。

9月26日晚7时，家住洪波小区的23岁女青年×××在回家途中，被一高个子男子尾随。男子抢走×××财物后，将她劫持到附近一小区内僻静处，欲行不轨。×××竭力呼喊救命。家住该小区的××大学保卫处的××同志听到喊声后，立即飞快地冲下楼，跟歹徒扭打在一起。对方挣脱后向楼洞里窜去，××紧追不舍，在6楼将歹徒抓获并将其扭送公安机关。

据了解，这名歹徒是刑满释放人员，多次实施抢劫、强奸等犯罪行为。××见义勇为后并没有给受害人留下自己的姓名。×××家人经多方打听才知道救命恩人是谁，事后给校方送去感谢信。××大学对××的义举给予了通报表扬和奖励。

根据材料，请代××大学拟写一份通报，文中人物姓名等可以虚拟。

【相关链接】

通报中的"叙"和"议"

通报是表彰先进，批评错误，传达重要精神或情况使用的一种下行公文。其主要的表达方式是叙述和议论。陈述事实或情况要叙，说理分析要议。下面分别谈谈通报写作中叙与议的特点及要求。

一、关于通报写作中的叙述

第一，要讲求实叙。不管是表彰性或批评性通报，还是情况通报，都要对主要事实或情况进行叙述，即是该通报写作的缘由和根据。因此，通报的叙述讲求实叙。这里的"实"，既包括要符合客观事物的真实，不夸大，不缩小，实事求是，又包括写作的手法要平实朴素，不渲染，不夸张，不故弄玄虚，不设置悬念等。

第二，要讲求顺叙。顺叙也有两方面的含义。其一是按照事件发生发展的时间顺序进行叙述；其二是按照提出问题、分析问题、解决问题的逻辑顺序来叙事。由于通报具有知照性，它不为欣赏而求实用，所以希望阅者一看便知，听者一听即懂，防止曲折起伏，变幻莫测。

第三，要详略得当。

二、关于通报写作中的议论

议论就是评析事物，论述事理，发表意见，提出主张，即讲道理，论是非。通报写作中的议论重在表达该通报的主要意图，要注意以下两点。

首先，要"由事入理"，"就事论理"。通报写作中的议论并不依靠引经据典、旁征博引来推出结论，而是由事入理，以事明理，就事论理。从这一点上说，它既不同于新闻报道中的寓理于事，又有别于议论文的多方论证，它要求在前面叙述事实的基础上进行理性的升华，提出作者明确的观点和对事情的是非得失的态度和主张，做到事和理相统一、观点和材料相统一。

其次，要切中要义，突出教育性。通报如果仅仅具有知照的功用，那就可以用通知或函等文种来替代。而通报之所以能作为一种公文文种单独存在，最重要的就在于它还具有教育性。它通过知照一些情况告诉人们应当注意什么问题，发扬什么精神，吸取哪些教训，采取什么样的工作态度等。这就要求通报中的议论要切中要义，分析精当，以突出其教育性。因此，通报中的议论是其灵魂所在，是点睛之笔。

不管是哪一种通报，都需要在叙述的基础上进行精当的分析：或对表彰的先进人物、事迹进行评价，指出其精神实质、典型意义等，并对此予以充分肯定；或对通报批评的错误或事故进行分析，指出其原因、性质、危害；或对所通报的重要情况进行评述，表明态度，阐明意义，总结经验教训等，以给人启迪或警醒。

项目十七
经济诉讼文书

【情景导入】

　　刘×在一商贸城看上了一外套，虽价格不菲，因标签上写着是一国际名牌，销售小姐服务热情，说这款非常适合刘×，且原来售价上万元，现在促销只有几千元，非常划算，刘×就花了几千元买下来。但刚穿了一天，不但脱线，而且掉色，刘×怀疑自己可能买了假货，就到某一品牌店咨询比对，发现自己真的上当买了仿冒品。于是便找商家要求退货，然而商家百般抵赖，说是刘×使用时造成的，死不承认，因当时没有索要发票，向消费者协会投诉也无果，最后只好一纸诉状向人民法院提起诉讼。人民法院受理后取证，认定被告涉嫌商业欺诈，侵犯了消费者合法权益，属于违法。于是，法院最后判定被告退货，并赔偿原告其他损失共计×××元。由此看来，当我们消费者的合法权益受到侵犯后，只有通过正当合法的程序来维护自己的权益。

【布置任务】

　　采用"模拟法庭"情景教学活动的方式，让学生在具体的情景活动中，强化所学习的基本知识，感受诉讼过程，通过直观的教学活动提高经济诉讼文书写作的能力。根据以下材料写出完整规范的诉讼文书——原告的起诉状和被告的答辩状，并模拟一场比较规范的诉讼全过程。

　　××办公家具有限责任公司的法定代表人李家瑜于2014年4月5日与天坛食品公司的法定代表人杨国立签订了一份经济合同。合同规定：××办公家具有限责任公司于2014年7月8日发给天坛食品公司办公桌1500张，天坛食品公司收到货后，即付给××办公家具有限责任公司货款325000元。××办公家具有限责任公司于2014年7月8日按时发给天坛食品公司办公桌1500张，但天坛食品公司直到2015年1月仍不付款，××办公家具有限责任公司几次交涉未果，决定起诉。

【任务要求】

　　（1）了解经济诉讼文书的种类和格式。
　　（2）能够根据不同情况写作符合规范的经济诉讼文书。

【例文借鉴】

【例文一】

经济纠纷起诉状

　　原告：王××，男，汉族，现年38岁，籍贯：×××省×××市，职业：×××，电话：

×××××××××，地址：×××××××××。

被告：刘××，男，汉族，现年 43 岁，籍贯：×××省×××市，职业：×××，电话：××××××××××，地址：×××××××××。

诉讼请求：

一、责令被告偿还借款 30 万元并支付利息及违约金。

二、由被告承担本案诉讼费用。

事实和理由：

×××年 4 月 3 日，被告刘××向原告借走 30 万元，用于购买车辆。当时被告刘××为原告出具了借条一张，上面约定借期为一年，并注明支付一定利息，若不能按时还款应当支付违约金。但到了还款期，被告没有按时还款，原告多次催促还款，被告以各种理由搪塞，给原告造成了一定损失。为了维护原告合法权益，特依法诉至贵法院，请依法作出公正判决。

此致
××区人民法院

起诉人：王××

×××年 8 月 10 日

附项：1. 诉状副本 2 份

2. 借款凭证 1 张

【评析】这是一份经济纠纷起诉状。先介绍了当事人基本情况。案由叙述明确，诉讼请求非常具体，事实交代简洁清楚，陈述理由合情合理合法，是一篇写作规范的起诉状。

【例文二】

经济纠纷上诉状

上诉人（一审被告）：×××百货商场，地址：×××路 26 号

法人代表：刘××，经理

委托代理人：贺××，××律师事务所律师

被上诉人（一审原告）：×××贸易公司，地址：×××路×栋××室

法人代表：邓××，经理

上诉人因与被上诉人购销合同纠纷一案，不服××区人民法院×××年×月×日〔×××〕民字 12 号民事判决书判决，现提出上诉。上诉请求和理由如下。

上诉请求：

一、请求撤销原判，认定合同无效；

二、上诉人的经济损失应由杜××和被上诉人共同负责。

上诉理由：

一、原判决认定业务员杜××持有业务介绍信，有合理的代理权，其代表上诉人所签合同有效，这是错误的。业务员杜××所持的介绍信是专用介绍信，上诉人只授权他签订有关文具的合同，并未授权他签订家用电器的购销合同。被上诉人明知其无代理权，仍与其签订购买 300 台洗衣机的购销合同。而杜××越权代理，也并没有得到上诉人的事后追认。因此，杜××以上诉人名义订立的合同是事先未经授权、事后又未得到上诉人追认的无权代理行为，根据我国法律规定，该合同应认定无效合同，由此而产生的损失应由杜××与被上诉人共同

负责，而不应由上诉人承担。

二、被上诉人在签订合同时不审查杜××有无代理权，杜××明知自己没有代理权而为之，双方都有过错，而上诉人在此事上却没有任何过错，由此而产生的损失应由杜××和被上诉人共同负责，而不应由上诉人承担。

基于上述理由，上诉人认为，原审法院认定事实不当，处理显失公平，特向贵院提出上诉，请根据事实和法律，作出公正的终审裁判。

此致

×××中级人民法院

上诉人：×××百货商场

法人代表：刘××，经理

××××年×月×日

附项：1. 一审判决书复印件1份

2. 上诉状副本1份

【评析】这是一份不服一审判决的经济纠纷上诉状。上诉人和被上诉人基本情况明确，案由非常清晰地写明不服一审民事判决书的裁定，请求撤销一审判决，认定合同无效并由杜××和被上诉人承担损失。对原审法院认定事实不当，以充分事实做论据逐一进行辩驳，理由充分，针对性强。

【例文三】

经济纠纷申诉状

申请人：赵××，女，48岁，汉族，×××省×××市人，住×××路×××号。系被申请人继母。

被申请人：崔××，男，36岁，汉族，×××省×××市人，住×××路×××号。系市商贸公司职工。

请求：申请人不服×××省×××市人民法院〔××××〕民上字第26号民事判决，特提出申诉，请求依法改判，归还房产权。

事实和理由：

一、与崔××婚姻关系存续期间所买的房子，房款是我独自筹措，也是独自承担偿还的，有债权人张××、谢××等人证明。

二、买房时，我的故去的丈夫崔××，即被申请人崔××的父亲，公开表态：不与我共买此房，并请黄××代写了不愿共买房子的声明书。有代写人黄××的书面证明。声明书影印件已交原审人民法院。

三、夫妻关系续存期间的财产，应理解为双方或一方的劳动所得，其财产应为夫妻共同所有。我买的房子虽在婚姻续存期间，但买房款不是劳动所得，而是我个人借款支付的，还债是在我丈夫死后。一、二审法院引用《婚姻法》第13条的规定，只讲"夫妻在婚姻关系续存期间所得财产，归夫妻共同所有"，不考虑该条的最后一句，"双方另有约定的除外"。一、二审法院对于我所提出的事实和理由不调查，断章取义援引法律条文，轻率判决，以致一错再错。

为此，我请省高级人民法院按审判监督程序重新审理此案，纠正一、二审的错误判决，以维护国家法律的正确实施，保证公民合法财产不受侵犯。

此致

××省高级人民法院

申诉人：赵××

××××年×月×日

附项：1. 旁证材料6份

2. 房产证、声明书复印件各一份

3. 一、二审判决书副本各一份

【评析】这是一份对已经产生法律效力的判决不服而要求重新审理的申诉状。开头写明了申诉人基本情况，案由是用概括性语言写申诉人因何案件对哪个法院的判决不服而提出的申诉。此申诉状申诉理由，是针对一、二审法院认定的事实和适用法律条文的不当展开申诉，尤其指出不提"双方另有约定"一项，点明问题的要害，这是写好这篇申诉状的关键所在。

【例文四】

经济纠纷答辩状

答辩人：××市××公司。

法定代表人：崔××，男，公司经理，住址：××市××路××号。

我公司于××××年××月××日收到××区人民法院送达的原告××市××贸易公司所诉合同纠纷一案民事诉讼副本一份，现提出答辩如下：

原告在诉讼中指控我公司不履行合同，未按照合同约定为其购买的 6 万千克的苹果和 4 万千克的桃子供货，导致原告公司遭受巨大经济损失。事实是：××××年××月××日，××××年××月××日，我公司先后两次与××市××贸易公司签订了购买苹果和桃子的两份合同，共购买苹果 6 万千克，桃子 4 万千克。两份合同写明原告必须在合同签订之日 15 天之内将货款汇到我公司账上，如逾期货款不到，将不保证发货日期，在此期间如标的市场价格上调，其价格将另行商定。

但是，合同签订后，原告公司未严格履行合同，货款未及时按合同约定汇到。第一份苹果合同的货款是在合同签订后 32 天才到，超过合同约定日期 17 天。第二份合同的货款是在合同签订后 48 天才到，超过合同约定 23 天。正是因为货款的未能及时汇到，致使我公司错过了与果农签订购销合同的最佳时间。因为今年水果市场一直旺销，苹果、桃子的市场价格随之上扬。在这种情况下，按原来价格根本无法收购到原告所需的苹果和桃子。为此，我公司两次去函给原告，说明情况，可原告根本对此未作任何答复，只是提出要我公司按原合同尽量组织货源。在这种情况下，我公司难以继续为原告组织货源。正是因为原告的货款延期，违犯了合同的原来约定，使我公司未能如期发货。由此造成损失，与我公司无关，我公司不应承担责任。

此致

××区人民法院

答辩人：××市××公司

××××年××月××日

附项：1. 本状副本5份

2. 物证4件

3. 书证6件

【评析】这份经济纠纷答辩状格式规范，表述简明、准确，答辩的理由具有很强的逻辑性。先概括说明原告的观点，紧接着叙述基本事实，具体阐述自己的行为依据，对原告的观点逐步进行反驳。整篇条理清楚，结构紧凑，观点明确。

【必备知识】

一、经济诉讼文书的含义和作用

诉讼文书也叫诉状，可分为三类：刑事诉讼文书、民事诉讼文书和行政诉讼文书。

在民事诉讼中，诉讼当事人或其法定的代理人，为了维护和实现自身的合法权益，就有关的民事纠纷，向人民法院提出诉讼时所使用的各种文书就是诉讼文书。经济纠纷属于民事诉讼的一种。

诉讼的目的就是依法保护自身的合法权益不受到侵犯，维护法律的权威性。

二、经济诉讼文书种类

经济诉讼文书一般包括如下四种。

1. 经济纠纷起诉状

经济纠纷起诉状，又称为经济诉状，是经济纠纷的原告认为自己的权益受到侵犯而向人民法院陈诉纠纷事实，阐述诉讼理由，提出诉讼请求，请求人民法院依法裁判的司法文书。

2. 经济纠纷上诉状

经济纠纷上诉状，是指经济纠纷当事人或法定代理人不服一审人民法院判决或裁定，向上一级人民法院提出上诉，请求撤销、变更原裁判或重新审判而提出的司法文书。

> **注意**　这是针对一审而提出上诉，一审时的原告、被告均可上诉，上诉必须在规定时间内。

3. 经济纠纷申诉状

经济纠纷申诉状，也叫申诉书，是指经济纠纷的当事人或法定代理人，对于已经产生法律效力的判决或裁定不服，认为存在错误，向人民法院提出申诉，请求复查纠正或重新审理的司法文书。

4. 经济纠纷答辩状

经济纠纷答辩状，也叫答辩词，是指被告针对原告的起诉状，或被上诉人针对上诉人的上诉状提出的诉讼事实请求和理由向人民法院递交的进行辩护反驳或答辩的司法文书。

三、经济诉讼文书格式

经济纠纷起诉状一般由首部、正文、尾部三个部分组成。

1. 首部

首部主要是由标题和当事人基本情况两部分组成。

（1）标题

由案件的类别和文种组成。如"经济纠纷起诉状""经济纠纷上诉状""经济纠纷申诉状""经济纠纷答辩状"等。

（2）当事人基本情况

按顺序分别书写，是上下并列对称的。包括姓名、性别、年龄、民族、籍贯、职业、工作单位、职务、住址等。

起诉状是按先原告后被告的顺序，上诉状是按照先上诉人后被上诉人的顺序，申诉状和答辩状只分别写申诉人和答辩人的基本情况。

如果诉讼人是法人或其他的组织，要写清楚其单位的名称、地址、法人代表的姓名和职务、电话。

如果有代理人，应注明代理人的姓名和基本情况。

2. 正文

正文是诉讼状的核心部分，由诉讼请求（或答辩案由）、事实和理由等内容构成。

（1）诉讼请求

起诉状要写明原告的诉讼请求和目的，如履行合同、产权归还、赔偿损失、债务清偿等。诉讼请求要明确、具体、简明扼要，如是多项请求可以分项表述。

上诉状和申诉状都有案由这一项，一般采用"上诉人（申诉人）因××一案，不服××人民法院〔××××〕民字第×号判决，现提出上诉（申诉），具体请求如下"。一般是请求第二审人民法院撤销、变更原判决或裁定，或请求重新审理。

答辩状在正文之前要写答辩案由，写对何人诉讼或上诉的何案提出答辩。一般是这样表述："答辩人于××××年××月××日，收到××人民法院送达的原告（或上诉人）×××所诉讼的×××经济纠纷一案的起诉（上诉）副本一份，现答辩如下。"

（2）事实和理由

这是经济纠纷诉状的正文的核心部分，是请求人民法院裁决的本案当事人之间经济纠纷和争议的非常重要的依据。一般是先写事实，后写理由。

事实部分主要写被告侵权行为的具体事实或当事人双方权益争执的具体内容，以及被告应该承担的责任。这一部分写作就像写一篇语言精练的小记叙文一样，内容包括时间、地点、原因、情节和经过。如果起诉人、上诉人或答辩人在纠纷中有过错也应该实事求是地承认和叙述，以便法院全面了解案件真相，分清是非曲直，依法裁决。

答辩人在这部分中要针对原告或上诉人中的事实和理由进行反驳。

证据是证明所叙述事实真实性、可靠性的依据。根据《民事诉讼法》规定，当事人应对提出的主张，有责任提供证据。证据包括：书证、物证、视听资料、证人证言、当事人陈述、鉴定结论、勘验笔录等。证据必须写明其名称、内容、来源等。

理由部分，就是根据案件事实和证据所形成的理由及根据法律根据所形成的理由，一个是事实理由，一个是法律理由。前者要在叙述事实的基础上，概括分析纠纷和危害的后果，分清是非曲直，明确责任，论证权利和义务的关系，说明提出诉讼请求的合法性。后者要用法律规定分析纠纷事实，援引法律条文作为诉讼的依据。

3. 尾部

尾部包括以下内容。

（1）诉讼所递交的人民法院名称。如"此致（行前空两格）××人民法院（另起一行，顶格）"。位置在正文左下方。

（2）具状人（起诉人、上诉人、申诉人、答辩人）署名、盖章。

（3）注明提交时间。

（4）附项。诉状副本份数、提交的证据及数量和名称。

四、诉讼状写作要求

（1）以事实为依据，以法律为准绳。

（2）诉讼请求要具体明确，合理合法。

（3）证据确凿，理由充分。

（4）格式规范，表达缜密。

【写作模板】

框图模式	经济纠纷起诉状文字模板
标题 ↓ 开头 ↓ 主体 ↓ 结尾 ↓ 落款	经济纠纷起诉状 原告：姓名、性别、年龄、民族、籍贯、职业、住址、电话等。 被告：姓名、性别、年龄、民族、籍贯、职业、住址、电话等。 （原告、被告如是单位，应写明单位名称、法人代表姓名及职务、单位地址等） 请求事项： 1．请求法院判令被告××××××。 2．本案的诉讼费用由被告承担。 事实和理由： （一）介绍情况：（纠纷产生的过程、时间、地点、原因、具体内容） （二）列举证据：（书证、物证、证人证言等） （三）阐述理由：（诉讼请求及依据的有关法律条文） 此致 ××人民法院 　　　　　　　　　　　起诉人：×××（盖章） 　　　　　　　　　　　××××年××月××日 附件： 1．本诉状副本×份。 2．书证×份，物证×件。

框图模式	经济纠纷上诉状文字模板
标题 ↓ 开头 ↓ 主体 ↓ 结尾 ↓ 落款	经济纠纷上诉状 上诉人：姓名、性别、年龄、民族、籍贯、职业、住址、电话等。 被上诉人：姓名、性别、年龄、民族、籍贯、职业、住址、电话等。 （上诉人、被上诉人如是单位，应写明单位名称、法人代表姓名及职务、单位地址等） （案由）上诉人因××一案不服××人民法院第×号民事判决，现提出上诉。上诉的请求和理由如下： 请求事项：（写明上诉要达到的目的） 事实和理由：（写明上诉的事实依据和法律依据，针对一审判决存在的问题和错误陈述理由） 此致 ××人民法院（上一级法院） 　　　　　　　　　　　上诉人：×××（盖章） 　　　　　　　　　　　××××年××月××日 附件：本上诉状副本×份。

框图模式	经济纠纷申诉状文字模板
标题 ↓ 开头 ↓ 主体 ↓ 结尾 ↓ 落款	**经济纠纷申诉状** 申诉人：姓名、性别、年龄、民族、籍贯、职业、住址、电话等。 （申诉人如是单位，应写明单位名称、法人代表姓名及职务、单位地址等） （案由）申诉人因对××人民法院第×号经济纠纷判决不服，现提出申诉。（概括申诉之因） 申诉请求： 请求重新审理××××××一案，纠正××人民法院第×号经济纠纷判决。（请求重新审理的具体事项） 申诉事实和理由： 一、××××××××××。（事实和理由：事实经过、申诉理由和法律依据） …… 三、××××××××××。（事实和理由：事实经过、申诉理由和法律依据） 证据和证据来源： 1. ××××××××××。 2. ××××××××××。 此致 ××人民法院 申诉人：×××（盖章） ××××年××月××日 附件： 1. 本申诉状副本×份。 2. 原审判决书复印件。 3. 裁决书原件复印件。

框图模式	经济纠纷答辩状文字模板
标题 ↓ 开头 ↓ 主体 ↓ 结尾 ↓ 落款	**经济纠纷答辩状** 答辩人：姓名、性别、年龄、民族、籍贯、职业、住址、电话等。 法定代理人：姓名、性别、年龄、民族、籍贯、职业、住址、电话等。 （若答辩人是法人组织，应写明单位名称、法人代表姓名及职务、单位地址等） （案由）答辩人因原告（或上诉人）×××提起××××××诉讼一案。现提出答辩如下： 答辩理由：（对起诉状或上诉状所提出的事实、证据理由和法律依据进行反驳） 答辩意见：（简明扼要申明自己的看法和主张。一般分为根据事实说明自己答辩的正确性；根据有关法律条文说明自己答辩的合理性。指出原告或上诉人的诉讼请求的谬误） 此致 ××人民法院 答辩人：×××（盖章） ××××年××月××日 附件： 1. 本答辩状副本×份。 2. 书证×份，物证×件。

【实训任务演练】

阅读下列两则材料，并完成材料后的训练题目。

【材料一】

2009年5月，王××（男，52岁，汉，××省××职业大学教师，住××路××号××室）花费6年心血的著作《家庭生活医用百科全书》终于由红代出版社出版了。但是没有想到，就在当年8月，××出版社（社址：新城8号，法人代表：黄××）在未经王××本人和红代出版社同意的情况下，对该书进行了大量盗印，封底标注"酌收成本费30元，2009年7月印了5000本"，严重侵犯了王××的著作权。王××欲根据《中华人民共和国著作权法》第45条、第46条规定向××出版社提出起诉。

根据材料，以王××的名义撰写一份经济诉讼起诉状。

【材料二】

××罐头厂与××公司于2012年9月15日就1000吨午餐肉罐头签订了购销合同。××公司诉××罐头厂未履行合同而使××公司遭受损失，为此要求赔偿。××罐头厂认为2012年9月15日双方所签订合同并未预定履约期限，交货日期"凭传真联系"，且在签约后，将一箱样品交付××公司，但对方收到样品后并未作答；而且合同规定款到发货，而××公司未按合同约定付款，故未发货。

根据材料为××罐头厂拟写一份经济诉讼答辩状。

【相关链接】

起诉应递交的材料

（1）原告除向人民法院递交诉状正本外，还应按被告及第三人的人数提供诉状副本。

（2）诉状附有与原告的诉讼请求及其主张相关的证据原件或经人民法院核对无异的证据复印件。

（3）原告、被告诉讼主体资格证明。原告或被告是法人的，还需递交最近一次的工商年检证明材料。

民事诉讼案件起诉的方式

起诉的方式包括书面起诉和口头起诉两种方式。不管什么方式，原告都必须依照《中华人民共和国民事诉讼法》规定，记明或口头叙述清楚以下事项：①当事人姓名、性别、年龄、民族、籍贯、职业、工作单位和住所；法人或其他组织的名称、住所和法定代表人，或者主要负责人的姓名、职务。②诉讼请求和所根据的事实和理由。③证据和证据来源、证人姓名和住址。

起诉状应按被告人数制作相应份数的副本；书写确实有困难的，可以口头起诉，由人民法院记入笔录，并将起诉要点告知对方当事人。

人民法院对起诉的审查与受理

受理是指人民法院通过对当事人的起诉进行审查，对符合法律规定条件的，决定立案审理的行为。由此产生的法律后果如下。

1．人民法院对该具体案件的审判权和审理职责由此产生。

2．人民法院对该案件的排他管辖权由此形成。

3．双方当事人相应的诉讼地位由此产生。

人民法院对起诉审查以后，针对不同情况做出不同的处理。

（1）人民法院认为起诉符合法定条件的，应当在 7 日内立案并通知当事人。

（2）人民法院认为起诉不符合法定条件的，应当在 7 日内裁定不予受理。

（3）当事人的起诉属于其他情况的，分别予以处理：

① 依照行政诉讼法的规定，属于行政诉讼受案范围的，告知原告提起行政诉讼。

② 依照法律规定，双方当事人对合同纠纷自愿达成书面仲裁协议向仲裁机构申请仲裁的，不得向人民法院起诉。

③ 依照法律规定，应当由其他机关处理的争议，告知原告向有关机关申请解决。

④ 对不属于本院管辖的案件，告知原告向有管辖权的人民法院起诉。

⑤ 对判决、裁定已经发生法律效力的案件，当事人又起诉的，告知原告按照申诉处理，但人民法院准许撤诉的裁定除外。

⑥ 依照法律规定，在一定期限内不得起诉的案件，在不得起诉的期限内起诉的，不予受理。

⑦ 判决不准离婚和调解和好的离婚案件，判决、调解维持收养关系的案件，没有新情况、新理由，原告在 6 个月内又起诉的，不予受理。

⑧ 赡养费、抚养费、抚育费案件，裁判发生法律效力后，因新情况、新理由，一方当事人再行起诉要求增加或减少费用的，人民法院应当作为新案处理。

⑨ 当事人超过诉讼时效期间起诉的，人民法院应予受理。

⑩ 对于专利纠纷案件的受理问题，最高人民法院在《关于审理专利纠纷案件的若干问题的解答》中规定：对于专利权属纠纷案件人民法院应当依法受理。

补充知识
行政公文写作知识

【情景导入】

闹市里不仅大搞违建，还伪造市规划局文件企图蒙混过关！日前，如此令人匪夷所思的事情发生在××市××区江南街前进路 78 号一座名叫"四阿哥御厨"的饭馆。该饭馆前身是一座破旧民房，原本只有 1 层高，但在翻新改造过程中已经高达 5 米多。房屋除了加高违建，还涉嫌扩大了占地面积，并严重影响了邻屋的通风采光和日常生活居住环境。街坊投诉半年却无法阻止其开业。该街道办工作人员手中拿出红头文件试图"正名"，内容是以"××市城市规划局"名义发给"四阿哥御厨"饭馆老板的《关于申请搭建阁楼及改变使用性质的复函》。复函称："鉴于在本地段的地理环境及周边万松园市场等因素，同意给予搭建阁楼作为加层用房，与原建筑物同时使用。同时同意将该房屋改变为临时商业用房使用，改变后该房屋作为三层临时商业用房。""眼尖"居民很快就发现该复函的公文格式、遣词造句存在多处破绽，怀疑这是一份假冒的政府文件。决定报送市规划局鉴定。果然，规划部门很快就鉴定出该文件属于伪造。那么，正规的行政公文到底是什么样的呢？

第一节　公文基础知识

【布置任务】

用应用文语言改写下列文段。

一、7 月 15 日晚上，狂风怒吼，电闪雷鸣，暴雨倾盆。防汛办公室李主任忧心忡忡，正在值班。突然，一辆摩托车驶进了县政府大院，一个浑身湿漉漉的人面对防汛办公室急切地大叫："柳树湾水坝冲垮了！柳树湾村淹没了！"李主任立即叫来值班小车，像离弦的利箭，驱车驶向洪水肆虐的地方。

二、2012 年 7 月 6 日深夜，乌云密布，雷声隆隆，大雨倾盆而下，刹那间，美丽富饶的鱼米之乡被一片汪洋吞没。接连几天如注的暴雨，淹没了田野、冲毁了村庄和工厂，交通、通信、电力一度中断。这一百年不遇的特大洪涝灾害给我乡造成了不可估量的损失。为了将灾害造成的损失降低到最低限度，乡党委、政府采取了果断措施，动员全乡广大干部群众自力更生、艰苦奋斗，尽快恢复生产、重建家园。

【任务要求】

（1）了解行政公文的概念、种类、特点及作用。

（2）认识学习公文的目的和重要性，了解公文的语体特点。

（3）结合广播、电视、报纸中的用语，熟悉使用公文书面语。

【必备知识】

行政公文是随文字的出现和行政管理的需要而产生并发展起来的。中国最早没有"行政公文"的名称，统称"公文"。"盖文章，经国之大业，不朽之盛事。"曹丕《典论·论文》里所说的"文章"，指的就是公文，而且认为应以符合规范的"雅"为宜。刘勰在《文心雕龙·章表》中道："章表奏议，经国之枢机。"明确具体地直接指明章、表、奏、议等公文是治理国家的纽带与关键，一语道破公文作为治理国家、管理社会的文字类型工具的性能与作用的本质。

当今世界，一切社会活动无不跟公文相联，无不在某种公文规定的轨道上运行。一旦公文统统失效或废止，全社会无疑陷入混乱状态而走向崩溃。

同时，公文的质量，直接反映公务人员的思想深度、政策水平和对社情民意、重大问题的分析掌控能力，直接关系党和政府的意志与方针政策的传达贯彻成效，直接体现公务人员的能力素质和工作水准。

一、公文的概念

公文是党和国家机关在治国理政的进程中，用以表达意志、发布号令、传递交流重要信息的最主要载体和工具，它是特殊规范化的文体，具有其他文体所没有的权威性，有法定的制作权限和确定的读者，有特定的行文格式，并有行文规则和办理办法。

二、公文的种类

根据中共中央办公厅、国务院办公厅关于印发《党政机关公文处理工作条例》的通知（中办发〔2012〕14号）规定，公文种类主要有（15种）：决议、决定、命令（令）、公报、公告、通告、意见、通知、通报、报告、请示、批复、议案、函、纪要。

决议：适用于会议讨论通过的重大决策事项，并要求进行贯彻执行的重要指导性公文。

决定：适用于对重要事项或者重大行动做出安排，奖惩有关单位及人员，变更或者撤销下级机关不适当的决定事项。

命令（令）：适用于依照有关法律公布行政法规和规章；宣布施行重大强制性行政措施；嘉奖有关单位及人员。

公报：也称新闻公报，适用于公开发布重大事件或重要决定事项的报道性公文。

公告：适用于向国内外宣布重要事项或者法定事项。

通告：适用于公布社会各有关方面应当遵守或者周知的事项。

意见：适用于对重要问题提出见解和处理办法。

通知：适用于批转下级机关的公文，转发上级机关和不相隶属机关的公文，传达要求下级机关办理和需要有关单位周知或者执行的事项，任免人员。

通报：适用于表彰先进，批评错误，传达重要精神或者情况。

报告：适用于向上级机关汇报工作，反映情况，答复上级机关的询问。

请示：适用于向上级机关请求指示、批准。

批复：适用于答复下级机关的请示事项。

议案：适用于各级人民政府按照法律程序向同级人民代表大会或人民代表大会常务委员会提请审议事项。

函：适用于不相隶属机关之间商洽工作，询问和答复问题，请求批准和答复审批事项。

纪要：适用于记载、传达会议情况和议定事项。

三、公文的特点

1. 作者的资格性，读者的特定性

作者的资格性，指公文的作者是能以自己的名义行使职权和承担义务的机关、团体、企业事业单位。公文的起草者只是组织的代笔人。公文读者的特定性，是指有的公文的读者是特指的受文机关，有的可以是社会的全体成员。

2. 明确的工具性

公文是各级各类机关、团体、单位等组织行使管理职能和业务职能的重要工具，是为国家政务、社会公务和公众事务服务的工具。党的机关公文，是党的机关实施领导、处理公务的具有特定效力和规范格式的文书，是传达贯彻党的路线、方针、政策，指导、布置和商洽工作，请示和答复问题，报告和交流情况的工具。公文是机关、团体、单位领导意图、意志的载体。

3. 直接的实用性

公文的内容总是有特定的指向，直接针对着某一具体、现实的公务活动，并对处理这一事物有直接的实用价值。

有些公文在特定的时间、空间范围内，对受文对象的行为能产生不同程度的强制性影响。公文的这种强制性，来源于发文机关的法定权威性，来源于公文本身的公务性和规定性。

4. 内容的真实性

公文涉及的事实以及所应用的材料和数据，必须真实可靠，不得有任何虚假和错漏。内容真实、准确，这是对公文写作的基本要求。

5. 体式的规范性

公文的体式，必须符合《国家行政机关公文处理办法》的规定和《国家行政机关公文格式》的规定。

6. 制作的程序性

公文从准备撰写到制作成文，有严格的程序；若不履行法定的程序，就无法制成公文，即便写出文章，也不可能生效。

四、公文的作用

1. 指挥管理作用

在工作中遇到的问题，自己无法解决或无权解决时，需向上级机关请求批准，还必须定期或不定期地向上级机关汇报工作。而上级机关的意图则通过下行文下达。

大到国家机器的运转，小到一个企业事业单位内部工作有秩序地展开，都跟公文的指挥管理作用密切相关，离开了公文的指挥管理，各方面的工作很可能陷入混乱状态。何况，公文的起草、定稿过程，本身就是管理思想的体现和管理工作的实施过程。

2. 交流协作作用

公文中的公告、通告、公报、通知、通报、报告、请示和函，以及常用文书中的总结、

调查报告、简报等，都有交流信息的基本功能。交流信息，一方面是上情下达或下情上达；另一方面是友邻单位互通情报。而且，有很多工作，仅靠一个单位很难顺利完成，往往需要地区和地区、单位和单位、团体和团体之间互相协商，互相帮忙，这些都可以通过公文运行而起到沟通协调作用。

3. 宣传教育作用

传达贯彻党和国家的方针政策是公文所负的重要任务。在一般情况下，公文在传达某一方针政策，规定人们应该怎么做的同时，还要说明为什么要这么做，这无疑就发挥了宣传和教育作用。此外，针对现代生活中普遍存在的某些问题或认识偏差，摆事实，讲道理，进行启发诱导，倡导应该确立什么立场，应该坚持什么原则，应该做什么，怎么做，也同样在发挥宣传和教育作用。

4. 依据凭证作用

公文作为反映制发机关意图的文字凭证，具有行政效力。下行文，是下级机关开展工作的依据；上行文，是上级决策的依据。一个机关制作的公文，是自己履行职能、开展工作的真实记录和凭证。在日常工作中常会遇到这样的情况：当对一个具体的事务该如何处理没有把握时，就查找相关公文，看上级或有关职能部门在这方面有哪些规定，然后依之行事。要了解某次会议的有关情况，可查找那次会议的纪要。这些都是公文依据和凭证作用的具体表现。

五、公文用语的特点

1. 平实

所谓平，就是在表达客观事物时，使用通俗、平易、朴实的语言，以客观事物的自然属性为依据，反映其和谐的自然之美，使之"清水出芙蓉，天然去雕饰"。所谓实，就是运用准确、恰当的语言，正确地反映客观事物。它是公文的基础，也是公文的最高境界。叶圣陶先生曾说过："公文不一定要好文章，可是必须写得一清二楚，十分明确，句稳词妥，通体通顺，让大家不折不扣地了解你说的是什么。"这是公文最为根本的要求和目的。

2. 简要

所谓简，就是要求公文语言的文字表达要简洁明快，通俗流畅。所谓要，是说公文的内容表达要集中。它要求公文作者应以尽可能少的文字，准确、严密地概括和表现丰富的内容，做到简明扼要。这是公文的应用性、实用性的特点决定的。我国古代卓越的公文作者，为我们树立了典范。李斯《谏逐客书》中的"泰山不让土壤，故能成其大。河海不择细流，故能就其深"的语言，诸葛亮在《出师表》中说的"鞠躬尽瘁，死而后已"的名言，魏征在《谏太宗十思疏》中提炼的"居安思危"和"载舟覆舟"的警句，到了炉火纯青的地步。在现代，毛泽东、周恩来、邓小平等老一辈无产阶级革命家起草的公文，继承和发扬了我国古代公文的语言艺术，为我们树立了光辉的典范。

3. 规范

所谓规范，是指公文语言应合乎一定的标准。公文的严肃性决定了其语言运用的规范性。公文具有法规性、指导性、联系性和凭证性的特点及作用，是别具一格、特殊的文章类型，具有特定的文章格式。公文在长久的实践中已基本形成了一个相对稳定的语言材料体系，我们应该遵守其语言的规范，针对不同的文体选用不同的公文语言，体现不同的特色。按其需要选用语言和词句，才能做到语言规范。

4. 准确

所谓准确，是指公文在运用语言表达上要准、要确实。作为公文语言的每一句话、每一个词都有肯定的属性、明确的含义，只能有一种理解，而不能有多种理解。如果公文语言措辞含糊，此亦行彼亦行，概念不清，表意不准，就易产生曲解。

六、公文用语的要求

1. 介词结构的大量运用

介词结构即介词词组，它在公文中的使用是常见的、大量的，并由此形成较为稳定的、程式化的表达句式。主要有这样几种情况：一是表达根据、方式的，如"根据""遵照"、"按照""依照""通过"等；二是表达对象、范围的，如"对""对于""关于""将"等，其中"关于"的使用在公文标题中已经成为定型化的词素；三是表目的、原因的，如"为""为了""由于"等。这些介词通常与其后面的宾语并连使用而构成介词结构，在句子中充当定语或状语。

2. 专用词语和文言词语的广泛运用

如前所述，公文写作中要经常使用专用词语，主要有如下几类。

（1）称谓语。即公文中对不同的行文对象的特定称谓用语。常见的有"贵""该""各""本""我""你""他"等。写作时，应当根据不同的行文方向和隶属关系，恰当选用，不可随意为之。

（2）起首语。即公文的开篇语，它在文中的位置关系重大。公文写作不可不重视起首语的运用，因为它是行文先锋（开头）的"尖兵"，直接关系到全篇公文的命运。公文中常用的起首语大体上可分为四类：其一，表目的的，如"为""为了"等；其二，表根据的，如"根据""遵照""按照""依照"等；其三，表原因的，如"鉴于""由于""随着"等；其四，表态度、方式的，如"兹定于""兹有""兹派""兹将""兹介绍""欣闻""欣悉"等。

（3）经办语。常用的有"拟""布置""部署""安排""审定""审核""会同""申报""准予""业已"等。这类专业术语数量颇多，不胜枚举。

（4）时间语。常用的有"最近""目前""不久前""迅即""时限""时效""时宜""顷刻""过去""现在"等。这些时间语，多系表量模糊而表意准确的模糊语言。

（5）期请语。常用的有"请""务请""恳请""希""希望""尚望""接洽""商洽""商定""商议""商酌""须经""务须""悉力""悉心"等。

（6）表意语。常用的有"应""拟""责成""批准""同意""欠妥""不妥""照办""禁止""取消""力戒""力避""切勿""切记""严惩""严厉""查询""查勘""查证""酌定""酌办"等。

（7）谦敬语。常用的有"承""承蒙""不胜""大力""通力"等。

（8）过渡语。即公文层次或段落以及语句前后之间的连缀语。常用的有"为此""现将""特作""基于""对此""据此""总之""由此观之"等。

（9）结尾语。即位于公文结尾部分的固定性语句，具有使行文显得简洁凝练、典雅庄重的功用。常用的有"此令""此复""特此通知""特此报告""希照此办理""请即遵照执行""现予公布"，"当否""妥否""是否可行""是否妥当""意见如何""妥否，请批示""请予函复""为荷"等。

除此之外，公文中还要运用大量的文言词语，如"拟请""承蒙""为荷""兹有""值此"

"经由""贵""此布""是否""为此""尚""悉""若干"等，不胜枚举。这些文言词语多是由古汉语发展演变而成，并且经过长期发展，在公文中使用广泛，且具有专门性。

3. 句式的灵活多样

这是公文在语言运用方面的又一显著特征。主要有以下四类。

（1）文言句式

现行公文中文言句式的类型不是很多，但其使用频率相当高，最常用的是"凡……者（的）"。例如，

① "这些人员中，凡有一技之长，而无反动行为或严重劣迹者，民主政府准予分别录用。"（《平津前线司令部约法八章》）

② "凡进入或者经过中国领陆、领水、领空的外国人和外国的航空器、船舶、车辆、物资、生物等，必须遵守本法和其他有关环境条例规定。"（《中华人民共和国环境保护法（试行）》）

上述两例中的"凡……者（的）"是文言句式的一种，从逻辑角度讲，具有表"全称判断"的功用，表明所有这一类型的人或事物全部包括在内，毫无例外。同时，它还使行文具有庄严色彩。

（2）非名词性词语充当宾语的句式

一般来讲，作动词宾语的应当是名词性宾语，但公文语体中却有一些带非名词性宾语的动词，如"严禁""予以""禁止""给予""严加"等。它们与被支配动词组成动宾结构，如"严禁公款私存""给予适当奖励"等。如果动词性宾语不止一个，使用时应注意按一定的逻辑顺序排列，以使表达趋于周密、庄重。例如，"分别予以教育、警告、罚款、行政拘留，直至依法追究刑事责任"，语意由轻至重依次递增，视违法行为的具体情况和严重程度分别给予不同的处理。

（3）无主句

无主句也属常用的句式，它多见之于法规性文种之中，如条例、规定、办法、章程、守则等。其作用在于既能明确表义，又能使文字表达简洁凝练。这些文书的执行主体或遵行者通常是不言而喻的，例如"对于涉及国家机密的证据，应当保密"（《中华人民共和国刑事诉讼法》），其执行主体显然系国家机关及有关人员，不言自明。

（4）长句

长句是指字数多、形体长、内涵丰富、结构复杂的句子。公文中长句的使用频率颇高，主要能使语意表达详尽充实，准确严谨，气势畅达；还可使全文结构紧凑，语势坚定有力。例如："实行厂务公开，对于推进基层民主政治建设，保障和落实职工当家做主的民主权利；维护职工合法权益，建立企业稳定协调的劳动关系；密切党与企业职工群众的关系，巩固党的阶级基础和执政地位；保护、调动和发挥广大职工的主人翁积极性，增强其责任感，促进企业的改革、发展和稳定，具有重要的意义和作用。"

此例中运用了七个动宾关系的短语和一个介宾关系的长句，共同构成了一个大状语，用来说明制定这个办法的依据及目的。使用长句要注意句中各成分之间的逻辑关系，既要按恰当顺序排列，又不能彼此包容和交叉，同时，还要避免顾此失彼，照应失周，搭配不当。

4. "的"字词组的广泛使用

"的"字词组的多用是公文语体词语运用的明显特征之一。例如，《中华人民共和国刑法》

第二百九十三条："有下列寻衅滋事行为之一，破坏社会秩序的，处五年以下有期徒刑、拘役或者管制。

（1）随意殴打他人，情节恶劣的；

（2）追逐、拦截、辱骂、恐吓他人，情节恶劣的；

（3）强拿硬要或者任意损毁、占用公私财物，情节严重的；

（4）在公共场所起哄闹事，造成公共场所秩序严重混乱的。"

该条所列四项内容，均在句末省略了中心语"行为"，褒贬分明且用语简洁，因而这种词组结构被大量使用。公文常用特定用语简表如表附1所示，2012年党政机关公文格式（样式范例）如图附1所示。

表附1　公文常用特定用语简表

类别	用语名称	作用	常用特定用语
1	开端用语	主要用于文章开头，表示发语、引据	为、为了、为着、查、接、顷接、根据、据、遵照、依照、按照、按、鉴于、关于、兹、兹定于、今、随着、由于
2	称谓用语	用于表示人称或对单位的称谓	第一人称：我、我单位、本人、本公司、我们、敝单位 第二人称：你、你局、贵公司、贵方 第三人称：他、该公司、该项目
3	递送用语	用于表示文、物递送方向	上行：报、呈 平行：送 下行：发、颁发、颁布、发布、印发、下达
4	引叙用语	用于复文引据	悉、接、顷接、据、收悉
5	拟办用语	用于审批、拟办	审批：同意、照办、批准、可行、原则同意、原则批准、可办、不可等 拟办：责成、交办、试办、办理、执行
6	经办用语	用于表明进程	经、业经、已经、兹经
7	过渡用语	用于承上启下	鉴于、为此、对此、为使、对于、关于、如下
8	期请用语	用于表示期望请求	上行：请、恳请、拟请、特请、报请 平行：请、拟请、特请、务请、承蒙、即请、切盼 下行：希、望、尚望、切望、请、希予、勿误
9	结尾用语	用于结尾表示收束	上行：当否，请批示；可否，请指示；如无不当，请批转；如无不妥，请批准；特此报告；以上报告，请批转；以上报告，请审核 平行：此致敬礼；为盼；为荷；特此函达；特此证明；尚望函复 下行：为要；为宜；为妥；希遵照执行；特此通知；此复；为……而努力；……现予公布
10	谦敬用语	用于表示谦敬	承蒙惠允、不胜感激、鼎力相助、蒙、承蒙
11	批转用语	用于上级对下级来文的批转处理	批转、转发
12	征询用语	用于征请、询问对有关事项的意见、态度	当否、妥否、可否、是否妥当、是否同意、如无不当、如无不妥、如果可行

000001

机密★1年
特急

3号黑体字

××××× 文件

××× 〔2012〕1号

发文字号：3号仿宋字

标题：2 号小标宋

×××××关于×××××的通知

×××××××××：

×××××××××××××××××××××××××××
×××××××××××××××××××××××××××

正文：3号仿宋字 ×××

××××。

×××××××××××××××××××××××××××
×××××××××××××××××××××××××××。

×××××××××××××××××。

×××××××××。×××××××××××××××××
×××××××××××××××××××××××××××
×××××××××××××××××××××××××××

页码：4号半角白体阿
拉伯数码

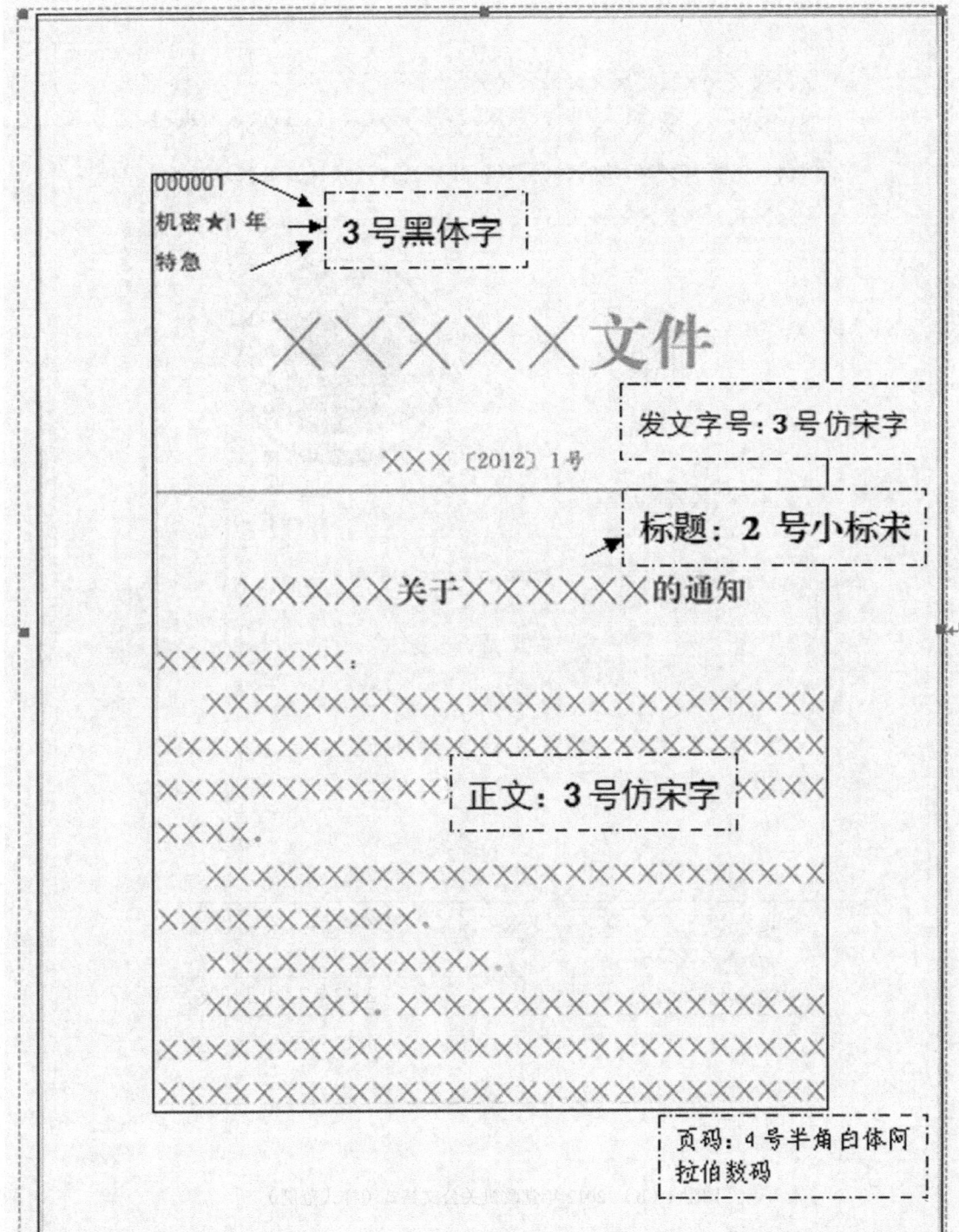

图附 1（a） 2012 年党政机关公文格式（样式范例）（2012 年 7 月 1 日启用）

XXXXXXXXXXXXX。

   XXXXXXXXXXXXXXXXXXXXXXX

XXXXXXXXXXXXXXXXXXXXXXX

XXXXXXXXX。

（XXXXX）

抄送：XXXXXXXX，XXXXX，XXXXX，XXXXX，

    XXXXX。

XXXXXXXX   2012年7月1日印发

— 2 —

图附 1（b） 2012 年党政机关公文格式（样式范例）

此外：1. 上行文签发人姓名用 3 号楷体字。

    2. 要署发文单位名称及用印章（包括会议纪要）。

    3. 联系人姓名电话放在附注位置。

    4. 版记部分不再使用主题词和份数。

【实训任务演练】

一、下列事项是否都需制发行政公文？

1．学校组织学生参加英语四级考试。

2．某保管员在仓库吸烟，单位对其进行处分。

3．元宵节当天，下午班车时间提前半小时。

4．人力资源部部署本年度各部门人员的考核工作。

5．经管学院王立老师生病住院，其担任的课程暂由李吾老师代替。

二、运用应用文专用词语填空。

1．××省××局：

_____局×字〔2012〕第 073 号请示_____，经与××部研究_____：……

2．_____部领导指示精神，我局_____××司××办公室抽调×名同志组成了"××事件调查组"……

3．《××××办法》_____厂务委员会讨论通过，现发给你们，望结合本单位具体情况执行。

4．……以上意见，如_____，_____批转各部属院校。

5．……为了……的需要，特_____如下指令。

6．_____局大力协助，我校×××研究所各项筹备工作已基本告一段落。

7．×××来函_____，关于××一事，我部完全同意_____局意见，……特此_____。

8．……以大力协作_____。

9．以上所请_____，以迅即_____为盼。

10．_____生_____我校××系××专业××级学员……

11．_____该厂此类错误做法，上级有关部门曾多次行文，_____其有关领导迅即查清问题，限期纠正错误。

12．_____悉_____总公司成立，谨表_____。

13．以上命令_____执行，不得_____。

14．以上通令，应使全体公民_____，切实_____。

15．随函附送《××××情况统计资料》一份，请_____。

16．_____国务院领导同志的指示精神，我们_____有关部门，对农村电网改造工作进行了研究。

17．_____进一步提高我省企业管理干部的管理素质，决定对在岗企业管理干部有计划地进行培训。_____征得四川省行政管理学院同意，_____委托院举办企业管理专业班……

18．以上请示，望予_____，并列入 2012 年招生计划。

19．_____防止计算机 2000 年问题，_____国务院批准，_____将有关问题通知如下。

20．_____省人民政府领导同志的指示，_____将国务院办公厅《关于公文处理等几个具体问题的通知》_____给你们。

三、公文语言评析并修改。

1．三个电视台的记者失踪了。

2．与会者请于 7 月 26 日前来报到。

3．早晨的脑子是人一天中最清醒的时候。

4．他工作很积极，曾经被评为先进生产者称号。

5．我们要为四个现代化打下物质基础和精神准备。

6．年终，某工厂对上级规定的任务已基本上差不多全部完成了。

【相关链接】

伪造、变造、买卖国家机关公文、证件、印章罪

本罪侵犯的对象是公文、证件、印章，且仅限于国家机关的公文、证件和印章。所谓公文，一般是指国家机关制作的，用以联系事务、指导工作、处理问题的书面文件，如命令、指示、决定、通知、函电等。某些以负责人名义代表单位签发的文件，也属于公文。公文的文字可以是中文，也可以是外文；可以是印刷的，也可以是书写的，都具有公文的法律效力。所谓证件，是指国家机关制作、颁发的，用以证明身份、职务、权利义务关系或其他有关事实的凭证，如结婚证、工作证、学生证、护照、户口迁移证、营业执照、驾驶证等。对于伪造、变造护照、签证等出入境证件和居民身份证的行为，因本法或本条另有规定，不以本罪论处。所谓印章，是指国家机关刻制的以文字与图记表明主体同一性的公章或专用章，它们是国家机关行使职权的符号和标记，公文在加盖公章后始能生效。用于国家机关事务的私人印鉴、图章也应视为本款所称印章。

本罪在客观方面表现为伪造、变造、买卖国家机关公文、证件、印章的行为。所谓伪造，是指无权制作者制作假的公文、证件或印章，既包括根本不存在某一公文、证件或印章而非法制作出一种假的公文、证件和印章，又包括在存在某一公文、证件或印章的情况下而模仿其特征而复印、伪造另一假的公文、证件或印章。既包括非国家机关工作人员的伪造或制作，又包括国家机关工作人员未经批准而擅自制造。另外，模仿有权签发公文、证件的负责人的手迹签发公文、证件的，亦应以伪造论处。所谓变造，则是对真实的公文、证件或印章利用涂改、擦消、拼接等方法进行加工、改制，以改变其真实内容。所谓买卖，即对国家机关公文、证件或者印章实行有偿转让，包括购买和销售两种行为。至于买卖的公文、证件或印章，既可以是真实的，也可以是伪造或者变造的。

伪造、变造、买卖国家机关公文、证件、印章罪的主体是一般主体，即凡是达到法定刑事责任年龄、具有刑事责任能力的人均可构成伪造、变造、买卖国家机关公文、证件、印章罪。

伪造、变造、买卖国家机关公文、证件、印章罪的主观方面只能出于直接故意，间接故意和过失不构成伪造、变造、买卖国家机关公文、证件、印章罪。如行为人盗窃某甲的手提包，意图偷窃钱财，没想到包中装有某甲单位的公文及甲的证件。如此，行为人只构成盗窃罪，不构成伪造、变造、买卖国家机关公文、证件、印章罪。

《中华人民共和国刑法》第 280 条规定：伪造、变造、买卖或者盗窃、抢夺、毁灭国家机关的公文、证件、印章的，处三年以下有期徒刑、拘役、管制或者剥夺政治权利；情节严重的，处三年以上十年以下有期徒刑。

第二节　公文的行文格式

【布置任务】

试指出以下公文的格式毛病。

（紧急）

机密

××省教育厅公文

（××）××省教厅发 24 号

——————————————————

××省教育厅关于召开全省高校加强
学风建设方面的会议的通知

全省各高校：

近年来，我省频繁出现高校考试舞弊、学生之间贩卖答案等现象，我省高校学风日益下降。为加强学风建设，营造出良好的校园风气，提高各高校学生素质，培养学生正确的学习态度和良好的生活习惯，特拟召开全省高校加强学风建设的会议，现作出如下通知：

（以下略）

附件：如文

                                          ××省教育厅

主题词：学风建设，通知   20××年×月×日

——————————————————

报：（单位略）

送：（单位略）

——————————————————

二〇××年×月×日   ××省教育厅印（共印 100 份）

【任务要求】

（1）了解公文的构成要素和文体格式。

（2）了解公文的行文方向。

（3）能根据公文的写作要素模拟撰写出合乎规范的公文格式。

【必备知识】

一、公文的构成要素

公文一般由份号、密级和保密期限、紧急程度、发文机关标志、发文字号、签发人、标题、主送机关、正文、附件说明、发文机关署名、成文日期、印章、附注、附件、抄送机关、印发机关和印发日期、页码等组成。

版头：公文首页红色分隔线以上的部分。包括：份号、密级和保密期限、紧急程度、发文机关标志、发文字号、签发人、版头中的分隔线。

主体：首页红色分隔线（不含）以下、公文末页首条分隔线（不含）以上的部分。包括：标题、主送机关、正文、附件说明、发文机关署名、成文日期、印章、附注、附件。

版记：首条分隔线以下、末条分隔线以上的部分。包括：版记中的分隔线、抄送机关、印发机关和印发日期、页码。

1. 版头部分

（1）份号

标注份号一般用 6 位 3 号阿拉伯数字，顶格编排在版心左上角第一行。如"000015"。

（2）密级和保密期限

如需标注密级和保密期限，一般用 3 号黑体字，顶格编排在版心左上角第二行。如：绝密★30 年，机密★20 年，秘密★10 年。

（3）紧急程度

一般用 3 号黑体字，顶格编排在版心左上角，密级和保密期限下方。紧急公文标注特急、加急；紧急电报分别标明特急、加急、平急。

（4）发文机关标志

公文机关全称或者规范化简称加"文件"二字组成，也可以使用发文机关全称或者规范化简称。

机关标志居中排布，上边缘至版心上边缘为 35mm，推荐使用小标宋体字，颜色为红色，以醒目、美观、庄重为原则。

联合行文时，如需同时标注联署发文机关名称，一般应当将主办机关名称排列在前；如有"文件"二字，应当置于发文机关名称右侧，以联署发文机关名称为准上下居中排布。

（5）发文字号

编排在发文机关标志下空两行位置，居中排布（上行文时发文字号居左空 1 字编排）。文字采用 3 号仿宋_GB2312，年份、发文顺序号用阿拉伯数字标注；年份应标全称，用六角括号"〔〕"括入；发文顺序号不加"第"字，不编虚位（即 1 不编为 01），在阿拉伯数字后加"号"字。

（6）签发人

上行文时签发人居右空 1 字编排，编排在发文机关标志下空两行位置。"签发人"三字用 3 号仿宋体字，签发人文字采用 3 号楷体字，后面标注姓名。联合上报的公文，应同时标注各联署机关的签发人。

2. 主体部分

（1）标题

一般由发文机关全称或规范化简称、公文主题和文种组成，位于红色分隔线下空两行位置。标题字体为 2 号小标宋体字，排列分行合理、美观、醒目。多行标题排列为梯形或菱形，不采用上下长度一样的长方形和上下长、中间短的沙漏形。公文首页必须显示正文。一般用 3 号仿宋体字，编排于主送机关名称下一行。

公文的标题即公文的名称，是公文内容和作用的高度概括。

完整的公文标题是由发文机关名称、公文事由、公文种类组成。概括事由是公文拟题的关键。事由要避免意义含混，体现概括性。标题中除法规、规章名称加书名号外，一般不用标点符号。

公文标题的三个组成部分一般要完整，也有部分省略的情况：一是单位内部使用的公文，标题中可以省略发文单位；二是省略事由，如《新大地公司通知》。

（2）主送机关

编排于标题下空一行位置，居左顶格，回行时仍顶格，最后一个机关名称后标全角冒号。

（3）正文

公文首页必须显示正文。一般用 3 号仿宋体字，编排于主送机关名称下一行，每个自然段左空二字，回行顶格。文中结构层次序数依次可以用"一、""（一）""1.""（1）"标注；一般第一层用黑体字，第二层用楷体字，第三层和第四层用仿宋体字标注。

（4）附件说明

如有附件，在正文下空一行左空二字编排"附件"二字，后标全角冒号和附件名称。如有多个附件，使用阿拉伯数字标注附件顺序号（如"附件：1.×××××"）；附件名称后不加标点符号。附件名称较长需回行时，应当与上一行附件名称的首字对齐。

（5）发文机关署名

居右排，后空2字，上空2行。两个以上机关联合发文，发文机关名称上下并排，等距撑开，长度相同。

（6）成文日期

首字比发文机关首字右移2字，如长于发文机关，则居右排时后空2字。成文日期用阿拉伯数字，一般右空四字编排。

（7）印章

印章用红色，不得出现空白印章。上行文要加盖印章，用印端正、着色均匀、骑年盖月，上不压正文或附件名称、下不压版记；党政机关联合行文的，左右用印，两个印章中间约空开3mm。

（8）发布层次（附注）

上空1行，居左排，前空2字，用小括号括起。如果表述中重复出现括号时，用中文六角括号套小括号"（）"〔〕。上行文时要附注联系人、联系电话。

3. 文尾部分

（1）抄送机关

如有抄送机关，一般用4号仿宋体字，在印发机关和印发日期之上一行、左右各空一字编排。"抄送"二字后加全角冒号和抄送机关名称，回行时与冒号后的首字对齐，最后一个抄送机关名称后标句号。

（2）印发机关和印发日期

印发机关和印发日期一般用4号仿宋体字，编排在末条分隔线之上，印发机关左空一字，印发日期右空一字，用阿拉伯数字将年、月、日标全，年份应标全称，月、日不编虚位（即1不编为01），后加"印发"二字。

（3）页码

一般用4号半角宋体阿拉伯数字，编排在公文版心下边缘之下，数字左右各放一条一字线；一字线上距版心下边缘7 mm。单页码居右空一字，双页码居左空一字。公文的版记页前有空白页的，空白页和版记页均不编排页码。公文的附件与正文一起装订时，页码应当连续编排。

二、公文行文制度

行文是指公文在机关内部和机关之间的传递运转。行文规则是指公文在制发、传递、办理过程中所应遵循的规定。

1. 行文关系

行文关系是行政机关之间因职权不同所形成的工作关系在行文中的体现。主要有领导关系、指导关系、平行关系、不相隶属关系。

以上各种工作关系体现出的行文关系是：处于领导、指导地位的上级机关可以向与其有直接领导关系或业务指导关系的下级机关发送下行文；下级机关应向上级机关、指导机关报送上行文；平行机关、不相隶属关系的机关单位之间应相互传送平行文。

2. 行文方式

公文的行文方式有纵向和横向两种。

纵向行文方式——用于上行文和下行文。有五种方式：一是逐级行文，按照组织系统逐级上报、下发或只向直接上级、直接下级行文；二是越级行文，超越直接上、下级机关向其他上、下级机关行文，在特殊必要的情况下使用；三是多级行文，向上下多级机关同时行文。多级行文主要是下行文，可减少中间环节，避免逐级转发；四是普发行文，向所隶属的所有下级单位的行文；五是通行行文，即直贯到底行文，向所有基层机关或群众的行文。

横向行文方式——用于平行文，特点是直接行文，一对一行文。主要文种即函。

三、行文规则

行文规则是指机关行文必须遵守的具体规定或准则。在此，主要依据《国家行政机关公文处理办法》，将公文的行文规则归纳成为 6 个方面加以介绍。

1. 注重效用

公文行文应当确有必要，注重效用。公文不能随意发出，一定要讲究实效，才能保证发文机关的权威性。如果公务不大重要，不必用公文反映，那么可以采取电话、谈话等方式办理。不要出现那种"当收发室简单照抄照转"和"一文多发"重复发文的问题。公文要少而精，否则就会出现效率低下的问题，造成文牍主义，产生官僚主义。

2. 行文根据

公文行文关系根据隶属关系和职权范围确定，一般不得越级请示和报告。这是基本原则。《宪法》确定中国共产党是领导核心。为加强和改善党的领导，在对社会和国家的管理上，实行党政分开。反映在公文运行上，党和政府的行文不能混淆，党政可以联合行文而不要互相行文。

3. 部门行文

政府各部门依据部门职权可以相互行文和向下一级政府的相关业务部门行文。除以函的形式商洽工作、询问和答复问题、审批事项外，一般不得向下一级政府正式行文。部门内设机构除办公厅（室）外不得对外正式行文。其他社会组织依此类推。

机关各部门在职权范围内，可以互相行文，可以向下一级基层单位的有关业务部门行文。如市政府的商业局可以向农业局行文（主要以函的形式，有时以通知的形式），可以向区政府的商业局行文（多以下行文形式）。上下级业务部门之间，虽然没有隶属关系，但有业务指导关系。同样，总公司机关的技术处可以向生产处行文（主要以函的形式，有时以通知的形式），可以向分公司的技术科行文（多以下行文形式）。

机关各部门向下一级机关行文只能采用函的形式。上级机关的职能部门同下级机关是平级关系，有时向下级机关发函还要得到上级机关的授权，行文时要在正文的开头说明授权的机关或领导人。

部门内设机构除办公厅（室）外不得对外正式行文。

4. 联合行文

同级政府、同级政府各部门、上级政府部门与下一级政府可以联合行文；政府与同级党委和军队机关可以联合行文；政府部门与相应的党组织和军队机关可以联合行文；政府部门与同级人民团体和具有行政职能的事业单位也可以联合行文。联合行文在公务中常常是必要的：避免了各自分头行文的不一致问题，增强了行文的权威性和约束力，减少了公文数量。联合行文一定要遵循协商一致的原则。

5. 抄送规则

向下级机关或者本系统的重要行文，应当同时抄送直接上级机关。重要行文，往往是在决定、通知和批复等文种中关于重要公务或者重大问题（如撤换下级主要领导人、增设重要机构、审批大型项目、进行重要涉外活动）的公文。对发文机关和下级机关来说，便于上级监督，避免出现重大差错；对上级机关来说，便于了解和掌握情况，统一管理。

此外，受双重领导的机关向上级机关行文，应当写明主送机关和抄送机关。上级机关向双重领导的下级机关行文，必要时应当抄送其另一上级机关。这样，便于协调工作，防止出现矛盾。如某市学校一件公务，既需要直接上级机关的审批，又需要经费支出，这就要将请示主送市教育局，抄送市财政局。而市教育局下发批复批准该项目给这个学校时，要抄送市财政局。

6. 请示规则

"请示"应当一文一事；一般只写一个主送机关，需要同时送其他机关的，应当用抄送形式，但不得主送其他机关。"报告"不得夹带请示事项，除上级机关负责人直接交办的事项外，不得以机关名义向上级机关负责人报送"请示""意见"和"报告"。

（1）一文一事。古代就有一文一事的行文制度。一份请示写一件公务，内容简单，便于上级批复。如果一文多事，就会出现可批可不批、全部批和部分批、快批和缓批的复杂情况。这就造成了批复的困难，甚至导致无法批复。

（2）只写一个主送机关。一份请示写一个主送机关，可以得到及时有效的批复。如果写几个，很可能出现没有一个主送机关批复的情况，这是请示的失败；也可能有两个或两个以上的主送机关都批复而意见不一致甚至矛盾的情况。因此，请示只能写一个主送机关。需要同时送其他机关的，应当用抄送形式。

（3）不直接送领导者个人。如果是领导个人直接交办的事项，在办理过程中可以请示领导人。除此之外，请示不能直接送领导人。这是为了防止官僚主义的产生而制定的。

（4）报告中不得夹带请示事项。上级对下级的报告不作批复。夹带请示事项，只会造成公文处理的混乱。

此外，经批准在报刊上全文发表的行政法规和规章，应当视为正式公文依照执行。报刊上发表的法规都是面向社会通行的不涉密公文，经过上级的批准。下级社会组织应当视为正式公文贯彻执行。

【实训任务演练】

一、指出下列标题的错误之处。

1.《关于组织学生活动的通知》

2.《关于彩虹电机厂购置进口设备的请示报告》

3.《××区人民政府给××省人民政府行文》

4.《××县政府关于我县部分地区遭受灾害的情况反映》

5.《××大学自学考试报名的通知》

二、指出下列成文时间写法上是否存在毛病，存在毛病的请予以改正。

1. 20××年10月16日

2. 20××年十月十六日

3. 二零××年拾月16日

4. 二零一三年十月十六日

三、根据下列材料，为浙江省商业厅拟写一份公文。

要求使用法定行政公文的正规格式，有眉首、主体、版记及必要的格式要素，并将分配给各地区排涝抗旱用的汽油、柴油量制成表格作为附件。（材料中××可具体化）

××××年7月份以来浙江省部分地区受到旱涝的影响，特别是内涝给农业生产带来了严重威胁。

浙江省人民政府高度重视受灾地区的排涝抗旱工作，指示省商业厅对受灾地区排涝抗旱用汽油、柴油，在节约的原则下要认真做好安排。

浙江省商业厅根据各个地区受灾的实际情况，制定了各受灾地区排涝抗旱用的汽油、柴油分配方案，该方案与省防汛抗旱指挥部协商确定，并经省农委审查同意。

××××年8月10日，浙江省商业厅给各地区商业局，宁波、温州市商业局，杭州市第一商业局发文，下达以上方案，要求各地区、市赶快和有关部门一起，按灾情及实际需要，抓紧分配到县，分配到县的数量要抄省燃料公司以便及时安排。

这份文件需同时告知省人民政府办公厅、省财办、各县商业局、各燃料二级站（地区公司）、省防汛抗旱指挥部、各市县燃料公司、省燃料公司、省农委。

排涝抗旱用的汽油、柴油分配量（以吨为单位）：

汽油共300：杭州地区80，嘉兴地区120，宁波地区30，宁波市20，绍兴地区50。

柴油4000：杭州地区650，嘉兴地区1250，宁波地区250，宁波市（包括镇海县）25，绍兴地区400，温州地区450，温州市25，丽水地区300，台州地区300，金华地区350。

【相关链接】

公文写作人员的基本素养要求

一、政治素质好

政治素质好，就是要求公文写作人员必须具备较好的政治品质。首先要求具有明确的政治方向、坚定的政治立场、敏锐的政治洞察力和政治鉴别力。其次要求严守纪律，严格遵守保密制度。公文大多具有一定的机密性，这就要求公文写作人员必须具有十分坚定的保密观念，不该说的话坚决不说，绝不能卖弄"小聪明"，做"小广播"。最后还要求实事求是，一切从实际出发，理论联系实际。公文要正确反映事物的本来面貌，这就要求公文写作人员要有求实精神，一是一，二是二，不虚报，不浮夸。同时还要把中央和上级的路线、方针、政策同本地区、本部门、本单位的实际结合起来，提出贯彻执行的具体意见和办法。

二、具有一定的政策理论水平

公文写作是一项政策性、理论性都很强的工作，这就要求公文写作人员必须具备一定的政策理论水平。公文写作离不开政策的指导和保证，政策的实施效应与公文质量密不可分。在一定程度上，公文写作就是执行政策、依靠政策、理解政策、表达政策的过程。因此，公文写作人员必须具有较高的政策水平，并是政策的自觉维护者和执行者。政治理论水平的高低直接决定公文写作的成败。较高的政治理论水平对提高公文写作人员分析、综合、判断、推理、比较、抓住本质、鉴别是非曲直的能力起着非常重要的作用。没有较高的政治理论水平，就写不好公文。

三、具有良好的心理素质

一个优秀的公文写作人员，必须具备良好的心理素质，善于了解和调节自己的心理，保持心理平衡，圆满完成工作任务。

在性格方面，公文工作需要写作人员的性格应具有更大的复杂性，以适应多方面工作的需要。首先要以正确的世界观作指导，有高度的责任感，一切从工作需要出发，严格要求自己；其次要了解自己的性格，学会剖析自己，既看到自己性格中的长处，也看到自己性格中的不足，并能根据工作的需要不断地优化完善自己的性格。那些态度冷漠、性格怪僻、脾气暴躁、粗心大意的人是无法胜任公文写作这一岗位的。

在记忆方面，公文写作人员必须对人、事、文字材料等，具有较强的记忆力。增强记忆主要靠有意识记忆，即对需要记忆的对象在初次接触时就集中注意力进行观察、体验或阅读、理解，加深印象。过后，在短时间之内再重复回忆以加强记忆。

在情绪方面，基于公文写作人员承担的工作任务比较复杂这一特点，在调查事物、处理问题、形成文字时，应保持平衡的心态，善于控制自己的情绪。不因成功而忘乎所以，不因失败而垂头丧气；不以自己的感情代替政策，不以个人的好恶评析是非。要以冷静、沉着的态度照章办事，以实事求是的原则调查研究问题。

四、有较宽的知识面，熟悉业务和机关工作情况

写好公文，公文写作人员应当具备广博的知识，不仅要具有一定的社会科学知识和自然科学知识，还要紧紧围绕自己服务的单位部门和工作内容，熟悉业务和机关工作情况，努力拓宽知识面。如果知识面窄，或对所服务的工作缺乏应有的基础知识，写作起来就很可能闹笑话，甚至造成指挥不当，影响到工作质量。

五、有较好的文字功底

语言文字是公文的第一要素。在公文中，宣事说理、表情达意都需借助于文字才能发挥效用。因此，公文写作者必须具有较好的文字功底，如有的公文繁杂冗长，拖泥带水，有的公文言之无物，味同嚼蜡，这些都是文字功底不扎实的表现。好的公文，应该主题鲜明、观点正确、论证合理、论据充分，使人一读就懂，一听就明，便于理解执行。

参考文献

[1] 杨文丰. 高职应用写作[M]. 北京：高等教育出版社，2011.

[2] 张建. 应用写作. 2 版. 北京：高等教育出版社，2011.

[3] 李培英. 应用写作实训教程[M]. 北京：高等教育出版社，2010.

[4] 郭东. 秘书写作[M]. 北京：高等教育出版社，2004.

[5] 洪坚毅，张玲，赵爱华，等. 实用文书写作. 2 版. 北京：清华大学出版社，2008.

[6] 张德实. 应用写作[M]. 北京：高等教育出版社，2002.

[7] 胡开林，叶燎原，王云珊. 现代科技文写作教程[M]. 北京：化学工业出版社，2008.

[8] 陆季春. 应用写作实务[M]. 北京：化学工业出版社，2008.

[9] 张子泉. 应用文写作教程[M]. 北京：北京交通大学出版社，2007.

[10] 孙莉，邱平. 实用应用文写作[M]. 北京：北京交通大学出版社，2008.

[11] 黄玉林，唐丽莉. 应用文写作[M]. 北京：北京出版社，2012.